COSACNAIFY PORTÁTIL 3

P
CLAS
SOCIE
O
O ESTAD

# ERRE
# RES A
# DADE
# ONTRA
# O

PESQUISAS DE ANTROPOLOGIA POLÍTICA

**prefácio** Tânia Stolze Lima e Marcio Goldman
**tradução** Theo Santiago

## PRINCIPAIS ETNIAS CITADAS

1 Mbyá (Guarani)
2 Guayaki
3 Chulupi
4 Nhandeva (Guarani)
5 Kaingang
6 Tupiniquim
7 Abipones (Guaykuru)
8 Chiriguano
9 Toba
10 Payaguá (Guaykuru)
11 Mbayá (Guaykuru)
12 Bororo
13 Cashibo (Pano)
14 Katukina (Pano)
15 Jivaro
16 Omágua
17 Ticuna
18 Tukano
19 Yanomami
20 Manao
21 Apiaká
22 Tupinambá
23 Kayapó
24 Tremembé
25 Apinayé
26 Nambikwara
27 Kayabi
28 Bakairi
29 Xerente
30 Kayapó meridionais

Mapa alterado de: Manuela Carneiro da Cunha (org.), *História dos índios no Brasil*. São Paulo: Companhia das Letras, 1992, p. 7.

Oceano Pacífico
Oceano Atlântico
PANAMÁ
CARACAS
GEORGETOWN
PANAMARIBO
CAIENA
BOGOTÁ
COLOMBIA
VENEZUELA
GUIANA
SURINAME
GUIANA FRANC.
QUITO
EQUADOR
LIMA
PERU
LA PAZ
BOLIVIA
BRASIL
BRASÍLIA
PARAGUAI
ASUNCION
ARGENTINA
URUGUAI
BUENOS AIRES
MONTEVIDEO
SANTIAGO
CHILE
Rio Orinoco
Rio Putumayo
Rio Marañon
Rio Javari
Rio Juruá
Rio Purus
Rio Madeira
Rio Negro
Rio Branco
Rio Solimões
Rio Amazonas
Rio Tapajós
Rio Xingu
Rio Curuna
Rio Ucayali
Rio Huallaga
Rio São Francisco
Rio Paraná
EQUADOR
1
2
3
4
5
6
7
8
9
10
11
12
13
14
15
16
17
18
19
20
21
22
23
24
25
26
27
28
29
30

# PREFÁCIO
# TÂNIA STOLZE LIMA E MARCIO GOLDMAN

Por ocasião de um recente evento destinado a debater o encontro, ou "malencontro", entre europeus e ameríndios, Ailton Krenak dizia que:

> Pierre Clastres, depois de conviver um pouco com os nossos parentes Nhandevá e M'biá, concluiu que somos sociedades que naturalmente nos organizamos de uma maneira contra o Estado; não tem nenhuma ideologia nisso, somos contra naturalmente, assim como a água do rio faz o seu caminho, nós naturalmente fazemos um caminho que não afirma essas instituições como fundamentais para a nossa saúde, educação e felicidade.[1]

As palavras de Krenak não devem ser mal interpretadas: "somos contra *naturalmente*" não significa que a oposição ao Estado dependa de alguma *natureza*, mas sim que ela se dá *com naturalidade*, pois depende de uma certa forma de organização, ou um modo de ser da sociedade indígena, e passa por um desejo coletivo. E o fato de a filosofia política das sociedades indígenas apresentar essa dimensão de inten-

1. Desde os anos 80 Ailton Krenak se destaca como um dos principais articuladores de um importante movimento político indígena de alcance nacional. O povo Krenak vive atualmente em uma pequena terra indígena no médio rio Doce, Minas Gerais. Cf. Ailton Krenak, "O eterno retorno do encontro", in Adauto Novaes (org.), *A outra margem do Ocidente*. São Paulo: MinC-Funarte/ Companhia das Letras, 1999, pp. 23-31.

cionalidade, ou de agência, não significa que ela possa ser reduzida a algum tipo de ideologia, que, como definiu Clastres, é o discurso com o qual a sociedade de Estado mascara sua própria divisão interna.

Não é de surpreender que a ideia central de *A sociedade contra o Estado* tenha sido incorporada pelo discurso político de Ailton Krenak. Em parte porque o próprio Clastres também se inspirou no pensamento das sociedades indígenas, mas também porque a força de sua obra – o ar de liberdade que nela se respira, e, mais ainda, a atitude ao mesmo tempo política e epistemológica que exprime – vem produzindo afecções (na acepção filosófica do termo) em muitos leitores já há quase trinta anos. A presente reedição, com tradução revista, contribuirá sem dúvida para a ampliação desses efeitos, sobretudo porque acrescida da tradução inédita de uma rica entrevista com o autor.

Esta é, com efeito, uma obra de antropologia quase única em sua capacidade de interessar a todo mundo, desde pessoas ilustres da filosofia e do movimento político indígena, como Gilles Deleuze ou Ailton Krenak, até sucessivas gerações de estudantes que buscam aquele pensamento novo que a antropologia promete a partir de um diálogo com o pensamento indígena. É que a questão examinada neste livro, a da constituição política das sociedades indígenas (como o próprio autor observa nas páginas finais) é por si mesma interessante e não está reservada aos especialistas.

Não queremos com isso sugerir, é claro, a existência de qualquer unanimidade em torno da obra de Clastres. Dizemos simplesmente que seu livro tem um admirável poder de produzir afecções, e não poderíamos deixar de lembrar que a "trajetória solitária", a "indiferença ao espírito de época" e o "desdém pelos importantes e tagarelas"[2] – tra-

2. Cf. Claude Lefort, "L'Oeuvre de Clastres", in M. Abensour (org.), *L'Esprit des lois sauvages – Pierre Clastres ou une nouvelle anthropologie politique*. Paris: Seuil, 1987, pp. 183-209.

ços destacados por Lefort para caracterizar o autor –, não estando de todo ausentes de seu estilo, despertam em alguns leitores o entusiasmo, e em outros a irritação.

Articulada com a antropologia das sociedades amazônicas, com a antropologia política e com a filosofia política, a obra de Clastres não pertence, contudo, a nenhum desses domínios enquanto especialidades. Ciência nômade, como diriam talvez Deleuze e Guattari,[3] ela parece, antes, ocupar o espaço intersticial de um triedro imaginário formado por esses três planos, sem deixar-se, no entanto, capturar por nenhum deles. Falar, assim, de uma inserção da obra de Clastres em qualquer dessas subdisciplinas seria inadequado. Preferimos imaginar que essa obra se apresenta antes de tudo como uma *intervenção*, entendida tanto no sentido psicanalítico do termo, quanto naquele, nietzscheano, da intempestividade, isto é, da irrupção do acontecimento em uma cena aparentemente bem ordenada que ele vem perturbar.

Comecemos pelo mais simples. *A sociedade contra o Estado*, editado originalmente em 1974, reúne dez artigos publicados a partir de 1962 (quando Clastres tinha 28 anos), acrescidos de um capítulo final escrito especialmente para o livro e que a ele dá seu título. Sublinhemos também que sua espinha dorsal provém do deslocamento de três desses artigos de sua posição relativa na série cronológica. Com isso, "Copérnico e os selvagens", um longo ensaio escrito a partir de uma crítica à obra do filósofo político Jean-William Lapierre publicado originalmente em 1969, faz as vezes de introdução do volume. E anuncia desde o início sua tese central: a ausência do Estado nas chamadas socieda-

3. Entendida como uma forma de tratar a ciência, a ciência nômade se opõe à ciência régia. Enquanto esta se caracteriza por teoremas e constantes, aquela depende de problemas de fluxos e suas variações contingentes, manifestando um esforço de tornar o pensamento independente do modelo do Estado. Cf. Gilles Deleuze e Félix Guattari, *Mil Platôs* [1980]. São Paulo: Editora 34, 1997.

des primitivas não deriva, como se costuma imaginar, de seu baixo nível de desenvolvimento ou de sua suposta incompletude, mas de uma atitude ativa de recusa do Estado, enquanto poder coercitivo separado da sociedade. "Contra o Estado", portanto, mais que "sem Estado".

O livro adquire então uma organização temática relativamente explícita: quatro capítulos sobre organização social, três sobre linguagem, dois de filosofia política e, finalmente, uma conclusão. Esquema muito aproximativo, é claro, já que cada uma das partes anuncia a que se segue, e na medida em que quase todos os capítulos abordam mais de um desses temas. Em especial, "Troca e poder: filosofia da chefia indígena" [cap. 2], primeiro texto publicado por Clastres, já anunciava o tema a ser por ele perseguido por muito tempo: em que condições a vida social indígena pode desenrolar-se fora das relações de poder coercitivo? O autor analisa aqui a chefia, instituição política dos índios da América do Sul tropical, abordando-a sob o aspecto do paradoxo que apresenta ao Ocidente: o fato de que o chefe indígena é a um só tempo chefe e homem destituído de poder de coerção.

Às organizações cronológica e temática é preciso acrescentar um elemento ainda mais importante: entre o segundo e terceiro capítulos, de um lado, e o restante da obra, de outro, intercalam-se os períodos de trabalho de campo do autor no Paraguai. Primeiro, junto aos Guayaki, entre 1963 e 1964; em seguida, pesquisas mais curtas, em 1965 e 1966, junto aos Guarani, e por fim entre os Chulupi, no Chaco paraguaio, em 1966 e 1968. Essa experiência de campo está na base não apenas de quatro dos capítulos deste volume como de outros artigos e das três obras de Clastres publicadas em 1972, 1974 e 1992.[4]

4. Clastres realizou também uma pesquisa junto aos Yanomami, na Venezuela, entre 1970 e 1971, e uma rápida visita aos Guarani, em São Paulo, em 1974. (Sobre a carreira e as pesquisas de Clastres, cf. Abensour, op. cit.)

Se desde os dois artigos escritos antes da experiência de campo a direção do então jovem filósofo francês já parece traçada – a opção pela antropologia das sociedades indígenas sul-americanas –, o projeto do autor não era, por outro lado, tornar-se apenas americanista. Já o subtítulo de *A sociedade contra o Estado* apresenta a obra como antropologia política,[5] e "Copérnico e os selvagens", situado como introdução, ambiciona operar justamente a revolução que deveria conduzir a "uma antropologia política geral", a uma perspectiva capaz de produzir um discurso adequado ao ser das sociedades indígenas.

A antropologia política, como se sabe, tem fama de ser uma especialização tardia da disciplina, mais precisamente datável do início da década de 1940 com os trabalhos de antropólogos britânicos sobre sociedades africanas, principalmente aquelas – como os Nuer, estudados por Evans-Pritchard, e os Tallensi, por Meyer Fortes – dotadas de uma estrutura social segmentar composta por grupos de descendência ou linhagens. Mas a ideia de que a política é um objeto antropológico tardio é no mínimo duvidosa e não deveria distorcer nossa compreensão do nascimento e desenvolvimento da disciplina. Nem tampouco daquilo que seria a tarefa da antropologia política geral proposta por Clastres, antropologia cuja ambição parece realmente ampla quando observamos a magnitude de suas questões:

1] Que é o poder político? Isto é: o que é a sociedade?

2] Como e por que se passa do poder político não-coercitivo ao poder político coercitivo? Isto é: o que é a história?

5. "Pesquisas de antropologia política" servirá também como título da coletânea póstuma dos escritos de Clastres publicada em 1980 (*Arqueologia da violência*, no Brasil). Da mesma forma, o subtítulo do volume reunindo os ensaios apresentados em 1982 num colóquio consagrado à sua obra será "Pierre Clastres ou uma nova antropologia política".

O fato é que a questão do poder encontrasse no cerne da própria constituição do pensamento antropológico, exprimindo-se antes de tudo por meio de um grande divisor que separa as sociedades propriamente políticas e mais evoluídas – baseadas na associação contratual entre indivíduos livres vivendo sobre um território e consentindo em transferir sua soberania, sob a forma de representação, para um poder central, o Estado – daquelas sociedades, arcaicas, selvagens ou primitivas, que se articulam a partir de *status* previamente atribuídos a grupos definidos por relações de sangue e que, na ausência de todo poder centralizado, exercem sua autoridade de forma direta. Situada na raiz da própria constituição da antropologia, a oposição proposta por Henry Maine desde 1861 entre o *status* e o *contrato* coincide em todos os pontos com aquela entre sociedades sem Estado e sociedades com Estado.

Encontramo-nos aqui diante de um duplo ato que pretendeu, de um lado, extrair o poder político de uma parte das sociedades, e, de outro, afastar do poder político a antropologia então nascente. É a partir desse isolamento do político (no sentido de delimitação, afastamento e obliteração) que a antropologia se ocupará das sociedades sem Estado, articuladas por relações de parentesco. E é do parentesco, através das mediações sucessivas da exogamia e do totemismo, que ela constituirá seu segundo grande campo de investigação, a religião. E é ainda do parentesco, com a mediação da exogamia, da troca e da reciprocidade, que a economia finalmente virá se decantar como mais um objeto passível de investigação antropológica.[6] Finalmente, com as linhagens segmentares – na medida em que estas puderam ser tratadas como uma forma de conjugar os laços de sangue do parentesco e os vínculos

6. Sobre todos esses pontos cf. Adam Kuper, *The Invention of Primitive Society: Transformations of an Illusion*. Londres/ Nova York: Routledge, 1988.

territoriais que caracterizam o Estado – a antropologia estava pronta para incluir a política como mais um domínio de análise.

Realizada pelos africanistas britânicos nas décadas de 30 e 40, essa inclusão consistiu basicamente na substituição da abordagem diacrônica e institucional adotada pelos evolucionistas por uma perspectiva sincrônica e sistêmica. Isso significa, por um lado, que a oposição entre sociedades com e sem Estado permanece no núcleo da reflexão, exprimindo não mais estágios, mas tipos sociais; por outro lado, que a ausência de um órgão específico de exercício do poder político indica que este se encontra mais ou menos diluído em um sistema social dado, o sistema segmentar das linhagens. Assim, aos dois modelos isolados por Maine, acrescentava-se um terceiro que, embora desprovido de aparelho estatal, contaria com um tipo de organização específica capaz de exercer as mesmas funções do Estado, ou seja, a manutenção da ordem e do equilíbrio sociais. Um modelo jurídico das relações de poder continua, portanto, a ser central.

No entanto, por mais colado ao evolucionismo que possa estar, o modelo sistêmico do estrutural-funcionalismo britânico aceitará a existência de sociedades políticas que desconhecem o Estado, visto que o político, enquanto função, pode estar distribuído por uma determinada estrutura. Mas, mesmo descentrando a política em relação ao Estado (uma vez que as linhagens possuem funções políticas) – como o evolucionismo, aliás, descentrara a sociedade em relação ao contrato e ao indivíduo –, esse modelo a recentrou na ideia de um sistema social relativamente autônomo (como o evolucionismo recentrara a política no Estado).

No final dos anos 50 e no início dos 60, esse modelo sistêmico será, por sua vez, objeto de inúmeras críticas, e, a partir de Gluckman (com sua aparente ênfase no conflito) e Leach (com a afirmação da irrealidade dos sistemas sociais, substituídos pelas interações entre indivíduos), a antropologia política se afastará cada vez mais de uma definição substantivista de seu objeto (Estado, linhagens, qualquer órgão ou sistema onde o poder possa estar ancorado) para buscar uma definição formalista: a política, ou o poder, como um aspecto ou dimensão de qualquer relação social. Mais um descentramento, portanto (do poder em relação ao Estado), e mais um recentramento também (nos indivíduos e suas interações e transações).

Sem falar no aborrecido jogo da oposição entre indivíduo e sociedade, nem no fato de que ora a política é muito pouca coisa, ora é quase tudo, a principal dificuldade que emerge desse brevíssimo exame do campo da antropologia política é a seguinte. Quando se trata de sociedades *com* Estado, a política é definida como o domínio por excelência da intervenção humana, ou como sendo essa própria intervenção; mas, quando se trata de sociedades *sem* Estado, é definida ora como uma espécie de espaço neutro governado por leis e princípios situados além da agência humana, ora como o nome conferido a intenções e intervenções puramente individuais, sem que se reconheça a existência de uma dimensão propriamente política da vida social.

Sugeríamos acima que a revolução copernicana da antropologia política visada por Clastres exprimia um desejo de recriação da própria antropologia. Entendemos por isso um desejo de tomar posse do grande divisor que funda a disciplina para fazê-lo funcionar de um outro modo. Mais precisamente, Clastres reconheceu nesse grande divisor aquilo que sempre foi, *dominação política*, introduzindo assim no coração da antropologia a questão do poder.[7]

7. Por ocasião de uma homenagem a Claude Lévi-Strauss, Clastres reflete sobre o "paradoxo da antropologia", saber originado do grande divisor e meio possível de superá-lo. A condição de uma tal superação estaria na conversão de "um discurso sobre as civilizações primitivas" em "um diálogo com elas". Cf. Clastres, 1968.

Foi desse modo que Clastres inventou um uso afirmativo da noção de sociedade primitiva, liberando-a de toda escala de complexidade e conferindo-lhe uma qualidade política por assim dizer absoluta. Como observamos, as sociedades primitivas foram caracterizadas em termos de *falta* de Estado; pôde-se ora tomar essa *falta* como expressão do caráter embrionário ou retardatário de seu desenvolvimento, ora reencontrar, sob a *falta*, as funções do Estado ausente sendo efetuadas pelo conjunto da estrutura social.

A questão posta por Clastres a esse discurso é a seguinte: até que ponto restringir a reflexão à problemática da manutenção da ordem, da coesão e dos mecanismos de controle não manifestaria a adoção do ponto de vista do Estado pela própria antropologia? Esta não estaria assim condenada a encarar como necessidade antecipadamente dada o que talvez só exista como modo de operação do próprio Estado?

Foi assim também que, recusando o modelo jurídico da política e do Estado, Clastres focalizou a chefia, buscando, a um só tempo, problematizar o modelo da reciprocidade em sua capacidade de dar conta por si só da sociedade primitiva, e apreender a filosofia política particular que ela exprime, isto é, o tratamento específico da questão do poder pela sociedade primitiva. Contestando as conclusões de Lévi-Strauss em sua breve reflexão sobre a chefia Nambikwara, Clastres demonstrou que a relação da sociedade indígena com a instituição política não poderia ser reduzida à reciprocidade. Bem ao contrário, essa instituição destaca-se muito mais como um nódulo que desvia mulheres, bens e palavras de sua função de comunicação uma vez que a via que cada um desses termos percorre, entre o chefe e o grupo, é unidirecionada.

Nessa direção, torna-se necessário pensar o próprio Estado a partir de uma perspectiva que seja a de uma antropologia política *geral*, isto é, capaz de levar em conta o ponto de vista *político* da sociedade primitiva. E é dessa perspectiva que se torna possível criar um vínculo lógico novo entre a sociedade primitiva e a sociedade de Estado. Se a chefia está separada do poder, e a sociedade primitiva é o verdadeiro lugar do poder, o Estado se apresenta como poder separado do corpo social, como divisão entre os que mandam e os que obedecem.

Em outras palavras, o Estado é a expressão de uma constituição política mais fundamental, a divisão ou a separação do poder, ao mesmo tempo em que a sociedade primitiva se define como sociedade indivisa – indivisão que é uma prática política sua, simultaneamente um modo de funcionamento da máquina social e desejo coletivo ou intencionalidade sociológica.[8]

Pensamos, pois, que a intervenção fundamental de Clastres reside justamente na tentativa de centrar a antropologia política no poder, e articulá-la não por meio de uma teoria dos tipos sociais mas de uma reflexão orientada pelas relações diferenciais de constituição política observáveis no conjunto das sociedades humanas.

É com essa orientação que, em análises sobre temas etnográficos diversos, como as falas do chefe ou os rituais de iniciação, Clastres, em lugar do velho problema da representação do poder, focaliza aquele de seu exercício. E se o poder, em diversas passagens deste livro, define-se como força que cria e sustenta um espaço coletivo, ele não se acompanha menos de forças centrífugas, ou contra-poderes – o canto dos caçadores Guayaki, a guerra, a fala dos profetas –,

8. Poder-se-ia indagar por que Clastres não encara a ausência de Estado em certas sociedades como um elemento a mais da diversidade cultural inerente à humanidade. É que um tal relativismo manifesta muito mais a indiferença da antropologia pela questão do Estado do que a das sociedades primitivas, assim como a assunção do ponto de vista do Estado. Ou seja, a pressuposição de que só existe poder coercitivo e o tratamento do problema por meio de um modelo jurídico baseado em normas e sanções.

que criam um espaço de errância e são irredutíveis a todo modelo jurídico. Como já observara Michel Foucault,[9] *A sociedade contra o Estado* oferece nada menos que uma nova concepção do poder como tecnologia, pronta a emancipar a antropologia do primado da regra e da proibição.

Mesmo tendo optado por explicitar alguns pontos que dão originalidade à antropologia política *geral* de Pierre Clastres, pensamos certamente que a intervenção do autor repercutiu menos ali do que na antropologia das sociedades indígenas da América do Sul tropical. Abordar as relações dessa produção antropológica nas duas últimas décadas com a obra de Clastres, não é contudo tarefa simples, e seria demasiadamente ambicioso tentar fazê-lo aqui. É que o *corpus* etnográfico hoje disponível sobre essas sociedades é sensivelmente maior (não só em extensão mas principalmente em compreensão) do que o existente na época de Clastres. Para disso oferecer uma imagem sucinta, eis o que Lévi-Strauss declarava em 1993:

> Há quinze ou vinte anos, uma explosão sustentada pelo ardor e o zelo dos pesquisadores agita os estudos amazônicos. Como toda explosão, ela se manifesta por uma ruptura com um estado anterior e por uma expansão rápida bem além de seu ponto de origem. Assim foram postas sucessivamente em causa bom número de ideias consideradas como adquiridas sobre as sociedades amazônicas e outras relativas à pré-história, à história pré- e pós-colombiana das Américas. Pressentimos que essas agitações poderão atingir a própria antropologia, e abalar alguns de seus princípios que parecem mais bem estabelecidos.[10]

9. Michel Foucault, "Les Mailles du pouvoir" [1981], in *Dits et écrits* IV, 1980.
10. Claude Lévi-Strauss, "Un Autre regard". *L'Homme*, 126-128, 1993, pp 7-10.

Na década de 60, quando Clastres começou a publicar, a literatura sobre as sociedades amazônicas passava a ser dominada pela ecologia cultural criada por Julian Steward, editor do monumental *Handbook of South American Indians*, em sete volumes, publicado entre 1946 e 1950, dedicado a oferecer um panorama geral das sociedades indígenas da América do Sul. O problema é que a nova proposta de Steward continuava a depender de uma das noções mais pobres da doutrina evolucionista, a de *adaptação*. De acordo com o perfil sociológico da Amazônia por ele esboçado, as práticas de subsistência (agricultura itinerante, caça e coleta) adotadas por essas sociedades seriam, por um lado, uma resposta adaptativa a um ambiente natural hostil e pobre em recursos e, por outro, dariam origem unicamente a formas sociais simples – daí a fragmentação que se observa nessas sociedades e, daí também, suas relações de hostilidade recíproca.

Fiel ao princípio político-epistemológico da autodeterminação sociopolítica das sociedades indígenas, Clastres faz, em "Independência e exogamia" [cap. 3], de 1963, uma crítica pioneira ao retrato sociológico desenhado por Steward. Procura demonstrar que a sociologia indígena não corresponde à imagem do atomismo sociológico e da hostilidade guerreira, pois a dispersão territorial de comunidades politicamente autônomas oculta um sistema social mais amplo que integra, pelo menos, três comunidades, e se alimenta de relações de casamento intercomunitárias como um "*meio da aliança política*" (grifo do autor). É verdadeiro que a argumentação do autor, além de exprimir uma tentativa de aclimatar a teoria dos sistemas de linhagem à Amazônia, está baseada em certos equívocos etnográficos, como as suposições de que a exogamia local represente uma regra mecânica e seja acompanhada de uma regra também mecânica de residência; ou de que haveria uma coincidência entre casamento dos primos cruzados e exogamia local.

Esse estudo representa, contudo, uma contribuição das mais inestimáveis, pois, verdade seja dita, as imprecisões etnográficas de Clastres não invalidam as valiosas pistas que ele aponta. Com efeito, certas coordenadas ali estabelecidas têm orientado boa parte da pesquisa antropológica desenvolvida até hoje na região: primeiro, a recusa em reduzir a sociedade indígena à escala da comunidade local e, depois, no que toca à filosofia social, a revelação capital da presença de formas complexas de gestão da alteridade, que mais tarde se converteram em objeto central de análises etnográficas detalhadas acerca dos sistemas indígenas de codificação das identidades coletivas e das relações de alteridade.

Clastres sustenta também que as sociedades da Floresta apresentam uma dimensão diacrônica ineludível quando se pretende compreender sua estrutura. Isso, não no sentido óbvio de que toda sociedade tem história, mas porque, ali, a estrutura não é apreensível na sincronia (como sucede, por exemplo, às sociedades jê e bororo do Brasil Central). O que a dinâmica dessas sociedades apresenta de mais singular é que são em certo sentido insubmissas à totalização sincrônica, apresentando antes uma "tendência ao *sistema*, desigualmente realizada em extensão e profundidade" conforme se passa de uma sociedade a outra e de um momento a outro de sua vida. Sistema, enfim, no qual as forças centrípetas e centrífugas que fundam sua existência e determinam sua consistência interna variam de acordo com "as circunstâncias concretas – ecológicas, demográficas, religiosas". De resto, como Clastres também cuidou de ressaltar, as forças centrífugas que fazem obstrução à consolidação do sistema operam igualmente no interior de cada comunidade – o que remete a um aspecto crucial de seu pensamento: a distinção entre forças centrípetas e centrífugas não é absoluta mas relativa à dimensão do *socius* que está sendo considerada. Sendo assim, a própria chefia, que representa as forças de agregação que fundam cada comunidade, pode representar forças de dispersão no interior do campo social mais abrangente formado pelas relações intercomunitárias.

Se escolhemos nos deter aqui em "Independência e exogamia" é porque, apesar da fragilidade de sua base etnográfica, aí se antecipam algumas das hipóteses mais fecundas do autor, as quais têm orientado, direta ou indiretamente, a pesquisa sobre as sociedades amazônicas das últimas décadas. Vale lembrar que as questões examinadas neste artigo de 1963 são retomadas e completadas em "Arqueologia da violência", de 1977, mesmo ano em que, com apenas 43 anos de idade, Clastres morreu em um acidente automobilístico.

Desde então a antropologia das sociedades da América do Sul tropical se alterou radicalmente. E, se é verdadeiro que quase todos os especialistas são hoje sensíveis à pobreza relativa da base etnográfica utilizada por Clastres na sustentação de muitas de suas hipóteses, dificilmente deixaria de saltar aos olhos daquele que o relesse a profundidade e fecundidade de suas intuições, de modo que, com acerto, ter-se-ia a impressão de que sua obra definiu quase todo o programa de investigação americanista desenvolvido nas décadas de 80 e 90.[11] O postulado segundo o qual as sociedades indígenas detêm o controle de seu ambiente natural e de seu projeto social encontrasse no fundamento de numerosas pesquisas recentes que exploram, de um ponto de vista etnográfico, as relações com a natureza e as filosofias sociais indígenas. Se nos fosse, pois, permitido

11. Cf. Marco Antônio Gonçalves, "A Woman Between Two Men and a Man Between Two Women: The Production of Jealousy and the Predation of Sociality amongst the Paresi Indians of Mato Grosso (Brazil)", in J. Overing. & A. Passes. (eds.), *The Anthropology of Love and Anger: The Aesthetics of Conviviality in Native Amazonia*. Londres/ Nova York: Routledge, 2000, pp. 235-51.

explorar a imagem utilizada por Lévi-Strauss, diríamos que a única obra capaz de representar os começos da explosão que agita os estudos amazônicos é *A sociedade contra o Estado*.

A evocação do nome de Lévi-Strauss nos obriga, para concluir, a abrir uma exceção em nossa recusa em situar o pensamento de Clastres em relação a possíveis antecessores e sucessores. A publicação de *O cru e o cozido*, em 1964, transformou não apenas o campo da análise dos mitos mas o da antropologia como um todo e, talvez, o do próprio pensamento ocidental. Preparadas por *O pensamento selvagem*, de 1962, as *Mitológicas* anunciavam que a Razão não representa a obra suprema de uma humanidade finalmente realizada mas, no máximo, o produto de uma cultura particular que, recusando, absorvendo e eliminando outras formas de pensar, afirmava e ostentava sua suposta superioridade. Contra tamanha presunção, Lévi-Strauss afirmou a existência do pensamento selvagem, estrutura universal subjacente a qualquer forma de pensar, inclusive àquela própria do Ocidente que denominamos Razão.

O empreendimento de Clastres apresenta certa similaridade com o de Lévi-Strauss. Focaliza o Estado, não a Razão – mas conhecemos os vínculos que desde a cidade grega ligam os dois pilares sobre os quais se ergueu a chamada civilização ocidental. E a recusa das outras formas de pensar não é uma operação meramente intelectual; ela se acompanha de uma violência indissociável e constitutiva da própria Razão:

> Descobrimos no próprio espírito de nossa civilização, e coextensiva à sua história, a vizinhança da violência e da Razão, com a segunda não chegando a estabelecer seu reino a não ser através da primeira. A Razão ocidental remete à violência como à sua condição e ao seu meio, pois tudo aquilo que não é ela própria encontrasse em "estado

> de pecado" e cai então no campo insuportável do desatino. E é segundo essa dupla face do Ocidente, sua face completa, que deve se articular a questão de sua relação com as culturas primitivas.[12]

Essa fala tão cortante faz-nos lembrar que a Pierre Clastres devemos a compreensão de que qualquer antropologia é política, e que a crítica à universalidade do ponto de vista do Estado e da Razão não conduz necessariamente a um naturalismo. Afirmar que as sociedades indígenas da América do Sul tropical são sociedades contra o Estado não é pecar por romantismo, voluntarismo, metafísica ou idealismo filosóficos. Pode ser, bem pelo contrário, construir uma antropologia política *específica*.

12. P. Clastres, 1968, p. 34.

# COPÉRNICO E OS SELVAGENS

> *On disoit à Socrates que quelqu'un ne s'estoit aucunement amendé en son voyage: Je croy bien, dit-il, il s'estoit emporté avecques soy.*
>
> Montaigne

Pode-se questionar seriamente a propósito do poder? Um fragmento de *Para além do bem e do mal* [1886] começa assim: "Se é verdade que em todas as épocas, desde que os homens existem, houve também grupos humanos (associações sexuais, comunidades, tribos, nações, igrejas, estados) e sempre um grande número de homens obedecendo a um pequeno número de chefes; se, consequentemente, a obediência é aquilo que foi por mais tempo melhor exercido e cultivado entre os homens, temos o direito de presumir que em regra geral cada um de nós possui em si mesmo a necessidade inata de obedecer, como uma espécie de *consciência formal* que ordena: "Farás isso sem discutir; privar-te-ás daquilo sem reclamar; em suma, é um 'tu farás'". Pouco preocupado, como sempre, com o verdadeiro e com o falso em seus sarcasmos, Nietzsche, entretanto, isola à sua maneira e circunscreve exatamente um campo de reflexão que, outrora confiado apenas ao pensamento especulativo, se encontra há cerca de duas décadas submetido aos esforços de uma pesquisa de vocação propriamente científica. Queremos aludir ao espaço do *político*, em cujo centro o *poder* coloca a sua questão: temas novos, em antropologia social, de estudos cada vez mais numerosos. Que a etnologia só se tenha interessado tardiamente pela dimensão política das sociedades arcaicas – entretanto o seu objeto preferencial – eis o que, aliás, não é estranho à própria problemática do poder, como tentaremos demonstrar: é antes um indício de um modo espontâneo, inerente a nossa cultura e portanto muito tradicional, de apreender as relações políticas tal como elas se tecem em outras culturas. Mas o atraso se recupera e as lacunas se preenchem; existe agora uma quantidade suficiente de textos e descrições para que se possa falar de uma antropologia política, mensurar seus resultados e refletir sobre a natureza do poder, sobre suas origens, enfim, sobre as transformações que a história lhe impõe segundo os tipos de sociedade onde ele se exerce. Projeto ambicioso, mas tarefa necessária realizada pela notável obra de Jean-William Lapierre: *Essai sur le fondement du pouvoir politique* [Ensaio sobre o fundamento do poder político].[1] Trata-se de um esforço muito digno de interesse à medida que em primeiro lugar encontrasse reunida e explorada uma massa de informações relativa não só às sociedades humanas, mas também às espécies animais sociais, e ainda porque o autor é um filósofo cuja reflexão se exerce sobre os dados fornecidos pelas modernas disciplinas que são a "sociologia animal" e a etnologia.

Está em causa aqui a questão do poder político e, muito legitimamente, Lapierre se pergunta antes de tudo se esse fato humano responde a uma necessidade vital, se ele se desenvolve a partir de um enraizamento biológico, se, em outros termos, o poder encontra o seu lugar de nascimento e a sua razão de ser na natureza e não na cultura. Ora, ao termo de uma discussão paciente e erudita sobre os mais recentes trabalhos de biologia animal, discussão nada acadêmica aliás, se bem que se possa prever-lhe o resultado, a resposta é clara: "O exame crítico dos conhecimentos adquiridos sobre os fenômenos sociais entre os animais e especialmente sobre

1. Jean-William Lapierre, *Essai sur le fondement du pouvoir politique*. Publications de la Faculté des Lettres d'Aix-en-Provence/ Editions Ophrys, 1968.

o seu processo de autorregulação social nos mostrou a ausência de qualquer forma, mesmo embrionária, de poder político..." (p. 222). Tendo desbravado esse campo e assegurado que a pesquisa não precisará esforçar-se por esse lado, o autor volta-se para as ciências da cultura e da história, a fim de interrogar – seção que, por seu tamanho, é a mais importante da sua investigação – "as formas 'arcaicas' do poder político nas sociedades humanas". As reflexões que se seguem encontraram seu impulso mais particularmente na leitura dessas páginas consagradas, dir-se-á, ao poder entre os selvagens.

O leque das sociedades consideradas é impressionante; suficientemente aberto em todo caso para tirar do leitor exigente qualquer dúvida eventual quanto ao caráter exaustivo da amostragem, já que a análise se faz sobre exemplos tomados na África, nas três Américas, na Oceania, Sibéria etc. Em suma, uma coleta quase completa, pela sua variedade geográfica e tipológica, daquilo que o mundo "primitivo" podia oferecer de diferenças em comparação com o horizonte não-arcaico, sobre o qual se desenha a figura do poder político em nossa cultura. Isso prova o alcance do debate e a seriedade que requer o exame de sua conduta.

É fácil imaginar que essas dezenas de sociedades "arcaicas" só possuem em comum a simples determinação de seu arcaísmo, determinação negativa – como o indica Lapierre – estabelecida pela ausência de escrita e pela economia dita de subsistência. As sociedades arcaicas podem então diferir profundamente entre si. De fato, nenhuma se assemelha a outra e estamos longe da triste repetição que tornaria desinteressantes todos os selvagens. Cumpre portanto introduzir um mínimo de ordem nessa multiplicidade a fim de permitir a comparação entre as unidades que a compõem, e é por isso que Lapierre, mais ou menos aceitando as clássicas classificações propostas pela antropologia anglo-saxônia para a África, percebe cinco grandes tipos "partindo das sociedades arcaicas nas quais o poder político é mais desenvolvido para chegar finalmente àquelas que quase não apresentam, ou mesmo não apresentam, poder propriamente político" (p. 229). Ordenam-se então as culturas primitivas em uma tipologia baseada em suma na maior ou menor "quantidade" de poder político que cada uma delas oferece à observação, quantidade essa que pode tender a zero, "...certos agrupamentos humanos, em condições de vida determinadas que lhes permitiam subsistir em pequenas 'sociedades fechadas', puderam prescindir de poder político" (p. 525).

Reflitamos sobre o próprio princípio dessa classificação. Qual é o seu critério? Como se define aquilo que, presente em maior ou menor quantidade, permite a designação de tal lugar a tal sociedade? Ou, em outros termos, o que se entende, mesmo a título provisório, por poder político? A questão é, vamos admiti-lo, de importância, já que, no intervalo que se supõe separar sociedades sem poder e sociedades com poder, deveriam simultaneamente ter lugar a essência e o fundamento do poder. Ora, seguindo as minuciosas análises de Lapierre, não se tem a impressão de assistir a uma ruptura, a uma descontinuidade, a um salto radical que, arrancando os grupos humanos de sua estagnação pré-política, os transformasse em sociedade civil. Pode-se dizer então que, entre as sociedades de sinal + e aquelas de sinal –, a passagem é progressiva, contínua e da ordem da quantidade? Se assim é, a própria possibilidade de classificar sociedades desaparece, pois entre os dois extremos – sociedades com Estado e sociedades sem poder – figurará a infinidade de graus intermediários, fazendo, no máximo, de cada sociedade particular uma classe do sistema. É aliás ao que chegaria todo projeto taxonômico desse tipo, à medida que se aprimora o conhecimento das sociedades arcaicas e que se desvendam melhor as suas diferenças. Por conseguinte, tanto num caso como no outro, na hipótese da descontinuidade entre não-poder e poder ou naquela da continuidade, parece claro que nenhuma classificação das sociedades empíricas nos possa esclarecer sobre a natureza do poder político ou sobre as circunstâncias do seu surgimento, e que o enigma persiste em seu mistério.

"O poder se realiza numa relação social característica: comando-obediência." (p. 44) Daí resulta de saída que as sociedades onde não se observa essa relação essencial são sociedades sem poder. Voltaremos a isso. O que convém ressaltar primeiramente é o tradicionalismo dessa concepção que exprime com bastante fidelidade o espírito da pesquisa etnológica: a saber, a certeza jamais posta em dúvida de que o poder político se dá somente em uma relação que se resolve, definitivamente, numa relação de coerção. De sorte que sobre esse ponto, entre Nietzsche, Max Weber (o poder de Estado como monopólio do uso legítimo da violência) ou a etnologia contemporânea, o parentesco é mais próximo do que parece e as linguagens pouco se diferem a partir de um mesmo fundo: a verdade e o ser do poder consistem na violência e não se pode pensar no poder sem o seu predicado, a violência. Talvez seja efetivamente assim, caso em que a etnologia não é culpada de aceitar sem discussão o que o Ocidente pensa desde sempre. Mas é necessário precisamente assegurar-se disso e verificar no seu próprio terreno – o das sociedades arcaicas – se, quando não há coerção ou violência, não se pode falar de poder.

O que ocorre com os índios da América? Sabe-se, por um lado, que com exceção das altas culturas do México, da América Central e dos Andes todas as sociedades indígenas são arcaicas: elas ignoram a escrita e "subsistem" do ponto de vista econômico. Por outro lado, todas, ou quase todas, são dirigidas por líderes, por chefes e, característica decisiva digna de chamar a atenção, nenhum desses caciques possui "poder". Encontramo-nos então confrontados com um enorme conjunto de sociedades nas quais os detentores do que alhures se chamaria poder são de fato destituídos de poder, onde o político se determina como campo fora de toda coerção e de toda violência, fora de toda subordinação hierárquica, onde, em uma palavra, não se dá uma relação de comando-obediência. Eis a grande diferença do mundo indígena e o que permite falar das tribos americanas como universo homogêneo, apesar da extrema variedade de culturas que aí se movimentam. Então, conforme o critério adotado por Lapierre, o Novo Mundo estaria em sua quase totalidade no campo pré-político, isto é, no último grupo de sua tipologia, aquele que reúne as sociedades onde "o poder político tende a zero". No entanto, não é esse o caso, uma vez que exemplos americanos assinalam a classificação em questão, isto é, que há sociedades indígenas incluídas em todos os tipos e que poucas dentre elas pertencem justamente ao último tipo, que deveria normalmente agrupá-las todas. Existe aí um certo mal-entendido, pois das duas uma: ou se encontram em certas sociedades chefias não-impotentes, isto é, chefes que, ao darem uma ordem, veem-na ser executada, ou isso não existe. A experiência direta do terreno, as monografias dos pesquisadores e as mais antigas crônicas não deixam dúvida nenhuma sobre isso: se existe alguma coisa completamente estranha a um índio, é a ideia de dar uma ordem ou de ter de obedecer, exceto em circunstâncias muito especiais como em uma expedição guerreira. Como é que, nesse caso, os iroqueses figuram no primeiro tipo, ao lado das realezas africanas? Pode-se aproximar o Grande Conselho da Liga dos Iroqueses de "um Estado ainda rudimentar, mas já claramente constituído"? Pois se "o político concerne ao funcionamento da sociedade global" (p. 41) e se "exercer um poder é *decidir para* todo um agrupamento" (p. 44), então não se pode dizer que os cinquenta *sachems* que compunham o Grande Conselho iroquês formassem um Estado: a Liga não era uma sociedade global, mas uma aliança política de cinco sociedades globais que eram as cinco tribos iroquesas. A questão do poder entre os iroqueses deve então se colocar, não no plano da Liga, mas no das tribos: e nesse nível não há dúvida, os *sachems* não eram seguramente mais poderosos que o resto dos chefes indígenas. As tipologias britânicas das sociedades africanas são talvez pertinentes para o continente negro; elas não podem servir de modelo para a América, pois – repitamo-lo – entre o *sachem* iroquês e o líder do menor bando nômade, não existe diferença de natureza. Indiquemos todavia que, se a confederação iroquesa suscita, com razão, o interesse dos especialistas, houve alhures ensaios, menos notáveis porque descontínuos, de ligas tribais entre os Tupi-Guarani do Brasil e do Paraguai, entre outros.

As observações precedentes são uma tentativa de colocar em questão a forma tradicional da problemática do poder: não nos é evidente que coerção e subordinação constituem a essência do poder político *sempre e em qualquer lugar*. De sorte que se abre uma alternativa: ou o conceito clássico de poder é adequado à realidade que ele pensa, e nesse caso é necessário que ele dê conta do não-poder no lugar onde se encontra; ou então é inadequado, e é necessário abandoná-lo ou transformá-lo. Mas é conveniente antes se interrogar sobre a atitude mental que permite que essa concepção seja elaborada. E, em vista disso, o próprio vocabulário da etnologia pode nos assinalar o caminho.

Consideremos primeiramente os critérios do arcaísmo: ausência de escrita e economia de subsistência. Nada há que dizer sobre o primeiro, pois se trata de um dado de fato: uma sociedade conhece a escrita ou não a conhece. A pertinência do segundo parece em compensação menos assegurada. O que é de fato "subsistir"? É viver na fragilidade permanente do equilíbrio entre necessidades alimentares e meios de satisfazê-las. Uma sociedade com economia de subsistência é então a que alimenta seus membros apenas com o estritamente necessário, encontrando-se assim à mercê do menor acidente natural (seca, inundação etc.), já que a diminuição dos recursos se traduziria mecanicamente pela impossibilidade de alimentar todos. Ou, em outros termos, as sociedades arcaicas não vivem, mas sobrevivem, sua existência é um combate interminável contra a fome, pois elas são *incapazes de produzir excedentes*, por carência tecnológica e, além disso, cultural. Nada de mais tenaz que essa visão da sociedade primitiva, e ao mesmo tempo nada de mais falso. Se pudemos recentemente falar de grupos de caçadores-coletores paleolíticos como as "primeiras sociedades de abundância",[2] o que não seria dos agricultores "neolíticos"?[3] Não podemos nos estender aqui sobre essa questão de importância decisiva para a etnologia. Indicamos somente que um bom número dessas sociedades arcaicas "com economia de subsistência", na América do Sul por exemplo, produzia uma quantidade de *excedente* alimentar muitas vezes *equivalente* à massa necessária ao consumo anual da comunidade: produção capaz, portanto, de satisfazer duplamente as necessidades, ou de alimentar uma população duas vezes mais numerosa. Isso, evidentemente, não significa que as sociedades arcaicas não sejam arcaicas; trata-se simplesmente de enfatizar a vaidade "científica" do conceito de economia de subsistência que traduz muito mais as atitudes e hábitos dos observadores ocidentais diante das socieda-

2. Marshall Sahlins, "La Première société d'abondance" [A primeira sociedade da abundância]. *Les Temps Modernes*, out. 1968.

3. Sobre os problemas que apresentam uma definição do neolítico, cf. cap. "A sociedade contra o Estado", *infra*.

des primitivas que a realidade econômica sobre a qual repousam essas culturas. Em todo o caso, não é pelo fato de que sua economia fosse de subsistência que as sociedades arcaicas "sobreviveram em estado de extremo subdesenvolvimento até hoje" (p. 225). Parece-nos mesmo que, nesse sentido, é antes o proletariado europeu do século XIX, iletrado e subalimentado, que se deveria qualificar de arcaico. Na realidade, a ideia de economia de subsistência provém do campo ideológico do Ocidente moderno, e de forma alguma do arsenal conceptual de uma ciência. E é paradoxal ver a etnologia, ela própria, vítima de uma mistificação tão grosseira, e tanto mais temível quanto contribuiu para orientar a estratégia das nações industriais com relação ao mundo dito subdesenvolvido.

Mas tudo isso, poder-se-á retrucar, tem pouco a ver com o problema do poder político. Ao contrário: a mesma perspectiva que faz falar dos primitivos como "homens vivendo penosamente em economia de subsistência, em estado de subdesenvolvimento técnico..." (p. 319) determina também o sentido e o valor do discurso familiar sobre o político e o poder. Familiar porque sempre o encontro entre o Ocidente e os selvagens serviu para repetir sobre eles o mesmo discurso. Como testemunho, citemos por exemplo o que diziam os primeiros descobridores do Brasil a respeito dos índios Tupinambá: "gentes sem fé, sem lei, sem rei". Seus *mburuvicha*, seus chefes, não possuíam com efeito nenhum "poder". O que haveria de mais estranho, para pessoas saídas de sociedades onde a autoridade culminava nas monarquias absolutas da França, de Portugal ou da Espanha? Tratava-se de bárbaros que não viviam em sociedade policiada. A inquietude e a irritação de se encontrar em presença do anormal desapareciam, ao contrário, no México de Montezuma ou no Peru dos Incas. Ali os conquistadores respiravam um ar habitual, para eles o mais tônico dos ares, o das hierarquias, da coerção, em uma palavra, do verdadeiro poder. Ora, observa-se uma notável continuidade entre este discurso sem nuanças, ingênuo, selvagem, como se poderia dizer, e aquele dos sábios ou pesquisadores modernos. O julgamento é o mesmo se enunciado em termos mais delicados, e encontramos sob a pena de Lapierre numerosas expressões conformes à percepção mais corrente do poder político nas sociedades primitivas. Exemplos: "Os 'chefes' trobriandeses ou tikopias não detêm uma potência social e um poder econômico muito desenvolvidos, contrastando com um poder propriamente político deveras *embrionário*?" (p. 284). Ou então: "Nenhum povo nilota *pôde elevar-se* ao nível das organizações políticas centralizadas dos grandes reinos bantos" (p. 365). E ainda: "A sociedade lobi *não foi capaz* de se proporcionar uma organização política" (p. 435, nota 134).[4] Que significa de fato esse tipo de vocabulário onde os termos "embrionário", "nascente", "pouco desenvolvido" aparecem com frequência? Não se trata certamente de comprar briga com o autor, pois sabemos bem que essa linguagem é a da própria antropologia. Tentamos aceitar aquilo que se poderia chamar de arqueologia dessa linguagem e do saber que se acredita surja daí e perguntamo-nos: o que essa linguagem diz exatamente e a partir de que lugar diz ela o que diz?

Constatamos que a ideia de economia de subsistência gostaria de ser um julgamento de fato, mas envolve ao mesmo tempo um julgamento de valor sobre as sociedades assim qualificadas: avaliação que destrói imediatamente a objetividade em que ela pretende fixar-se. O mesmo preconceito – pois afinal trata-se disso – perverte e leva ao fracasso o esforço para julgar o poder político nessas mesmas sociedades. O modelo ao qual ele se refere e a unidade que o

4. Grifos nossos.

mede são constituídos *a priori* pela ideia que a civilização ocidental desenvolveu e formou do poder. Nossa cultura, desde as suas origens, pensa o poder político em termos de relações hierarquizadas e autoritárias de comando-obediência. Toda forma, real ou possível, de poder é portanto redutível a essa relação privilegiada que exprime *a priori* a sua essência. Se a redução não é possível, é que nos encontramos aquém do político: a falta da relação comando-obediência implica *ipso facto* a falta de poder político. Por isso, existem não só sociedades sem Estado, mas também sociedades sem poder. Ter-se-á desde há muito reconhecido o adversário sempre vivaz, o obstáculo permanentemente presente na pesquisa antropológica, o *etnocentrismo* que mediatiza todo olhar sobre as diferenças para *identificá-las* e finalmente aboli-las. Há uma espécie de ritual etnológico que consiste em denunciar com vigor os riscos dessa atitude: a intenção é louvável, mas nem sempre impede que os etnólogos, mais ou menos tranquilamente ou mais ou menos distraidamente, sucumbam diante dele. Sem dúvida o etnocentrismo, como frisa muito justamente Lapierre, é a coisa melhor distribuída do mundo: toda cultura é, poder-se-ia dizer, por definição etnocêntrica em sua relação narcisista consigo mesma. Entretanto, uma diferença considerável separa o etnocentrismo ocidental do seu homólogo "primitivo"; o selvagem de qualquer tribo indígena ou australiana julga que a sua cultura é superior a todas as outras sem se preocupar em exercer sobre elas um discurso científico, enquanto a etnologia pretende situar-se de chofre no elemento da universalidade sem se dar conta de que permanece sob muitos aspectos solidamente instalada em sua particularidade, e que o seu pseudodiscurso científico se deteriora rapidamente em verdadeira ideologia. (Isso reduz à sua justa dimensão algumas melífluas afirmações sobre a civilização ocidental como o único lugar capaz de produzir etnólogos.) Decidir que algumas culturas são desprovidas de poder político por não oferecerem nada de semelhante ao que a nossa apresenta não é uma proposição científica: antes denota-se aí, no fim das contas, uma certa pobreza do conceito.

O etnocentrismo não é portanto um entrave superficial à reflexão e as suas implicações têm mais consequências do que se poderia crer. Ele não pode deixar subsistir as diferenças (cada uma por si) em sua neutralidade, mas quer compreendê-las como diferenças determinadas a partir do que é mais familiar, o poder tal como ele é experimentado e pensado na cultura ocidental. O evolucionismo, velho compadre do etnocentrismo, não está longe. A atitude nesse nível é dupla: primeiramente recensear as sociedades segundo a maior ou menor proximidade que o seu tipo de poder mantém com o nosso; em seguida afirmar explicitamente (como outrora) ou implicitamente (como agora) uma *continuidade* entre todas essas diversas formas de poder. Por ter, após Robert Lowie, abandonado como ingênuas as doutrinas de Morgan ou Engels, a antropologia não pode mais (ao menos quanto à questão do político) exprimir-se em termos *sociológicos*. Mas como de outra parte é muito forte a tentação de continuar a pensar segundo o mesmo esquema, recorre-se a metáforas *biológicas*. Daí o vocabulário acima levantado: embrionário, nascente, pouco desenvolvido etc. Há apenas meio século, o modelo perfeito que todas as culturas tentavam realizar, através da história, era o adulto ocidental são de espírito e letrado (talvez doutor em ciências físicas). Isso sem dúvida se pensa ainda, mas em todo caso não se diz mais. Entretanto, se a linguagem mudou, o discurso permaneceu o mesmo. Pois o que é um poder embrionário senão o que poderia e deveria *desenvolver-se* até o estado adulto? E qual é esse estado adulto do qual se descobrem, aqui e ali, as premissas embrionárias? É, não há dúvida, o poder com o qual o etnólogo está acostumado, o da cultura que produz etnólogos, o Ocidente. E por que esses fetos culturais do poder estão sempre destinados a perecer? Por que as sociedades que os concebem abortam regularmente? Essa fraqueza congênita prende-se evidentemente ao seu arcaísmo, ao seu subdesenvolvimento, ao fato de não serem o Ocidente. As sociedades arcaicas seriam assim axolotles sociológicas incapazes de ascender, sem ajuda exterior, ao estado adulto normal.

O biologismo da expressão não é senão a máscara furtiva da velha convicção ocidental, muitas vezes partilhada realmente pela etnologia, ou ao menos por muitos dos seus praticantes, de que a história tem um sentido único, de que as sociedades sem poder são a imagem daquilo que não somos mais e de que a nossa cultura é para elas a imagem do que é necessário ser. E não só o nosso sistema de poder é considerado o melhor, mas chega-se mesmo a atribuir às sociedades arcaicas uma certeza análoga. Pois dizer que "nenhum povo nilota pôde elevar-se ao nível de organização política centralizada dos grandes reinos bantos", ou que "a sociedade Ibi não foi capaz de se proporcionar uma organização política", é em um sentido afirmar um esforço da parte desses povos para se darem um *verdadeiro* poder político. Que sentido teria dizer que os índios Sioux não conseguiram realizar o que os Astecas alcançaram, ou que os Bororo foram incapazes de se elevar ao nível político dos Incas? A arqueologia da linguagem antropológica nos conduziria, e sem ter de cavar muito um solo no fim das contas bastante árido, a descobrir um parentesco secreto da ideologia com a etnologia, esta última, se não tomarmos cuidado, destinada a debater-se no mesmo pântano lamacento que a sociologia e psicologia.

É possível uma antropologia política? Poder-se-ia duvidar, se considerada a torrente sempre crescente da literatura consagrada ao problema do poder. O que sobretudo chama a atenção é constatar-se aí a dissolução gradual do político que, na falta de descobri-lo onde se esperava encontrá-lo, se crê perceber em todos os níveis das sociedades arcaicas. Tudo cai desde então no campo do político, todos os subgrupos e unidades (grupos de parentesco, classes de idade, unidades de produção etc.) que constituem uma sociedade são investidos, com ou sem motivo, de uma significação política, a qual acaba por abranger todo o espaço do social e perder consequentemente a sua especificidade. Pois, se o político existe em toda a parte, ele não existe em lugar nenhum. Aliás é de se perguntar se não se procura dizer justamente *isto*: que as sociedades arcaicas não são verdadeiras sociedades, já que não são sociedades políticas. Em suma, teríamos o direito de decretar que o poder político não é pensável, visto que é aniquilado no ato mesmo em que é apreendido. Entretanto, nada impede que se suponha que a etnologia só se coloca os problemas que ela pode resolver. É então necessário perguntar-se: em que condições o poder político é pensável? Se a antropologia vacila, é porque está no fundo de um impasse, e cumpre portanto mudar de rota. O caminho onde ela se perde é o mais fácil, aquele que se pode tomar cegamente, aquele que é indicado pelo nosso próprio mundo cultural, não enquanto ele se desdobra no universal, mas enquanto se revela tão particular como qualquer outro. A condição é renunciar, *asceticamente*, digamos, à concepção *exótica* do mundo arcaico, concepção que, em última análise, determina maciçamente o discurso pretensamente científico sobre este mundo. A condição será nesse caso a decisão de levar enfim *a sério* o homem das sociedades primitivas, sob todos os seus aspectos e em todas as suas dimensões; inclusive sob o ângulo do político, mesmo e sobretudo se este se realiza nas sociedades arcaicas como negação do que ele é no mundo ocidental. É necessário aceitar a ideia de que a negação não significa um nada, e de que, quando o espelho não nos devolve a nossa imagem, isso não prova que não haja nada que observar. De maneira mais simples: assim como a nossa cultura acabou por reconhecer que o homem primitivo não é uma criança, mas, individualmente, um adulto, assim ela progredirá um pouco se lhe reconhecer uma maturidade coletiva equivalente.

Os povos sem escrita não são então menos adultos que as sociedades letradas. Sua história é tão profunda quanto a nossa e, a não ser por racismo, não há por que julgá-los incapazes de refletir sobre a sua própria experiência e de dar a seus problemas as soluções apropriadas. É exatamente por isso que não nos poderíamos contentar em enunciar que nas sociedades onde não se observa a relação de comando-obediência (isto é, nas sociedades sem poder político), a vida do grupo como projeto coletivo se mantém através do *controle social imediato*, imediatamente qualificado de *apolítico*. O que precisamente se entende por isso? Qual é o referente *político* que permite, por oposição, falar de apolítico? Mas, precisamente, aí não existe o político uma vez que se trata de sociedades sem poder: como então podemos falar de apolítico? Ou bem o político está presente, mesmo nessas sociedades, ou bem a expressão de controle social imediato apolítico é em si contraditória e de qualquer modo tautológica: o que ela nos ensina efetivamente sobre as sociedades às quais é aplicada? E, que rigor possui, por exemplo, a explicação de Lowie de que nas sociedades sem poder político existe "um poder não-oficial da opinião pública"? Dizíamos nós, se tudo é político, nada é político; mas, se em alguma parte existe o apolítico, é que alhures existe o político! No máximo, uma sociedade apolítica não teria mesmo mais seu lugar na esfera da cultura, mas deveria ser colocada junto das sociedades animais regidas pelas relações naturais de dominação-submissão.

Talvez esteja aí a dificuldade da reflexão clássica sobre o poder: é impossível pensar o apolítico sem o político, o controle social imediato sem a mediação, em uma palavra, *a sociedade sem o poder*. O obstáculo epistemológico que a "politicologia" não soube até o momento ultrapassar, nós acreditamos tê-lo descoberto no etnocentrismo cultural do pensamento ocidental, ele mesmo ligado a uma visão exótica das sociedades não-ocidentais. Se nos obstinamos em refletir sobre o poder a partir da certeza de que a sua forma verdadeira se encontra realizada na nossa cultura, se persistimos em fazer dessa forma a medida de todas as outras, até mesmo o seu *télos*, então seguramente renunciamos à coerência do discurso, e deixamos a ciência degradar-se em opinião. A ciência do homem talvez não seja necessária. Mas desde que queiramos constituí-la e articular o discurso etnológico, então convém mostrarmos um pouco de respeito às culturas arcaicas e nos interrogarmos sobre a validade de categorias como aquelas de economia de subsistência ou de controle social imediato. Ao não efetuar esse trabalho crítico, arriscamo-nos primeiramente a deixar escapar o real sociológico e, em seguida a descaminhar a própria descrição empírica: chegamos assim, segundo as sociedades ou segundo a fantasia de seus observadores, a encontrar o político em todo lugar ou a não encontrá-lo em parte alguma.

O exemplo evocado acima, das sociedades indígenas da América, ilustra perfeitamente, assim o cremos, a impossibilidade que existe de falar de sociedades sem poder político. Não é aqui o lugar de definir o estatuto do político nesse tipo de culturas. Limitar-nos-emos a recusar a evidência etnocentrista de que o limite do poder é a coerção, além ou aquém do qual nada mais haveria; que o poder existe de fato (não só na América, mas em muitas outras culturas primitivas) totalmente separado da violência e exterior a toda hierarquia; que, em consequência, todas as sociedades, arcaicas ou não, são políticas, mesmo se o político se diz em múltiplos sentidos, mesmo se esse sentido não é imediatamente decifrável e se devemos desvendar o enigma de um poder "impotente". Isso nos leva a dizer que:

1] Não se pode repartir as sociedades em dois grupos: sociedades com poder e sociedades sem poder. Julgamos ao contrário (em conformidade com os dados da etnografia) que o poder político é *universal*, imanente ao social (quer o social seja determinado pelos "laços de sangue" ou pelas classes sociais), mas que ele se realiza de dois modos principais: poder coercitivo, poder não-coercitivo.

2] O poder político como coerção (ou como relação de comando-obediência) não é *o* modelo do poder verdadeiro, mas simplesmente um *caso particular*, uma realização concreta do poder político em certas culturas, tal como a ocidental (mas ela não é a única, naturalmente). Não existe portanto nenhuma razão científica para privilegiar essa modalidade de poder a fim de fazer dela o ponto de referência e o princípio de explicação de outras modalidades diferentes.

3] Mesmo nas sociedades onde a instituição política está ausente (por exemplo, onde não existem chefes), *mesmo aí* o político está presente, mesmo aí se coloca a questão do poder: não no sentido enganoso que incitaria a querer dar conta de uma ausência impossível, mas ao contrário no sentido de que, talvez misteriosamente, *alguma coisa existe na ausência*. Se o poder político não é uma necessidade inerente à natureza humana, isto é, ao homem como ser natural (e nisso Nietzsche se engana), em troca ele é uma necessidade inerente à vida social. Podemos pensar o político sem a violência, mas não podemos pensar o social sem o político; em outros termos, não há sociedades sem poder. É por isso que, de certa maneira, poderíamos retomar por nossa conta a fórmula de Bertrand de Jouvenel, "A autoridade nos parece ter sido a criadora do nó social", e simultaneamente subscrever integralmente a crítica que lhe faz Lapierre. Pois se, como nós o pensamos, o político está no próprio coração do social, isso não é certamente no sentido em que é encarado por De Jouvenel, para quem o campo do político se reduz aparentemente ao "ascendente pessoal" de fortes personalidades. Não se poderia ser mais ingenuamente (trata-se realmente de ingenuidade?) etnocentrista.

As observações precedentes abrem a perspectiva para se situar a tese de Lapierre, cuja exposição se apresenta na quarta parte da obra: "O poder político procede da inovação social" (p. 529) e ainda: "O poder político se desenvolve proporcionalmente à importância da inovação social, à intensidade do seu ritmo, à amplitude do seu alcance" (p. 621). A demonstração, apoiada sobre numerosos exemplos, parece-nos rigorosa e convincente e não podemos senão afirmar a nossa concordância com as análises e as conclusões do autor. Com uma restrição entretanto: é que o poder político do qual se trata aqui, aquele que procede da inovação social, é o poder que, de nossa parte, denominamos coercitivo. Queremos dizer com isso que a tese de Lapierre concerne às sociedades onde se observa a relação de comando-obediência, mas não às outras: que, por exemplo, não se pode evidentemente falar das sociedades indígenas como sociedades onde o poder político proceda da inovação social. Em outros termos, a inovação social é talvez o fundamento do poder coercitivo, mas certamente não é o fundamento do poder não-coercitivo, a menos que se decida (o que é impossível) que só existe poder coercitivo. O alcance da tese de Lapierre é limitado a certo tipo de sociedade, a uma modalidade particular do poder político, já que significa implicitamente que, onde não há inovação social, não existe poder político. Ela nos dá entretanto um ensinamento precioso: a saber, que o poder político como coerção ou como violência é a marca das sociedades *históricas*, isto é, das sociedades que trazem em si a causa da inovação, da mudança, da historicidade. E assim, poderíamos dispor as diversas sociedades segundo um novo eixo: as sociedades com poder político não-coercitivo são as sociedades sem história, as sociedades com poder político coercitivo são as sociedades históricas. Disposição bem diferente daquela implicada pela reflexão atual sobre o poder, que identifica sociedades sem poder e sociedades sem história.

É, pois, da coerção e não do político que a inovação é o fundamento. Daí resulta que o trabalho de Lapierre só realiza a metade do programa, uma vez que ele não respondeu à questão do fundamento do poder não-coercitivo. Questão que se enuncia brevemente, e de forma mais virulenta: por que existe poder político? Por que existe poder político em lugar de nada? Não pretendemos dar a resposta, quisemos apenas dizer por que as respostas anteriores não são satisfatórias e em que condições uma boa resposta é possível. É em suma definir a tarefa de uma antropologia política geral, e não mais regional, tarefa que se detalha em duas grandes interrogações:

1] O que é o poder político? Isto é: o que é a sociedade?

2] Como e por que se passa do poder político não-coercitivo ao poder político coercitivo? Isto é: o que é a história?

Nós nos limitaremos a constatar que Marx e Engels, apesar de sua grande cultura etnológica, jamais dirigiram sua reflexão para esse caminho, se é que formularam claramente a questão. Lapierre observa que "a verdade do marxismo é que não existiria poder político se não houvesse conflitos entre as forças sociais". É sem dúvida uma verdade, mas válida somente para as sociedades onde forças sociais estão em conflito. Que não se possa compreender o poder como violência (e sua forma última: o Estado centralizado) sem o conflito social, é indiscutível. Mas, e quando se trata de sociedades sem conflito, aquelas onde reina o "comunismo primitivo"? E pode o marxismo dar conta (caso em que ele seria com efeito uma teoria universal da sociedade e da história e portanto da antropologia) dessa passagem da não-história à historicidade e da não-coerção à violência? Qual foi o primeiro motor do movimento histórico? Talvez conviesse procurá-lo precisamente no que, nas sociedades arcaicas, se dissimula ao nosso olhar, *no político mesmo*. Dever-se-ia então inverter a ideia de Durkheim (ou reformulá-la corretamente) para quem o poder político supunha a diferenciação social: não seria o poder político que constitui a diferença absoluta da sociedade? Não teríamos aí a cisão radical enquanto raiz do social, a ruptura inaugural de todo movimento e de toda história, o desdobramento original como matriz de todas as diferenças?

É da revolução copernicana que se trata. Nesse sentido é que, até o presente, e sob alguns aspectos, a etnologia deixou as culturas primitivas girarem em torno da civilização ocidental, e, poder-se-ia dizer, em um movimento centrípeto. Que uma mudança completa de perspectivas seja necessária (na medida em que se tenha realmente de enunciar sobre as sociedades arcaicas um discurso adequado a seu ser e não ao ser da nossa) é o que nos parece demonstrar com riqueza a antropologia política. Ela se choca com um limite, menos os das sociedades primitivas do que aquele que ela traz em si mesma, a própria limitação do Ocidente que ela traz ainda gravada em si. Para escapar à atração de sua terra natal e se elevar à verdadeira liberdade de pensamento, para se desvencilhar da evidência natural onde ela continua a debater-se, a reflexão sobre o poder deve operar a conversão "heliocêntrica": ela ganharia talvez a melhor compreensão do mundo dos outros e, em consequência, do nosso. O caminho de sua conversão lhe é de resto indicado por um pensamento da nossa época que soube levar a sério o dos selvagens: a obra de Claude Lévi-Strauss nos prova a retidão da diligência pela amplitude (talvez ainda insuspeita) de suas conquistas e nos obriga a ir mais longe. É tempo de buscarmos outro sol e de nos pormos em movimento.

Lapierre começa seu trabalho denunciando, justamente, uma pretensão comum às ciências humanas, que acreditam assegurar o seu estatuto científico rompendo toda ligação com o que elas chamam de filosofia. E, de fato, não há necessidade de tal referência para descrever cuias ou sistemas de parentesco. Mas trata-se de outra coisa, e é de temer que, sob o nome de filosofia, seja simplesmente o próprio *pensamento* que procura-se fazer sair. Seria então o caso de dizer que ciência e pensamento se excluem mutuamente, e que a ciência se edifica a partir do não-pensado, ou mesmo do antipensamento? As sandices, ora enfraquecidas, ora decididas, que os militantes da "ciência" proferem de todos os lados parecem estar de acordo com isso. Mas é preciso nesse caso saber reconhecer a que conduz essa frenética vocação ao antipensamento: sob a capa da "ciência", das banalidades epigonais ou de empreendimentos menos ingênuos, ela leva diretamente ao obscurantismo.

Ruminação triste que afasta de todo saber e de toda alegria: se é menos fatigante descer que subir, o pensamento no entanto não pensa lealmente senão contra a corrente?

[Originalmente publicado em *Critique*, n. 270, nov. 1969.]

# TROCA E PODER: FILOSOFIA DA CHEFIA INDÍGENA

A teoria etnológica oscila entre duas ideias, opostas e no entanto complementares, do poder político: para uma, as sociedades primitivas são, no limite, desprovidas em sua maioria de qualquer forma real de organização política; a ausência de um órgão claro e efetivo do poder levou a que se recusasse a própria função desse poder a essas sociedades, a partir de então tidas como estagnadas em uma etapa histórica pré-política ou anárquica. Para a segunda, ao contrário, uma minoria entre as sociedades primitivas ultrapassou a anarquia primordial para chegar a esse modo de ser, o único autenticamente humano, do grupo: a instituição política; mas vê-se então a "falta", que caracterizava a massa das sociedades, converter-se aqui em "excesso", e a instituição perverter-se em despotismo ou tirania. Tudo se passa então como se as sociedades primitivas estivessem colocadas diante de uma alternativa: ou a falta da instituição e o seu horizonte anárquico, ou o excesso dessa mesma instituição e o seu destino despótico. Mas essa alternativa é na verdade um dilema, pois, aquém ou além da verdadeira condição política, é sempre esta última que escapa ao homem primitivo. E é na certeza do fracasso quase inevitável, ao qual a etnologia incipiente condenava ingenuamente os não-ocidentais, que se descobre essa complementaridade dos dois extremos, ambos concordando entre si, um pelo excesso, o outro pela falta, em negar a "justa medida" do poder político.

A América do Sul oferece a esse respeito uma ilustração notável dessa tendência a inscrever as sociedades primitivas no quadro dessa macrotipologia dualista: opondo ao separatismo anárquico da maioria das sociedades indígenas, a consistência da organização incaica, "império totalitário do passado". De fato, considerando-as de acordo com a sua organização política, é essencialmente pelo sentido da democracia e pelo gosto da igualdade que se distingue a maioria das sociedades indígenas da América. Os primeiros viajantes do Brasil e os etnógrafos que os seguiram muitas vezes sublinharam: a propriedade mais notável do chefe indígena consiste na ausência quase completa de autoridade; nessas populações a função política parece ser muito fracamente diferenciada. A documentação que possuímos, apesar de dispersa e insuficiente, vem confirmar essa viva impressão de democracia, à qual todos os americanistas foram sensíveis. Dentre a enorme massa de tribos recenseadas na América do Sul, a autoridade da chefia só é explicitamente atestada em alguns grupos, tais como os Taino das Ilhas, os Caquetio, os Jirajara ou os Otomaque. Mas, convém assinalar que esses grupos, quase todos aruaques, estão localizados no noroeste da América do Sul, e que a sua organização social apresenta uma clara estratificação em castas: só encontramos este último traço entre as tribos guaykuru e aruaque (Guaná) do Chaco. Podemos além disso supor que as sociedades do noroeste se ligam a uma tradição cultural mais próxima da civilização chibcha e da área andina que das culturas ditas da Floresta Tropical. É então a falta de estratificação social e de autoridade do poder que se deve reter como traço pertinente da organização política da maioria das sociedades indígenas: algumas dentre elas, como os Ona e os Yahgan da Terra do Fogo, não possuem sequer a instituição da chefia; e diz-se que a língua dos Jivaro não possuía um vocábulo para designar o chefe.

Para um espírito formado por culturas onde o poder político é dotado de potência efetiva, o estatuto particular da chefia americana se impõe, portanto, como de natureza paradoxal; o que é então esse poder privado de meios de se exercer? Como se define o chefe, já que a autoridade lhe falta? E seríamos rapidamente tentados, cedendo às tentações de um evolucionismo mais ou menos consciente, a concluir, do caráter epifenomenal do poder político nessas sociedades, que o seu arcaísmo impediria de inventar uma autêntica forma política. Resolver assim o problema só levaria entretanto a recolocá-lo de maneira diferente: de onde tal instituição sem "substância" tira a força para subsistir? Pois, o que se trata de compreender é a estranha persistência de um "poder" quase impotente, de uma chefia sem autoridade, de uma função que funciona sem conteúdo.

Em um texto de 1948, Robert Lowie, analisando os traços distintivos do tipo de chefe anteriormente evocado, por ele denominado *titular chief*, isola três propriedades essenciais do líder índio, cuja recorrência ao longo das duas Américas permite apreender como condição necessária do poder nessas regiões:

1] O chefe é um "fazedor de paz"; ele é a instância moderadora do grupo, tal como é atestado pela divisão frequente do poder em civil e militar.

2] Ele deve ser generoso com seus bens, e não se pode permitir, sem ser desacreditado, repelir os incessantes pedidos de seus "administrados".

3] Somente um bom orador pode ter acesso à chefia.

Esse esquema da tripla qualificação necessária ao detentor da função política é sem dúvida tão pertinente para as sociedades sul-americanas como para as norte-americanas. Primeiramente, com efeito, é notável que os traços da chefia sejam bastante opostos em tempo de guerra e em tempo de paz, e que, muito amiúde, a direção do grupo seja assumida por dois indivíduos diferentes, entre os Cubeo por exemplo, ou entre as tribos do Orinoco: há um poder civil e um poder militar. Durante a expedição guerreira, o chefe dispõe de um poder considerável, às vezes mesmo absoluto, sobre o conjunto dos guerreiros. Mas, com a volta da paz, o chefe de guerra perde toda a sua potência. O modelo do poder coercitivo não é então aceito senão em ocasiões excepcionais, quando o grupo se vê diante de uma ameaça externa. Mas a conjunção do poder e da coerção cessa desde que o grupo esteja em relação somente consigo mesmo. Assim, a autoridade dos chefes tupinambá, incontestada durante as expedições guerreiras, se achava estreitamente submetida ao controle do conselho dos anciãos em tempo de paz. Do mesmo modo, os Jivaro só teriam chefe em tempo de guerra. O poder normal, civil, fundado sobre o *consensus omnium* e não sobre a pressão, é assim de natureza profundamente pacífica; a sua função é igualmente "pacificante": o chefe tem a tarefa da manutenção da paz e da harmonia no grupo. Ele deve também apaziguar as disputas, regular as divergências, não usando de uma força que ele não possui e que não seria reconhecida, mas se fiando apenas nas virtudes de seu prestígio, de sua equidade e de sua palavra. Mais que um juiz que sanciona, ele é um árbitro que busca reconciliar. Não é pois surpreendente constatar que as funções judiciárias da chefia sejam tão raras: se o chefe fracassa em reconciliar as partes adversas, não pode impedir que a desavença se transforme em *feud*. E isso demonstra bem a disjunção entre o poder e a coerção.

O segundo traço característico da chefia indígena, a generosidade, parece ser mais que um dever: uma servidão. Com efeito, os etnólogos notaram entre as mais diversas populações da América do Sul que essa obrigação de dar, à qual está preso o chefe, é de fato vivida pelos índios como uma espécie de direito de submetê-lo a uma pilhagem permanente. E se o infeliz líder procura frear essa fuga de presentes, todo prestígio, todo poder lhe são imediatamente negados. Francis

Huxley escreve a propósito dos Urubu: "É papel do chefe ser generoso e dar tudo o que lhe pedem: em algumas tribos indígenas, pode-se sempre reconhecer o chefe porque ele possui menos que os outros e traz os ornamentos mais miseráveis. O resto foi-se em presentes".[1] A situação é de todo análoga entre os Nambikwara, descritos por Claude Lévi-Strauss: "A generosidade desempenha um papel fundamental para determinar o grau de popularidade de que gozará o novo chefe...".[2] Às vezes, o chefe, cheio de pedidos repetidos, exclama: "Basta! Chega de dar! Que um outro seja generoso em meu lugar"![3] É inútil multiplicar os exemplos, pois essa relação dos índios com seu chefe é constante em todo o continente (Guiana, Alto Xingu etc.). Avareza e poder não são compatíveis, para ser chefe é preciso ser generoso.

Além desse gosto tão vivo pelas posses do chefe, os índios apreciam muito suas palavras: o talento oratório é uma condição e também um meio do poder político. Numerosas são as tribos onde o chefe deve todos os dias, na aurora ou no crepúsculo, recompensar com um discurso edificante as pessoas do seu grupo: os chefes pilaga, xerente, tupinambá, exortam todos os dias o seu povo a viver segundo a tradição. Pois a temática de seus discursos está estreitamente ligada à sua função de "fazedor de paz". "[...] O tema habitual dessas arengas é a paz, a harmonia e a honestidade, virtudes recomendadas a todas as pessoas da tribo."[4] Certamente, o chefe por vezes prega no deserto: os Toba do Chaco ou os Trumai do Alto Xingu frequentemente não prestam a menor atenção ao discurso do seu líder, que fala assim em meio

1. Francis Huxley, *Aimables sauvages*. Paris: Plon, 1960.
2. Claude Lévi-Strauss, *La Vie familiale et sociale des Indiens Nambikwara*. Paris: Société des Américanistes, 1948.
3. Id., ibid.
4. Julien Steward, *Handbook of South American Indians*, t. v. Washington: Smithsonian Institution, 1948, p. 343.

à indiferença geral. Isso não deve entretanto nos esconder o amor dos índios pela palavra: um chiriguano não explicava a ascensão de uma mulher à chefia dizendo: "Seu pai lhe ensinara a falar"?

A literatura etnográfica atesta bem a presença desses três traços essenciais da chefia. Entretanto, a área sul-americana (excluindo-se as culturas andinas, de que não se tratará aqui) apresenta um traço suplementar a acrescentar aos três destacados por Lowie: quase todas essas sociedades, qualquer que seja o seu tipo de unidade sociopolítica e a sua dimensão demográfica, reconhecem a poligamia; mas quase todas também a reconhecem como privilégio mais frequentemente exclusivo do chefe. A dimensão dos grupos varia muito na América do Sul segundo o meio geográfico, o modo de aquisição da alimentação, o nível tecnológico: um bando de nômades guayaki ou sirionó, povos sem agricultura, raramente conta com mais de trinta pessoas. Por outro lado, as aldeias tupinambá ou guarani, agricultores sedentários, reuniam por vezes mais de mil pessoas. A grande casa coletiva dos Jivaro abriga de oitenta a trezentos residentes e a comunidade witoto compreende por volta de cem pessoas. Consequentemente, segundo as áreas culturais, a dimensão média das unidades sociopolíticas pode sofrer variações consideráveis. Nada mais surpreendente que constatar que a maioria dessas culturas, do miserável bando guayaki à enorme aldeia tupi, reconhece e admite o modelo do casamento plural, aliás frequentemente sob a forma da poliginia sororal. Por conseguinte, é necessário admitir que o casamento polígino não é função de uma densidade demográfica mínima do grupo, uma vez que vemos que tanto o bando guayaki quanto a aldeia tupi, trinta ou quarenta vezes mais numerosa, possuem essa instituição. Pode-se estimar que a poliginia, quando praticada no seio de uma massa importante de população, não desencadeia perturbações demasiado graves para o grupo. Mas o que ocorre quando ela se dá em unidades tão fracas como os bandos nambikwara, guayaki ou sirionó? Ela só pode afetar fortemente a vida do grupo e este, apesar disso, leva em conta sólidas "razões" para aceitá-la, razões que será necessário tentar elucidar.

Sob esse aspecto é interessante interrogar o material etnográfico, apesar das suas numerosas lacunas: certamente, não possuímos, sobre numerosas tribos, senão dados muito escassos; por vezes só se reconhece de uma tribo o nome pelo qual ela era designada. Parece entretanto que se pode dar a algumas recorrências uma verossimilhança estatística. Se se retém a cifra aproximativa, mais provável, de um total de mais ou menos duzentas etnias para toda a América do Sul, percebe-se que, sobre este total, a informação de que podemos dispor estabelece formalmente uma estrita monogamia apenas para uma dezena de grupos: são por exemplo os Palicur da Guiana, os Apinayé e os Timbira do grupo Jê, ou os Yagua do norte da Amazônia. Sem conferir a esses cálculos uma exatidão que certamente não possuem, eles são no entanto indicativos de uma ordem de grandeza: apenas um vigésimo das sociedades indígenas pratica a monogamia rigorosa. Isso quer dizer que a maioria dos grupos reconhece a poliginia e que esta é quase continental em sua extensão.

Mas, devemos notar também que a poliginia indígena é estritamente limitada a uma pequena minoria de indivíduos, quase sempre aos chefes. E compreende-se, aliás, que não possa ser de outro modo. Com efeito, se se considerar que a *sex ratio* natural, ou a relação numérica dos sexos, não poderia nunca ser bastante baixa para permitir a cada homem esposar mais de uma mulher, ver-se-á que uma poliginia generalizada é biologicamente impossível: ela portanto limita-se culturalmente a certos indivíduos. Essa determinação natural é confirmada pelo exame dos dados etnográficos: de 180 ou 190 tribos que praticam a poliginia, somente uma dezena não lhe impõe limite; isto é, todo homem adulto dessas tribos pode esposar mais de uma mulher. São por exemplo os Achagua, Aruaque do noroeste, os Chibcha, os Jivaro, ou os Rucuyen, caribes da Guiana. Ora, os Achagua e os Chibcha, que pertencem à área cultural dita circuncaribe comum à Venezuela e à Colômbia, eram muito diferentes do resto das populações sul-americanas; engajados em um processo de profunda estratificação social, reduziam à escravidão os seus vizinhos menos poderosos e beneficiavam-se, igualmente, de uma cota constante e importante de prisioneiras, logo tomadas como esposas complementares. No que concerne aos Jivaro, era sem dúvida a sua paixão pela guerra e pela caça de cabeças que, acarretando uma forte mortalidade dos jovens guerreiros, permitia que a maioria dos homens praticasse a poliginia. Os Rucuyen, e com eles inúmeros outros grupos caribe da Venezuela, eram também populações muito belicosas: as suas expedições militares visavam mais frequentemente à obtenção de escravos e mulheres secundárias.

Tudo isso nos mostra primeiro a raridade, naturalmente determinada, da poliginia geral. Vemos por outro lado que, quando não se restringe ao chefe, essa possibilidade se baseia em determinações culturais: existência de castas, prática da escravidão, atividade guerreira. Aparentemente essas últimas sociedades parecem mais democráticas que as outras, uma vez que a poliginia deixa de ser, nelas, o privilégio de um só. E, de fato a oposição parece mais acentuada, entre esse chefe iquito, possuidor de doze mulheres, e seus homens forçados à monogamia, do que entre o chefe achagua e os homens de seu grupo, aos quais a poliginia é igualmente permitida. Lembremos no entanto que as sociedades do noroeste já eram fortemente estratificadas e que uma aristocracia de nobres ricos detinha, em razão de sua riqueza, o meio de ser mais polígina, por assim dizer, do que os "plebeus" menos favorecidos: o modelo do casamento por compra permitia que os homens ricos adquirissem um número maior de mulheres. De sorte que, entre a poliginia como privilégio do chefe e a poliginia generalizada, a diferença não é de natureza, mas de grau: um plebeu chibcha ou achagua não podia desposar mais do que duas ou três mulheres, ao passo que um célebre chefe do noroeste, Guaramental, possuía duzentas.

Da análise precedente é então legítimo reter que, para a maioria das sociedades sul-americanas, a instituição matrimonial da poliginia é estreitamente articulada à instituição política do poder. Só se aboliria a especificidade dessa ligação com um restabelecimento das condições da monogamia: uma poliginia de igual extensão para todos os homens do grupo. Ora, o breve exame de algumas sociedades que possuem o modelo generalizado do casamento plural revela que a oposição entre o chefe e o resto dos homens se mantém e até se reforça.

Era também por estarem investidos de um poder real que alguns guerreiros tupinambá, os mais felizes no combate, podiam possuir esposas secundárias, frequentemente prisioneiras arrebatadas do grupo vencido. Pois o "Conselho", ao qual o chefe devia submeter todas as suas decisões, era precisamente composto em parte dos guerreiros mais brilhantes, e era entre estes últimos que em geral a assembleia dos homens escolhia o novo chefe quando o filho do líder morto era considerado inapto ao exercício dessa função. Se por outro lado alguns grupos reconheciam a poliginia como privilégio do chefe, e também dos melhores caçadores, é que a caça, como atividade econômica e atividade de prestígio, tem aí uma importância particular sancionada pela influência que sua destreza em trazer muita caça confere ao homem hábil: entre as populações como os Puri-Coroado, os Kaingang ou os Ipurina do Juruá-Purus, a caça constitui uma fonte decisiva de alimentação; consequentemente, os melhores caçadores adquirem um estatuto social e um "peso" político de acordo com sua qualificação profissional. Sendo a principal tarefa do líder cuidar do bem-estar do seu grupo, o chefe ipurina ou kaingang será um dos melhores caçadores, cujo grupo fornece geralmente os homens elegíveis à chefia. Por conseguinte, além do fato de que apenas um bom caçador está à altura de atender às necessidades de uma família polígina, a caça, atividade econômica essencial para a sobrevivência do grupo, confere aos homens que nela melhor se destacam uma importância política certa. Ao permitir a poliginia aos seus mais eficazes fornecedores de alimento, o grupo, hipotecando de alguma forma o futuro, lhes reconhece implicitamente a qualidade de líderes possíveis. É preciso no entanto assinalar que essa poliginia, longe de ser igualitária, favorece sempre o chefe efetivo do grupo.

O modelo polígino do casamento, visto segundo suas diversas extensões: geral ou restrita, seja somente ao chefe, seja ao chefe e a uma pequena minoria de homens, nos remeteu constantemente à vida política do grupo; é sobre esse horizonte que a poliginia se configura, e talvez seja esse o lugar onde se poderá ler o sentido de sua função.

É então por quatro traços que na América do Sul se distingue o chefe. Como tal, ele é um "apaziguador profissional"; além disso, deve ser generoso e bom orador; possui, enfim, o privilégio da poliginia.

Entretanto, uma distinção se impõe entre o primeiro desses critérios e os três seguintes. Estes últimos definem o conjunto das prestações e *contraprestações*, pelo qual se mantém o equilíbrio entre a estrutura social e a instituição política; o líder exerce um direito sobre um número anormal de mulheres do grupo; este, em troca, tem o direito de exigir do seu chefe generosidade de bens e talento oratório. Essa relação aparentemente de troca se determina assim em um nível essencial da sociedade, nível propriamente sociológico que concerne à própria estrutura do grupo como tal. A função moderadora do chefe manifesta-se ao contrário no elemento diferente da prática estritamente política. Não se pode, com efeito, como parece fazer Lowie, situar no mesmo plano da realidade sociológica, por um lado, o que se define ao final da análise precedente como o conjunto das condições de possibilidade da esfera política, e por outro lado o que constitui o funcionamento efetivo, vivido como tal, das funções cotidianas da instituição. Tratar como elementos homogêneos o modo de constituição do poder e o modo de operação do poder constituído levaria de algum modo a confundir o *ser* e o *fazer* da chefia, o transcendental e o empírico da instituição. Humildes em seu alcance, as funções do chefe não são no entanto menos controladas pela opinião pública. Planejador das atividades econômicas e cerimoniais do grupo, o líder não possui qualquer poder decisório; ele nunca está seguro de que as suas "ordens" serão executadas: essa fragilidade permanente de um poder sempre contestado dá sua *tonalidade* ao exercício da função: o poder do chefe depende da boa vontade do grupo. Compreende-se então o interesse direto do chefe em manter a paz: a irrupção de uma crise destruidora da harmonia interna pede a intervenção do poder, mas suscita ao mesmo tempo essa *intenção* de contestação que o chefe não tem meios para superar.

A função, ao se exercer, indica aquilo cujo sentido se busca aqui: a impotência da instituição. Mas é no plano da estrutura, quer dizer, num outro nível, que reside, mascarado, esse sentido. Como atividade concreta da função, a prática do chefe não remete, pois, à mesma ordem de fenômenos que os três outros critérios: ela os deixa subsistir como uma unidade estruturalmente articulada à própria essência da sociedade.

Com efeito, é notável constatar que essa trindade de predicados – dom oratório, generosidade, poliginia – ligados à pessoa do líder, concerne aos mesmos elementos cuja troca e circulação constituem a sociedade como tal, e sancionam a passagem da natureza para a cultura. É inicialmente pelos três níveis fundamentais da troca de bens, de mulheres e de palavras que se define a sociedade; e é igualmente por referência imediata a esses três tipos de "sinais" que se constitui a esfera política das sociedades indígenas. O poder relaciona-se portanto aqui (na medida em que se reconhece a essa concorrência um valor outro que não o de uma coincidência sem significação) com os três níveis estruturais essenciais da sociedade, isto é, com o próprio cerne do universo da comunicação. É portanto na elucidação da natureza dessa relação que nos devemos empenhar daqui por diante, para tentar extrair dela as implicações estruturais.

Aparentemente, o poder é fiel à lei de troca que funda e rege a sociedade; tudo se passa, ao que parece, como se o chefe recebesse uma parte das mulheres do grupo, em troca de bens econômicos e de signos linguísticos, a única diferença resultando do fato de que aqui as unidades trocadoras são, de uma parte, um indivíduo, e, de outra, o grupo tomado globalmente. Entretanto, essa interpretação, baseada na impressão de que o princípio de reciprocidade determina a relação entre poder e sociedade, logo se revela insuficiente; sabe-se que as sociedades indígenas da América do Sul só possuem, em geral, uma tecnologia relativamente rudimentar, e que, por conseguinte, nenhum indivíduo, mesmo que seja chefe, pode concentrar nas mãos muitas riquezas materiais. O prestígio de um chefe, como vimos, deve-se em grande parte à sua generosidade. Mas, por outro lado, as exigências dos índios ultrapassam muito frequentemente as possibilidades imediatas do chefe. Este é então pressionado, sob pena de se ver rapidamente abandonado pela maioria dos seus, a tentar satisfazer seus pedidos. Sem dúvida suas esposas podem, em grande medida, sustentá-lo em sua tarefa: o exemplo dos Nambikwara ilustra bem o papel decisivo das mulheres do chefe. Mas certos objetos – arcos, flechas, ornamentos masculinos –, dos quais são ávidos caçadores e guerreiros, só podem ser fabricados pelo chefe; ora, sua capacidade de produção é deveras reduzida, e isso limita de imediato o volume das prestações em bens do chefe ao grupo. Sabe-se também, por outro lado, que nas sociedades "primitivas" as mulheres são os valores por excelência. Como pretender, nesse caso, que essa troca aparente acione duas "massas" equivalentes de valores, equivalência com a qual deveríamos entretanto contar, se o princípio de reciprocidade trabalha de fato para articular a sociedade com seu poder? É evidente que, para o grupo, que renuncia em proveito do chefe a uma quantidade importante de seus valores mais essenciais – as mulheres –, as arengas cotidianas e os fracos bens econômicos de que o líder pode dispor não constituem uma compensação equivalente. Isso porque, apesar da sua falta de autoridade, o chefe goza entretanto de invejável estatuto social. A desigualdade da "troca" é surpreendente: ela só se explicaria no seio de sociedades onde o poder, munido de uma autoridade efetiva, seria por isso mesmo claramente diferenciado do resto do grupo. Ora, é precisamente essa autoridade que falta ao chefe índio: como então compreender que uma função, recompensada com privilégios exorbitantes, seja por outro lado impotente para se exercer?

Querer analisar em termos de troca a relação do poder com o grupo só leva a acentuar melhor o paradoxo. Consideremos então o estatuto de cada um dos três níveis de comunicação, tomados em si mesmos, no seio da esfera política. É claro que, no que tange às mulheres, a sua circulação se faz num "sentido único": do grupo em direção ao chefe, pois este último seria completamente incapaz de recolocar em circuito, na direção do grupo, um número de mulheres equivalente àquele que dele recebeu. Certamente as esposas do chefe lhe darão filhas que serão mais tarde esposas potenciais para os jovens do grupo. Mas deve-se considerar que a reinserção das filhas no ciclo das trocas matrimoniais não compensa a poliginia do pai. Com efeito, na maioria das sociedades sul-americanas, a chefia se herda patrilinearmente. Assim, levando-se em conta as aptidões individuais, o filho do chefe, ou em sua falta o filho do irmão do chefe, será o novo líder da comunidade. E, junto com o cargo, ele receberá o privilégio da função, a saber, a poliginia. O exercício desse privilégio anula então, em cada geração, o efeito do que poderia neutralizar, indiretamente, por intermédio das filhas, a poliginia da geração anterior. Não é sobre o plano diacrônico das gerações sucessivas que se desenrola o drama do poder, mas sobre o plano sincrônico da estrutura do grupo. A ascensão de um chefe reproduz toda vez a mesma situação; essa estrutura de repetição só se aboliria na perspectiva cíclica de um poder que percorresse sucessivamente todas as famílias do grupo, sendo o chefe escolhido, em cada geração, numa família diferente, até reencontrar a primeira família, inaugurando assim um novo ciclo. Mas o cargo é hereditário: não se trata aqui então de troca, mas de doação pura e simples do grupo ao seu líder, doação sem contrapartida, aparentemente destinada a sancionar o estatuto social do detentor de um cargo instituído para não se exercer.

Se nos voltarmos para a esfera econômica da troca, perceberemos que os bens sofrem o mesmo tratamento: é unicamente do chefe em direção ao grupo que se efetua o seu movimento. As sociedades indígenas da América do Sul são com efeito raramente obrigadas a prestações econômicas para com o seu líder, e este último, como qualquer um, deve cultivar sua mandioca e matar sua caça. Com exceção de certas sociedades no noroeste da América do Sul, os privilégios da chefia não estão realmente no plano material, e apenas algumas tribos fazem da ociosidade a marca de um estatuto social superior: os Manasi da Bolívia ou os Guarani cultivam os jardins do chefe e participam de suas colheitas. Ainda é preciso acrescentar que, entre os Guarani, a utilização desse direito honra talvez menos o chefe do que o xamã. De qualquer modo, a maioria dos líderes indígenas está longe de oferecer a imagem de um rei ocioso: bem ao contrário, o chefe, obrigado a responder à generosidade que dele se espera, deve incessantemente preocupar-se em encontrar presentes para oferecer à sua gente. O comércio com outros grupos pode ser uma fonte de bem; mas, mais frequentemente, é na sua engenhosidade e no seu trabalho pessoal que o chefe se fia. De modo que, curiosamente, o líder é quem, na América do Sul, trabalha mais arduamente.

Enfim, o estatuto dos signos linguísticos é ainda mais evidente: nas sociedades que souberam proteger a linguagem da degradação que as nossas lhes infligem, a palavra é, mais que um privilégio, um dever do chefe: é a ele que cabe o domínio das palavras, a ponto de se ter escrito, com relação a uma tribo norte-americana: "Pode-se dizer, não que o chefe é um homem que fala, mas que aquele que fala é um chefe", fórmula facilmente aplicável a todo o continente sul-americano. Pois o exercício desse quase-monopólio do chefe sobre a linguagem é ainda reforçado pelo fato de que os indígenas não o tomam de modo algum como uma frustração. A divisão é tão nitidamente estabelecida que os dois assistentes do líder trumai, por exemplo, embora gozando de certo prestígio, não podem *falar* como o chefe: não em virtude de uma interdição externa, mas por causa do sentimento de que a atividade falante seria uma afronta tanto ao chefe como à linguagem; pois, diz um informante, qualquer outro que não o chefe "teria vergonha" de falar como ele.

Na medida em que, ao se recusar a ideia de uma troca de mulheres do grupo pelos bens e mensagens do chefe, examina-se consequentemente o movimento de cada "signo" segundo o seu circuito próprio, e descobre-se que esse triplo movimento apresenta uma dimensão negativa comum que designa a esses três tipos de "signos" um destino idêntico: eles não aparecem mais como valores de troca, a reciprocidade cessa de regular sua circulação, e cada um deles cai a partir de então fora do universo da comunicação. Uma relação original entre a região do poder e a essência do grupo se desvenda então aqui: o poder mantém uma relação privilegiada com os elementos cujo movimento recíproco funda a própria estrutura da sociedade; mas essa relação, negando-lhes um valor que é de troca ao nível do grupo, instaura a esfera política não apenas como exterior à estrutura do grupo, mas bem mais como negando esta: o poder é contra o grupo e a recusa da reciprocidade como dimensão ontológica da sociedade é a recusa da própria sociedade.

Uma tal conclusão, articulada com a premissa da impotência do chefe nas sociedades indígenas, pode parecer paradoxal; entretanto é nela que se resolve o problema inicial: a falta de autoridade da chefia. Com efeito, para que um aspecto da estrutura social possa exercer uma influência qualquer sobre essa estrutura, é preciso, no mínimo, que a relação entre esse sistema particular e o sistema global não seja inteiramente negativa. É com a condição de ser de alguma forma imanente ao grupo, que a função política poderá manifestar-se de maneira efetiva. Ora, nas sociedades indígenas, essa função política está excluída do grupo, e até mesmo o exclui: é portanto na relação negativa mantida com o grupo que se enraíza a impotência da função política; a rejeição desta para o exterior da sociedade é o próprio meio de reduzi-la à impotência.

Conceber assim a relação entre o poder e a sociedade nas populações indígenas da América do Sul pode parecer implicar uma metafísica finalista, segundo a qual uma vontade misteriosa usaria de meios indiretos para negar ao poder político precisamente sua qualidade de poder. Não se trata entretanto de causas finais; os fenômenos aqui analisados provêm do campo da atividade inconsciente pela qual o grupo elabora seus modelos: e é o modelo estrutural da relação do grupo social com o poder político que se tenta descobrir. Esse modelo permite integrar dados percebidos como contraditórios numa primeira abordagem. Nesta etapa da análise, compreendemos que a impotência do poder se articula diretamente com sua situação "marginal" com relação ao sistema total; e essa situação resulta ela mesma da ruptura que o poder introduz no ciclo decisivo das trocas de mulheres, de bens e de palavras. Mas descobrir nessa ruptura a *causa* do não-poder da função política nem por isso esclarece a sua *razão de ser* profunda. Será que devemos interpretar a sequência: ruptura da troca-exterioridade-impotência, como um desvio acidental do processo constitutivo do poder? Isso deixaria supor que o *resultado* efetivo da operação (a falta de autoridade do poder) é apenas contingente com relação à *intenção* inicial (a promoção da esfera política). Mas seria então necessário aceitar a ideia de que esse "erro" é coextensivo ao próprio modelo e de que ele se repete indefinidamente em uma área quase continental: nenhuma das culturas que a ocupam se mostraria assim capaz de se proporcionar uma autêntica autoridade política. Está aqui subjacente o postulado, completamente arbitrário, de que essas culturas não possuem criatividade: é, ao mesmo tempo, o retorno ao preconceito do seu arcaísmo. Não poderíamos portanto conceber a separação entre função política e autoridade como o fracasso acidental de um processo que visava à sua síntese, como a "derrapagem" de um sistema desmentido apesar dele mesmo por um resultado que o grupo seria incapaz de corrigir.

Recusar a perspectiva do acidente leva a supor uma certa necessidade inerente ao próprio processo, a procurar no nível da *intencionalidade* sociológica – lugar de elaboração do modelo – a *razão* última do resultado. Admitir a conformidade deste com a intenção que preside a sua produção não pode significar outra coisa a não ser a implicação desse resultado na intenção original: o poder é exatamente o que as sociedades quiseram que ele fosse. E como esse poder não é, dizendo esquematicamente, nada, o grupo revela, ao fazer isso, sua recusa radical da autoridade, uma negação absoluta do poder. Podemos nos dar conta dessa "decisão" das culturas indígenas? Devemos julgá-la como o fruto irracional da fantasia, ou podemos, ao contrário, postular uma racionalidade imanente a essa "escolha"? A própria radicalidade da recusa, a sua permanência e a sua extensão sugerem talvez a perspectiva na qual situá-la. A relação do poder com a troca, por ser negativa, não deixa de nos mostrar que é ao nível mais profundo da estrutura social, lugar da constituição inconsciente das suas dimensões, de onde advém e onde se encerra a problemática desse poder. Em outros termos, é a própria cultura, como diferença maior da natureza, que se investe totalmente na recusa desse poder. E não é precisamente na sua relação com a natureza que a cultura manifesta uma negação de igual profundidade? Essa identidade na recusa nos leva a descobrir, nessas sociedades, uma identificação do poder e da natureza: a cultura é negação de ambos, não no sentido em que poder e natureza seriam dois perigos diferentes, cuja identidade só seria aquela – negativa – de uma relação idêntica ao terceiro termo, mas no sentido em que a cultura apreende o poder como a ressurgência mesma da natureza.

Tudo se passa, com efeito, como se essas sociedades constituíssem sua esfera política em função de uma intuição que teria nelas lugar de regra: a saber, que o poder é, em sua essência, coerção; que a atividade unificadora da função política se exerceria, não a partir da estrutura da sociedade e conforme ela, mas a partir de um mais além incontrolável e contra ela; que o poder em sua natureza não é senão um álibi furtivo da natureza em seu poder. Longe, portanto, de nos oferecer a imagem terna de uma incapacidade em resolver a questão do poder político, essas sociedades nos espantam pela sutileza com a qual elas a colocaram e regularam. Elas pressentiram muito cedo que a transcendência do poder encerra para o grupo um risco mortal, que o princípio de uma autoridade exterior e criadora de sua própria legalidade é uma contestação da própria cultura; foi a intuição dessa ameaça que determinou a profundidade de sua filosofia política. Pois, descobrindo o grande parentesco entre o poder e a natureza, como dupla limitação do universo da cultura, as sociedades indígenas souberam inventar um meio de neutralizar a virulência da autoridade política. Elas escolheram ser elas mesmas as fundadoras, mas de modo a não deixarem aparecer o poder senão como negatividade logo controlada: elas o instituem segundo sua essência (a negação da cultura), mas justamente para lhe negarem toda potência efetiva. De modo que a apresentação do poder, tal como ele é, se oferece a essas sociedades como o próprio meio de anulá-lo. A mesma operação que instaura a esfera política proíbe o seu desdobramento: é assim que a cultura utiliza contra o poder a própria astúcia da natureza; é por isso que se nomeia chefe o homem no qual se quebram a troca das mulheres, das palavras e dos bens.

Enquanto depositário de riquezas e de mensagens, o chefe não traduz senão sua dependência com relação ao grupo, e a obrigação que ele tem de manifestar a cada instante a inocência de sua função. Poder-se-ia com efeito pensar, medindo a confiança que o grupo credita a seu chefe, que através dessa liberdade vivida pelo grupo em sua relação com o poder aparece, como que sub-repticiamente, um controle, mais profundo porque menos aparente, do chefe sobre a comunidade. Pois, em certas circunstâncias, singularmente no período de penúria, o grupo entrega-se totalmente ao chefe; quando a fome ameaça, as comunidades do Orinoco se instalam na casa do chefe, a expensas de quem, doravante, decidem viver, até dias melhores. Do mesmo modo, o bando nambikwara, com poucos alimentos após uma dura etapa, espera do chefe, e não de si, que a situação melhore. Parece, nesse caso, que o grupo, não podendo passar sem o chefe, depende inteiramente dele. Mas essa subordinação é apenas aparente: ela na verdade dissimula uma espécie de chantagem que o grupo exerce sobre o chefe. Pois, se este último não faz o que dele se espera, sua aldeia ou seu bando simplesmente o abandona em troca de um líder mais fiel a seus deveres. É apenas através dessa dependência real que o chefe pode manter seu estatuto. Isso aparece com muita nitidez na relação do poder com a palavra: pois, se a linguagem é o oposto da violência, a palavra deve ser interpretada, mais do que como privilégio do chefe, como o meio de que o grupo dispõe para manter o poder fora da violência coercitiva, como a garantia repetida a cada dia de que essa ameaça está afastada. A palavra do líder encerra em si mesma a ambiguidade de ser desviada da função de comunicação imanente à linguagem. É tão pouco necessário ao discurso do chefe ser ouvido que os indígenas frequentemente não lhe prestam nenhuma atenção. A linguagem da autoridade, dizem os Urubu, é um *ne eng hantan*: uma linguagem *dura*, que não espera resposta. Mas essa dureza não compensa de modo algum a impotência da instituição política. À exterioridade do poder corresponde o isolamento de sua palavra que traz, por ser dita duramente para não ser ouvida, testemunho de sua doçura.

A poliginia pode ser interpretada da mesma forma: além de seu aspecto formal da dádiva pura e simples, destinada a colocar o poder como ruptura da troca, configura-se uma função positiva análoga àquela dos bens e da linguagem. O chefe, proprietário de valores essenciais do grupo, é por isso mesmo responsável diante dele, e, por intermédio das mulheres, é de algum modo o prisioneiro do grupo.

Esse modo de constituição da esfera política pode pois ser compreendido como um verdadeiro mecanismo de defesa das sociedades indígenas. A cultura afirma a prevalência daquilo que a funda – a troca – precisamente vendo no poder a negação desse fundamento. Mas é preciso além disso assinalar que essas culturas, ao privarem os "signos" do seu valor de troca na região do poder, retiram das mulheres, dos bens e das palavras justamente a sua função de signos a serem trocados; e é então como puros valores que esses elementos são apreendidos, pois a comunicação deixa de ser seu horizonte. O estatuto da linguagem sugere com uma força singular essa conversão do estado de signo em estado de valor: o discurso do chefe, em sua solidão, lembra a palavra do poeta para quem as palavras são valores ainda mais que signos. O que pode então significar esse duplo processo de dessignificação e de valorização dos elementos da troca? Talvez exprima, além mesmo do apelo da cultura a seus valores, a esperança ou a saudade de um tempo mítico aonde cada um chegaria à plenitude de um gozo não limitado pela exigência da troca.

Culturas indígenas, culturas inquietas para recusar um poder que as fascina: a opulência do chefe é o sonho acordado do grupo. E cabe expressar, ao mesmo tempo, a preocupação que tem de si mesma a cultura e o sonho de se superar, que o poder, paradoxal em sua natureza, é venerado em sua impotência: metáfora da tribo *imago* de seu mito, eis o chefe indígena.

[Originalmente publicado em *L'Homme*, II, n. 1, 1962.]

# INDEPENDÊNCIA E EXOGAMIA

A oposição tão contrastante entre culturas dos altos planaltos andinos e culturas da Floresta Tropical, salientada por narrativas e relatos dos missionários, soldados, viajantes dos séculos XVI e XVII, foi mais tarde acentuada até o exagero: pouco a pouco, desenhou-se a imagem popular de uma América pré-colombiana inteiramente entregue à *selvageria*, com exceção da região andina, onde os Incas tinham conseguido fazer triunfar a *civilização*.[1] Essas concepções simplistas, e ingênuas só na aparência – pois harmonizavam muito bem com os objetivos da colonização branca –, se cristalizaram em uma verdadeira tradição, cujo peso se fez fortemente sentir sobre a etnologia americanista em seu início. Pois se esta, na escolha e posicionamento dos problemas em termos científicos, se conformou à sua vocação, nem por

1. Uma ausência sem dúvida causará surpresa: a das numerosas tribos pertencentes ao importante estoque linguístico jê. A questão decerto não é retomar aqui a classificação do HSAI (*Handbook of South American Indians*), que atribui a essas populações um estatuto de "Marginais", ao passo que a sua ecologia, que compreende a agricultura, deveria integrá-los na área cultural da Floresta Tropical. Se isso não é tratado nesse trabalho, é precisamente em virtude da complexidade particular de suas organizações sociais em clãs, múltiplos sistemas de metades, associações etc. Os Jê, por esse motivo, merecem um estudo especial. E, aliás, não é um dos menores paradoxos do *Handbook* o fato de ele associar à ecologia bem desenvolvida da Floresta modelos sociopolíticos muito rudimentares, enquanto os Jê, de tão rica sociologia, estagnariam em um nível claramente pré-agrícola.

isso as soluções propostas deixavam de transparecer uma persistência certa dos esquemas tradicionais, de um *estado de espírito* que, sem o conhecimento dos próprios autores, determinou parcialmente suas perspectivas de pesquisa. Por que se distingue esse estado de espírito? Primeiro, por uma certeza: os primitivos, de maneira geral, são incapazes de fornecer *bons* modelos sociológicos; em seguida por um método: realçar até à caricatura o traço mais aparentemente perceptível das culturas consideradas. Foi assim que o império inca impressionou os antigos cronistas, essencialmente pela forte centralização do poder e por um modo de organização da economia então desconhecido. A etnologia moderna transforma essas dimensões da sociedade inca ora em totalitarismo, com Rafael Karsten,[2] ora em socialismo, com Louis Baudin.[3] Mas um exame menos etnocêntrico das fontes leva a corrigir essas imagens por demais modernas de uma sociedade apesar de tudo arcaica; e Alfred Métraux,[4] em recente trabalho, destacou a existência, no Tahuantinsuyu, de forças centrífugas que os clãs do Cuzco não pensavam, aliás, em destruir.

No que concerne às populações da Floresta, não se procurou relacioná-las em esquemas anacrônicos; pelo contrário, e na própria medida em que se tentava dilatar os traços "ocidentais" do império inca, os quadros sociológicos das sociedades da Floresta parecem cada vez mais primitivos, mais fracos, menos suscetíveis de dinamismo, estreitamente limitados a pequenas unidades. É assim, sem dúvida, que se explica a tendência em insistir sobre o aspecto fragmentado, "separatista"[5] das comunidades indígenas não-andinas, e

2. Rafael Karsten, *La Civilisation de l'empire inca*. Paris: Payot, 1952.
3. Louis Baudin, *L'Empire socialiste des Inka*. Paris: Institut d'Ethnologie, 1928.
4. Alfred Métraux, *Les Incas*. Paris: Seuil, 1961.
5. Cf. Robert Lowie, *The Journal of the Royal Anthropological Institute*, 1948.

sobre o correlato necessário dessa situação: uma guerra quase permanente. E a Floresta, como área cultural, apresenta-se assim como uma poeira de microssociedades, todas mais ou menos semelhantes entre si, mas todas igualmente hostis umas às outras. É claro que se, com Baudin, se pensa do índio guarani que "...sua mentalidade é de uma criança",[6] não se pode esperar descobrir tipos de organização social "adultos". Essa sensibilidade ao atomismo das sociedades indígenas se encontra também em Koch-Grundberg ou Paul Kirchhoff, por exemplo no uso às vezes excessivo do termo "tribo" para designar qualquer comunidade, o que os leva à noção surpreendente de exogamia tribal a propósito das tribos tucano do Uaupés – essa tese tenta alinhar de alguma forma as tribos da Floresta Tropical com as dos Andes. Parece entretanto que a imagem mais conhecida das sociedades em questão nem sempre é exata; e se, como escreve Murdock, "*The warlikeness and atomism of simple societies have been grossly exaggerated*",[7] isto é certamente verdadeiro para a América do Sul. Uma tarefa se impõe, portanto: a do reexame do Caquetá.[8]

Não se trata, sem dúvida, aqui de empreender a contramarcha em relação ao material etnográfico e à reavaliação das unidades sociopolíticas da Floresta Tropical, simultaneamente em sua natureza e em suas relações.

A informação etnográfica encontra-se em grande parte no monumental *Handbook of South American Indians*, cujo volume III é consagrado às culturas da Floresta. Essa área cultural comporta uma importante massa de tribos, muitas das quais pertencem aos

6. L. Baudin, *Une Théocratie socialiste: l'Etat jésuite du Paraguay*. Paris: Génin, 1962, p. 14.
7. [O gosto pela guerra e o atomismo das sociedades simples foi em grande parte exagerado.] Cf. George Peter Murdock, *Social Structure* [1949].
8. *HSAI*, t. III, p. 780.

três principais estoques linguísticos: tupi, caribe, aruaque. Pode-se agrupar todas essas populações sob uma categoria comum: a sua ecologia se baseia, com efeito, e ressalvadas variações locais, em um mesmo modelo. O modo de subsistência das sociedades da Floresta é essencialmente agrícola, de uma agricultura certamente limitada à jardinagem, mas cuja contribuição é quase sempre ao menos tão importante quanto a da caça, da pesca e da colheita. Por outro lado, as plantas cultivadas são sempre mais ou menos as mesmas, sendo semelhantes as técnicas de produção assim como os hábitos de trabalho. A ecologia fornece, pois, uma base muito válida de classificação, e o conjunto de sociedades estudadas apresenta, sob esse ponto de vista, uma real homogeneidade.[9] Não é, portanto, surpreendente constatar que a identidade ao nível da "infraestrutura" seja assinalada também no das "superestruturas", isto é, dos tipos de organização social e política. Dessa forma, o modelo sociológico mais difundido na área considerada parece ser, se se der crédito à documentação geral, o da "família extensa", que aliás constitui com muita frequência a comunidade politicamente autônoma, abrigada pela grande casa coletiva, ou maloca; é o caso especialmente das tribos das Guianas, da região do Juruá-Purus, dos Witoto, dos Peba, dos Jivaro, de numerosas tribos tupi etc. A amplitude demográfica dessas *households* pode variar de quarenta a muitas centenas de pessoas, se bem que a média ótima pareça situar-se entre cem e duzentas pessoas por maloca. Notáveis exceções à regra: as grandes aldeias apiacá, guarani, tupinambá, que congregavam até mil indivíduos.[10]

Aparece, então, uma dupla série de problemas. A primeira dificuldade refere-se à *natureza* das unidades sociopolíticas da Flo-

9. Cf. HSAI, t. III, Lowie, Introdução.
10. Cf. cap. 4, *infra*.

resta Tropical. Sua caracterização sociológica como comunidades constituídas de uma família extensa não está de acordo com sua amplitude demográfica média. Lowie aceita com efeito a definição, dada por Kirchhoff, desse tipo de organização social:[11] trata-se de um grupo composto por um homem, sua mulher – ou suas mulheres, se ele é polígino –, seus filhos com as esposas, se a residência pós-marital é patrilocal, suas filhas solteiras e os filhos de seus filhos. Se a regra para residência é matrilocal, um homem vive cercado por suas filhas com os maridos, seus filhos solteiros, e os filhos de suas filhas. Os dois tipos de família extensa existem na área da Floresta, o segundo menos difundido que o primeiro, e só prevalecendo nitidamente nas Guianas ou na região do Juruá-Purus. A dificuldade provém de que uma família extensa, definida *stricto sensu*, não poderia alcançar a dimensão habitual das comunidades da Floresta, isto é, uma centena de pessoas. Uma família extensa não engloba, com efeito, mais do que três gerações de parentes em linha direta; e ainda, conforme observa Kirchhoff, um processo de segmentação a submete a uma transformação permanente, que a impede de ultrapassar certo nível de população. É, por conseguinte, impossível que as unidades sociopolíticas da Floresta sejam compostas por *uma única* família extensa, e que ao mesmo tempo elas agrupem cem pessoas ou mais. Deve-se, pois, admitir, para eliminar a contradição, ou bem a inexatidão dos números dados, ou então um erro na identificação do tipo de organização social. E como é sem dúvida mais fácil enganar-se no que se refere à "medida" de uma sociedade do que sobre sua natureza, é a respeito desta que será preciso questionar.

A comunidade indígena da Floresta é descrita, conforme vimos, como uma unidade autônoma que tem a independência política por

11. Cf. *Zeitschrift für Ethnologie*, vol. LXIII, pp. 85-193.

atributo essencial. Haveria então, ao longo de toda essa imensa área, um sem-número de estabelecimentos existindo de forma autônoma, cujas relações recíprocas seriam muito frequentemente negativas, isto é, guerreiras. E aqui surge a segunda dificuldade. Porque, além do fato de que, de maneira geral, as sociedades primitivas estejam abusivamente condenadas a um esmigalhamento, revelador de uma "primitividade" que só se manifestaria no plano político, o estatuto etnológico das populações indígenas da Floresta Tropical apresenta uma particularidade suplementar: se estas estão realmente agrupadas no seio de um mesmo conjunto cultural, é na exata medida em que diferem das outras populações não-andinas, quer dizer, das tribos ditas marginais e submarginais.[12] Estas últimas são culturalmente determinadas pela ausência quase geral e completa da agricultura; elas são, pois, constituídas por grupos nômades de caçadores, pescadores e colhedores: fueguinos, patagônios, guayaki etc. É claro que essas populações não podem subsistir a não ser em pequenos grupos dispersos em vastos territórios. Mas essa necessidade vital de disseminação não atormenta mais os habitantes da Floresta que, como agricultores sedentários, poderiam, ao que parece, acionar modelos sociológicos diferentes dos de seus vizinhos marginais menos favorecidos. Não é estranho ver coexistir em um mesmo conjunto uma organização social do tipo nômade e uma ecologia de agricultores aos quais, por outro lado, suas próprias capacidades de transporte e deslocamento por navegação fluvial permitiriam uma intensificação das relações "exteriores"? É realmente possível que se desfaça assim a vantagem, sob certos aspectos enorme, da agricultura e da sedentarização. Não é impossível que populações ecologicamente marginais possam inventar modelos sociológicos muito refinados: os Bororo do

12. *HSAI*, t. V, pp. 669-ss.

Brasil central, com sua organização de clã recortada por um duplo sistema de metades, ou os Guaykuru do Chaco, com sua hierarquia de castas, o comprovam. Mas o inverso – populações agrícolas organizadas segundo esquemas marginais – é mais difícil de conceber. Deve-se procurar saber, então, se o isolamento político de cada comunidade é um traço pertinente para a etnologia da Floresta Tropical.

Trata-se primeiro, entretanto, de esclarecer a natureza dessas comunidades. Que esta seja efetivamente problemática é o que parece derivar da ambiguidade terminológica que se encontra no *Handbook*. Se, no tomo III, Lowie chama de "família extensa" a unidade sociopolítica mais conhecida na área estudada, Steward, no tomo V, chama-a de "linhagem", indicando assim a inadequação do termo proposto por Lowie. Mas, enquanto as unidades consideradas são muito "povoadas" para serem constituídas por uma só família extensa, não parece também que se esteja diante de linhagens no sentido estrito, isto é, de agrupamentos de descendência *unilinear*. Na América do Sul, e particularmente na área da Floresta Tropical, é realmente a descendência bilateral que parece predominar. O conhecimento de genealogias mais variadas e mais completas talvez possibilitasse a descoberta de que se trata, em muitos casos, de organizações unilineares. Porém, o material atualmente disponível não permite vincular com certeza este último tipo de organização senão a um número reduzido de sociedades florestais: populações da região do Pará (Mundurucu, Maué), ou do Uapés-Caquetá (Cubeo, Tucano etc.).

Não se trata, tampouco, de *kindreds* ou parentelas: a residência pós-marital, que nunca é neolocal, determina a composição das unidades, pelo simples fato de que a cada geração, e admitindo-se que o *sex ratio* seja estatisticamente equilibrado, metade dos *siblings*, sejam os irmãos em caso de residência matrilocal, sejam as irmãs em caso de residência patrilocal, deixam a comunidade de origem para irem viver na comunidade do cônjuge. De certo modo, consequentemente, as regras de casamento determinam ao grupo uma unilinearidade efetiva, senão culturalmente reconhecida por seus membros, uma vez que estes se tornam, segundo a regra de residência adotada, parentes consanguíneos em linha patrilinear ou em linha matrilinear. Foi isso, sem dúvida, que levou Steward a identificar como linhagens as unidades sociológicas da Floresta. Convém, entretanto, notar que, se a noção de família extensa, muito "estrita", deixa escapar em grande parte a realidade concreta desses grupos, a noção de linhagem, por outro lado, lhes confere um certo número de determinações que eles visivelmente não possuem. Porque uma autêntica linhagem comporta uma descendência articulada segundo uma forma unilinear, enquanto aqui ela é bilateral na maioria dos casos; e, sobretudo, o fato de pertencer a esse tipo de agrupamento independe do local de residência. Seria pois necessário, para que as comunidades da Floresta Tropical fossem equivalentes a linhagens, que todos os seus membros, *inclusive* aqueles que o casamento afastou da maloca de nascimento, continuassem a fazer parte dessas comunidades, isto é, que a residência pós-marital não transformasse o seu estatuto sociológico. Ora, as unidades em causa são essencialmente residenciais, e uma mudança de residência parece de fato acarretar uma mudança de filiação, ou pelo menos uma ruptura do estatuto anterior ao casamento. Trata-se aqui de um problema clássico da etnologia: o da relação entre uma regra de residência e um modo de descendência. É evidente que uma regra de residência patrilocal, por exemplo, tende a favorecer fortemente a instituição de uma forma patrilinear de descendência, isto é, de uma estrutura de linhagem de regime harmônico. Não existe aí nenhum mecanismo, nenhuma necessidade formal, de passagem da regra de residência à da filiação; simplesmente uma possibilidade que depende muito das circunstâncias históricas concretas, certamente válida, mas ainda insuficiente para permitir a identificação rigorosa dos grupos, pois que a determinação de filiação não está "liberada" da regra de residência.

Se não pode, portanto, se tratar de verdadeiras linhagens, isso não deve contudo mascarar a atividade muito real – e talvez pouco realçada – de um duplo processo dinâmico que, interrompido definitivamente pela Conquista, parecia efetuar pouco a pouco as transformações das comunidades da Floresta Tropical, precisamente em linhagens: o primeiro, que deverá ser examinado mais tarde, refere-se às relações recíprocas das diferentes unidades; quanto ao segundo, é inerente a cada unidade em si mesma, e articula-se à unilocalidade da residência. Deve-se ainda notar que se trata, com efeito, de um processo único, porém de dupla incidência, externa e interna, cujos efeitos, longe de se anularem, acumulam-se e reforçam-se, como tentaremos demonstrar.

Será possível agora, depois dessa enumeração das razões que impedem de considerar as unidades da Floresta Tropical como famílias extensas ou como linhagens, atribuir-lhes uma denominação positiva? Sabendo-se o que elas não são, e conhecendo-se os seus traços distintivos essenciais, a dificuldade reduz-se finalmente a uma simples questão de terminologia: como denominar essas comunidades? Elas reúnem em média cem a duzentas pessoas; o seu sistema de descendência é geralmente bilateral; praticam a exogamia local, e a residência pós-marital é ou patri ou matrilocal, de forma que se manifesta uma certa "taxa" de unilateralidade. Trata-se, portanto, aqui de verdadeiros *demos exogâmicos*, no sentido de George Murdock,[13] isto é, de unidades principalmente residenciais, mas cuja exogamia e unilocalidade de residência desmentem, em certa medida, a bila-

13. Cf. *Social Structure*, op. cit.

teralidade da descendência, conferindo-lhes assim a aparência de linhagens ou mesmo de clãs.

Que dizer enfim da composição desses demos? Se as comunidades, em vez de serem demos, se reduzissem a famílias extensas como sugerem Kirchhoff e Lowie, a pergunta seria um tanto acadêmica. Mas, como vimos, os dados demográficos desmentem essa hipótese. Isso não significa, porém, que esse modelo de organização social não existe na Floresta Tropical: simplesmente, ele deixa de ser coextensivo à própria comunidade local, que o ultrapassa de muito. O modelo se mantém bem nas culturas da Floresta, mas perde seu caráter por assim dizer de *máximo*, para tornar-se o elemento *mínimo* de organização social: isso significa que cada demo é composto por uma *pluralidade* de famílias extensas; e estas, longe de serem estranhas umas às outras e simplesmente justapostas no interior de um mesmo conjunto, estão ao contrário entrelaçadas por linha patri ou matrilinear. Isso permite aliás supor que, ao contrário do que escreve Kirchhoff, a profundidade genealógica dessas unidades ultrapassa três gerações, mesmo que os índios não tenham uma contagem exata. Reencontramos assim a tendência, já percebida, à unilinearidade; e é legítimo, sob esse aspecto, pensar que o tipo de *habitat* mais comum na área – a grande casa coletiva ou maloca – exprime, no plano da distribuição espacial, essa dimensão fundamental. Quanto à questão do número de famílias extensas que compõem um demo, depende evidentemente do tamanho das unidades; poder-se-ia entretanto estimá-lo em três ou quatro para os grupos menores (de quarenta a sessenta indivíduos: uma comunidade do rio Aiari compreendia quarenta pessoas), em dez ou doze para as maiores (de cem a duzentas pessoas: uma comunidade manjerona no Juruá-Purus tinha 258 pessoas), considerando-se que cada família extensa reúna de quinze a vinte pessoas.

Falar desses demos como unidades sociopolíticas pressupõe que funcionam segundo o esquema unitário de totalidades "orgânicas", e que a integração dos elementos componentes é profunda: o que se traduz pela existência de um "espírito de corpo" como autoconsciência do grupo, e por uma solidariedade permanente de seus membros. Nesse sentido, Kalervo Oberg tem razão em ver nessas coletividades "sociedades homogêneas", isto é, sem estratificação social ou segmentação horizontal.[14] Os cortes que aí se operam são os do sexo, da idade e das linhas de parentesco; e essa "coalescência" exprime-se no caráter quase sempre coletivo das atividades essenciais à vida do grupo: construção da casa, jardinagem, trabalho de coleta, vida religiosa etc. Mas será que essa homogeneidade existe integralmente em todos os níveis da existência social? Afirmá-lo conduziria à ideia de que as sociedades arcaicas são, como tais, sociedades simples, e que a divergência ou o conflito estão ausentes de sua sociologia. Ora, a sua possibilidade parece baseada em pelo menos um plano: o da autoridade política. Sabe-se, com efeito, de um lado, que cada comunidade é dirigida por um chefe, e, de outro lado, que cada elemento da estrutura, isto é, cada família extensa, possui igualmente seu líder, em geral o homem mais idoso. Aparentemente, não existe nenhum problema: não há, por motivos já expostos em outro lugar, nenhuma "corrida ao poder" nessas sociedades, e, além disso, a hereditariedade do cargo político parece resolver todas as questões. Deve-se notar entretanto que a autoridade, longe de ser única, de alguma forma se divide e torna-se múltipla; que, conservando seu próprio líder, cada família extensa traduz com isso sua "vontade" de manter, de maneira mais ou menos acentuada, sua identidade; isso libera, no interior do grupo, forças que podem ser diver-

14. *American Anthropologist*, v. LVII, n. 3, p. 472.

gentes, isso certamente não chega à ameaça de explosão do grupo, e é aí, precisamente, que intervém a principal função do chefe: sua vocação de pacificador, de "integrador" das divergências. Vê-se então a estrutura social do grupo e a estrutura de seu poder se fundirem, se completarem, uma à outra, e cada uma encontrar na outra o sentido de sua necessidade e sua justificativa: é porque existe uma instituição central, um líder principal exprimindo a existência efetiva – e vivida como unificação – da comunidade, que esta se pode permitir, de alguma forma, um certo *quantum* de força centrífuga, atualizado na tendência de cada grupo em conservar sua personalidade; e é, reciprocamente, a multiplicidade dessas tendências divergentes que legitima a atividade unificante da chefia principal. O equilíbrio, constantemente a conquistar, entre a dualidade do periférico e do focal, não poderia ser confundido com a simples homogeneidade do todo, mais digna de uma composição geométrica das partes que da inventividade sociológica imanente à cultura. Ao nível da pesquisa etnográfica, isso se traduziria na tarefa de analisar a estrutura das relações entre os diversos subgrupos, entre os subgrupos e a chefia, com todas as intrigas, tensões, resistências mais ou menos aparentes, acordos mais ou menos duráveis que o futuro concreto de uma sociedade implica.

Assim se verifica a presença latente, e como que furtiva, da *contestação* e do seu horizonte último: o conflito aberto; presença não-exterior à essência do grupo, mas, ao contrário, dimensão da vida coletiva engendrada pela própria estrutura social. Eis o que nos afasta da bela simplicidade das sociedades arcaicas; a observação atenta e prolongada das sociedades primitivas mostraria que elas não são mais imediatamente transparentes do que as nossas, e um estudo como o dirigido por Buell Quain sobre os Trumai do Alto

Xingu contribui para desmentir esse preconceito etnocêntrico.[15] As sociedades primitivas, tal como as sociedades ocidentais, sabem perfeitamente preservar a possibilidade da diferença na identidade, da alteridade no homogêneo; e nessa recusa do mecanicismo pode-se ler o signo de sua criatividade.

Essa parece ser, pois, a imagem, talvez mais fiel à realidade, dessas sociedades indígenas espalhadas ao longo da imensa bacia amazônica: são esses demos exogâmicos compostos por algumas famílias extensas ligadas em linha matri ou patrilinear. E, para existirem e funcionarem como unidades verdadeiras, elas não deixam de permitir um certo "jogo" a seus elementos. A tradição etnográfica, por outro lado, salientou fortemente a autonomia, a independência política dessas comunidades, o separatismo das culturas indígenas. Estaríamos então na presença de pequenas sociedades vivendo como em compartimentos estanques, mais ou menos hostis umas às outras, e inscrevendo suas relações recíprocas essencialmente no âmbito de um modelo muito desenvolvido da guerra. Essa visão de suas "relações exteriores", se assim se pode dizer, está estreitamente ligada à imagem a princípio esboçada de sua natureza. E, como o exame desta última conduziu a conclusões sensivelmente diferentes, uma análise de seu "ser-conjunto" se impõe: é a isso que nos dedicaremos agora.

Uma constatação se impõe imediatamente: a grande maioria dessas populações pratica a exogamia local.

Sem dúvida é difícil fundamentar rigorosamente – isto é, sobre fatos constatados – a generalidade dessa instituição. Pois se a tecno-logia e mesmo a mitologia de numerosas tribos sul-americanas

15. Cf. Robert Murphy & Buell Quain, *The Trumai Indians of Central Brazil*. Nova York: J.J. Augustin, 1955.

nos são amiúde muito conhecidas, o mesmo não acontece, infelizmente, em relação à sua sociologia. Entretanto, por mais dispersa e por vezes contraditória que seja a informação utilizável, certos dados permitem, quanto à quase-universalidade da exogamia local, se não uma certeza absoluta, pelo menos uma probabilidade extremamente alta. De maneira geral, o número das populações sobre as quais possuímos informações válidas é muito pequeno em relação ao número total das etnias recenseadas. A exploração do material reunido no *Handbook* (tomo III) e no *Outline of South American Cultures*, de Murdock, permite avaliar aproximadamente em 130 o número de etnias (aliás de desigual importância) que florescem na área da Floresta Tropical. Mas é somente para 32 tribos que são indicados fatos precisos abrangendo o estatuto do casamento, ou seja, mais ou menos um quarto do total. Ora, dessas 32 tribos, 26 são apresentadas como praticando a exogamia local, enquanto as seis restantes são formadas por comunidades endogâmicas. Pode-se dizer consequentemente que a exogamia local aparece em três quartos das tribos sobre as quais possuímos dados concretos. Resta, pois, uma centena de tribos das quais ignoramos as regras de casamento, pelo menos sob esse ponto de vista. Mas pode-se supor que a proporção das tribos exógamas e endógamas, tal como se estabelece nas tribos conhecidas, mantém-se mais ou menos idêntica nas tribos desconhecidas: isso nos leva a admitir, não como certeza (esta é definitivamente inacessível, já que grande parte das tribos indígena desapareceu), mas como hipótese parcialmente verificada, a ideia de que pelo menos três quartos da Floresta praticavam a exogamia local. Deve-se notar ainda que algumas das etnias nitidamente identificadas como endogâmicas (por exemplo, os Sirionó, os Bakairi, os Tapirapé), são grupos numericamente frágeis ou isolados no seio de populações culturalmente distintas. Convém enfim assinalar que as tribos em que a exogamia local é constatada pertencem às principais famílias linguísticas da Floresta (aruaque, caribe, tupi, chibcha, pano, pelba etc.), e que, longe de estarem localizadas, elas estão, pelo contrário, dispersas por todos os pontos da área considerada: do Peru oriental (tribos amahuaca e yagua), ao leste brasileiro (tribos tupi) e das Guianas (tribos yekuana) à Bolívia (tribos tacana).

Se o exame por assim dizer estatístico das tribos da Floresta Tropical torna verossímil a vasta extensão da exogamia local, esta, em grande número de casos, está mesmo necessariamente presente, devido à natureza da comunidade. Quando com efeito uma só maloca abriga o conjunto do grupo, os membros que o compõem se reconhecem reciprocamente como parentes consanguíneos reais sempre que o grupo é constituído por uma ou duas famílias extensas, e como parentes consanguíneos fictícios ou classificatórios todas as vezes em que o grupo é mais importante. Em todos os casos, as pessoas que vivem juntas numa mesma maloca são parentes muito próximos entre si, e pode-se pois esperar uma proibição de casamento no interior do grupo, isto é, a obrigação de exogamia local. Sua presença não se prende apenas a uma das suas funções que, como veremos adiante, é proporcionar vantagens políticas: ela prende-se primeiro à natureza das comunidades que a praticam, comunidades cuja propriedade principal é a de só reunir parentes assimilados de fato a *siblings*, o que não permite que Ego se case em seu grupo. Em resumo, a comunidade de residência em uma grande casa e a filiação culturalmente reconhecida a um mesmo conjunto de parentes colocam os grupos da Floresta Tropical como unidades sociológicas entre as quais se operam as trocas e se concluem as alianças: a exogamia, que é ao mesmo tempo condição e meio, é essencial à estrutura dessas unidades e à sua permanência como tais. E, de fato, o caráter local dessa exogamia é apenas contingente, pois que é uma consequência do distanciamento geográfico das diversas comunidades; quando estas se aproximam e se justapõem até formar uma aldeia, como nas populações tupi, a exogamia, deixando de ser local, nem por isso desaparece: converte-se em exogamia de linhagem.

De repente, estabelece-se, pois, uma abertura para o exterior, em direção às outras comunidades, abertura que compromete desde já o princípio muito citado da autonomia absoluta de cada unidade. Pois seria surpreendente que grupos engajados em um processo de intercâmbio de mulheres (quando a residência é patrilocal) ou de genros (quando ela é matrilocal), isto é, em uma relação *positiva* vital para a existência de cada grupo como tal, contestassem simultaneamente a positividade desse elo pela afirmação – suspeita de ser muito valorizada – de uma independência radical, de aspecto negativo, já que implica uma hostilidade recíproca rapidamente transformada em guerra. Não se trata, naturalmente, de negar que essas comunidades levam uma existência completamente autônoma em certos planos essenciais: vida econômica, ritual, organização política interna. Mas, além de não poder estender a todos os aspectos da vida coletiva uma autonomia que, por atingir níveis importantes, não deixa de ser parcial, o fato geral da exogamia local torna impossível uma independência completa de cada comunidade. O intercâmbio de mulheres de maloca a maloca, estabelecendo estreitos laços de parentesco entre famílias extensas e demos, institui por isso mesmo relações políticas, mais ou menos explícitas e codificadas, é verdade, mas que impedem grupos vizinhos e aliados pelo casamento de se considerarem reciprocamente como puros estrangeiros, até mesmo como inimigos ferrenhos. O casamento, como aliança de famílias, e acima destas, de demos, contribui, pois, para integrar as comunidades em um conjunto, por certo muito fluido e difuso, mas que se deve distinguir por um sistema implícito de direitos e deveres mútuos, por uma solidariedade revelada ocasionalmente em circunstâncias graves, pela certeza de cada coletividade de se saber rodeada, por exemplo, em caso de escassez ou de ataque armado, não de estrangeiros hostis, mas de aliados e parentes. Porque o alargamento do horizonte político além da simples comunidade não depende apenas da presença contingente de grupos amigos nas proximidades: ele se reporta à necessidade imperiosa, em que se encontra cada unidade sedentária, de garantir sua segurança pela conclusão de alianças.

Um outro fator favorece a constituição de tais conjuntos multicomunitários. A exogamia local efetua, com efeito, entre os cônjuges possíveis, uma classificação tal que somente os parceiros sexuais acessíveis pertencem a unidades distintas da de Ego. Mas o próprio conjunto desses parceiros se encontra reduzido, já que entre eles apenas uma minoria cai na categoria dos cônjuges preferenciais: com efeito a regra do *casamento entre primos cruzados* parece ser coextensiva à da exogamia local. De forma que a esposa provável ou desejável de Ego masculino vem a ser não só uma mulher residente em outra maloca que não a dele, mas ainda a filha do irmão de sua mãe, ou da irmã de seu pai. Daí se conclui que o intercâmbio de mulheres não se estabelece entre unidades a princípio "indiferentes" umas às outras, mas entre grupos entrelaçados por estreitos vínculos de parentesco, mesmo que este seja como sem dúvida é provável, mais classificatório do que real. As relações de parentesco já fixadas e a exogamia local somam pois seus efeitos para tirar cada unidade de sua unicidade, elaborando um *sistema* que transcenda cada um de seus elementos. Pode-se entretanto indagar que intenção profunda induz à prática da exogamia local: se se trata simplesmente de sancionar a proibição do incesto impedindo o casamento entre corresidentes, isto é, entre parentes, o meio pode parecer desproporcional em relação ao fim; pois, como cada maloca abriga em média pelo menos cem pessoas, teoricamente todas parentes entre si, o caráter bilateral da descendência impede que as conexões genealógicas tenham a precisão e a extensão que permitiriam o conhecimento exato dos graus de parentesco e que somente a descendência unilinear lhes confere. Um homem de uma família extensa A poderia portanto desposar uma mulher da mesma maloca porém pertencente a uma família extensa B, sem por isso incidir formalmente a transgressão maior, já que o estabelecimento de um laço de parentesco não-fictício entre o homem A e a mulher B poderia muito bem ser impossível. A função da exogamia local não é, pois, negativa – assegurar a proibição do incesto –, mas positiva – obrigar a contrair casamento fora da comunidade de origem. Ou, em outras palavras, a exogamia local encontra o seu sentido em sua função: *ela é o meio da aliança política.*

Será possível avaliar o número das comunidades que podem compor uma tal rede de alianças? A ausência quase total de documentos sobre esse ponto parece impedir qualquer tentativa de resposta, mesmo aproximativa. Entretanto, alguns dados permitirão, talvez, alcançar um número verossímil, ou melhor, situar esse número entre um mínimo e um máximo. Se de fato a exogamia local não fosse instituída de forma permanente senão entre duas comunidades, teríamos um verdadeiro sistema de metades exogâmicas complementares. Mas, como esse tipo de organização social, quase universal junto às tribos jê, só foi realizado muito raramente pelas populações da Floresta Tropical, exceção feita por exemplo aos Mundurucu e aos Tucano, é muito provável que os intercâmbios matrimoniais se verifiquem ao menos entre três comunidades. Parece então que esse número pode ser considerado como um mínimo. Se se aceita por outro lado a ideia de que os modelos sociopolíticos – e sem dúvida também ecológicos – específicos das culturas da Floresta Tropical atingiram sua melhor realização sobretudo em certas populações oriundas do grupo tupi, pode-se então legitimamente supor que estes últimos atingiram a extensão política máxima que procuramos. Ora, sabe-se que as aldeias tupinambá ou guarani eram constituídas por quatro a oito grandes casas coletivas. Trata-se aqui de autênticas aldeias, isto é, conjuntos concentrados em um território reduzido, enquanto o resto das populações da área vive em comunidades às vezes muito distantes umas das outras. Pela maior ou menor proximidade das malocas, pode-se verificar o sinal de uma diferença no plano da organização social e política.

Parece assim possível caracterizar o mais importante tipo de organização social dessa área. Em conformidade com a natureza das unidades, tal como é estudada acima, chamaremos essas megaunidades de três a oito comunidades locais de *estruturas polidêmicas*, das quais os Tupi nos deram a melhor ilustração. Em lugar do quadro tradicional "tachista" por assim dizer, de uma miríade de grupos ao mesmo tempo temerosos e hostis uns aos outros, vemos o lento trabalho de forças unificantes solapar o pseudoatomismo dessas culturas, agrupando-as em conjuntos de dimensão variável, mas que, de qualquer modo, dissolvem a imagem por demais fácil de sociedades das quais o egocentrismo e a agressividade atestariam o infantilismo.

Até agora, essas culturas têm sido encaradas somente sob o ponto de vista de sua *estrutura*, isto é, segundo um esquema que não exige qualquer referência a uma possível dimensão diacrônica. Por ocasião do estudo da natureza das comunidades, verificou-se entretanto que, se elas não são linhagens, isto é, organizações formalmente unilineares, e sim demos exogâmicos, muitos fatores podem favorecer a transformação progressiva desses demos bilaterais em linhagens unilineares. Esses fatores são de suas espécies: uns são imanentes à própria estrutura do demo, enquanto os outros agem na esfera das relações políticas interdêmicas. Mas todos contribuem para fragmentar, nas populações primitivas, não decerto uma história propriamente dita, mas antes uma *dinâmica*, cujo movimento se adapta aos ritmos muito lentos da vida dessas sociedades.

Assim como vimos acima, a corresidência cria entre habitantes de uma mesma maloca um elo privilegiado que os situa como parentes. Por outro lado, como a residência pós-marital está determinada em patri ou matrilocal, traz inevitavelmente um poderoso reforço das relações de afeição e de solidariedade dos parentes em linha patri ou matrilinear. Em caso de residência patrilocal por exemplo, Ego, nascido na mesma casa que seu pai e seu avô paterno, passará ele próprio sua vida nessa casa, cercado por sua parentela patrilinear, isto é, os irmãos de seu avô e seus descendentes homens. O elemento estrutural permanente que fornece o arcabouço do demo, e em torno do qual se organiza a vida coletiva, é constituído por uma linhagem patrilinear e somente por ela, porque a parentela matrilateral de Ego ficará, se não completamente desconhecida, pelo menos muito mais distante. A mãe de Ego masculino provém, com efeito, de uma comunidade que, mesmo que esteja ligada à do pai por relações de parentesco, será entretanto para Ego um grupo praticamente estrangeiro, com que se encontra em circunstâncias ocasionais. O elo entre Ego e sua parentela matrilateral dependerá bastante da distância que separa as casas de seus pais. Se há muitos dias, ou mesmo muitas horas de caminhada entre as duas, o contato com a linhagem materna será apenas periódico. Ora, as malocas estão situadas com mais frequência a grandes distâncias umas das outras, e será pois em relação ao grupo de parentes patrilineares que Ego sentirá um sentimento de filiação quase exclusiva.

Além do mais, esses demos apresentam também uma determinação importante da linhagem: a continuidade. Porque, contrariamente ao que escrevia Kirchhoff,[16] a comunidade – para ele uma

16. Cf. nota 11.

família extensa – não se dissolve com a morte de seu chefe, pela simples razão de que a chefia é quase sempre hereditária, como o revela – curiosamente – o próprio Kirchhoff. A hereditariedade do cargo político é um sinal suficiente da permanência da estrutura social no tempo. Com efeito, o que acontece às vezes quando morre o chefe, no caso dos Witoto, não é a dispersão do grupo, mas o abandono da casa da qual o chefe é "proprietário", e a construção de uma outra maloca, muito próxima da primeira. A transmissão do cargo de líder de pai a filho, isto é, sua manutenção na linhagem patrilinear que forma o coração da estrutura social, traduz justamente a vontade do grupo de manter sua unidade espaço-temporal. Os Tupinambá levavam a fundo seu respeito pela patrilinearidade, pois um filho de mãe pertencente ao grupo, mas de pai estrangeiro – muitas vezes um prisioneiro de guerra –, era rapidamente devorado, enquanto os filhos de um homem do grupo eram incorporados à linhagem de seu pai. Esses diversos fatores, operando ao nível da organização interna do demo, revelam perfeitamente uma tendência a acentuar uma das duas linhagens de pais e a assegurar-lhe a continuidade: o demo orienta-se para a linhagem, e o motor, se assim se pode dizer, dessa dinâmica é a contradição entre um sistema bilateral de descendência e uma residência unilocal, isto é, entre a legalidade bilateral e a realidade unilinear.

Sabe-se que a unilocalidade da residência não leva necessariamente à unilinearidade da descendência, mesmo se ela é uma condição necessária desta, assim como o demonstrou Murdock, neste ponto em desacordo com Lowie. Só se pode falar de verdadeiras linhagens quando a filiação independe da residência. Os demos patrilocais da Floresta Tropical seriam linhagens se as mulheres continuassem a fazer parte do seu grupo de origem, mesmo depois da partida causada pelo casamento. Mas, precisamente, o afastamento das grandes casas, que dá à partida de uma mulher um caráter quase definitivo, impede que essa tendência à organização em linhagem se confirme, uma vez que, para uma mulher, o casamento é como um desaparecimento. Pode-se pois dizer que, em todos os setores da Floresta Tropical onde as estruturas polidêmicas, em consequência da dispersão das malocas, são fluidas, a tendência à linhagem não se pode verificar. O mesmo não acontece onde esse tipo de estrutura é mais nítido, mais sólido, mais cristalizado: as grandes aldeias guarani ou tupinambá. Aí, a contiguidade espacial das casas suprime o movimento das pessoas: o jovem, durante os anos de "serviço" devidos ao sogro, a jovem, quando o casamento é definitivo, mudam apenas de maloca. Cada indivíduo permanece, pois, sempre sob as vistas da família e em contato diário com sua linhagem de origem. Nada se opõe, pois, nessas populações, à conversão dos demos em linhagens. Além do mais porque outras forças vêm apoiar essa orientação. Pois se os Tupi realizaram com vigor modelos apenas esboçados pelas outras populações da Floresta, isto é, uma integração desenvolvida das unidades sociopolíticas em um conjunto estruturado, é que havia aí correntes centrípetas cuja presença é atestada pela estrutura de aldeia concentrada. Mas, deve-se então perguntar, que acontece às unidades dentro dessa nova organização? Duas possibilidades sociológicas se oferecem aqui: ou a tendência à unificação e à integração se traduz pela dissolução progressiva dessas unidades elementares – ou ao menos por uma diminuição importante de suas funções estruturais – e pelo aparecimento consecutivo de um começo de estratificação social que se pode acentuar mais ou menos rapidamente, ou então as unidades subsistem e se fortalecem.

A primeira possibilidade foi realizada pelas populações do noroeste da América do Sul (Chibcha, Aruaque das Ilhas, por exemplo), unificadas sob a categoria de área cultural circuncaribe.[17] Essas regiões, particularmente a Colômbia e o norte da Venezuela, viram desenvolver-se grande número de pequenos "estados", feudos muitas vezes limitados a uma cidade ou a um vale. Lá, aristocracias que controlavam os poderes religioso e militar dominavam uma massa de "plebeus" e uma classe numerosa de escravos conquistados na guerra às populações vizinhas. A segunda possibilidade parece ter sido adotada pelos Tupi, já que não havia entre eles estratificação social. Não podemos realmente assimilar os prisioneiros de guerra dos Tupinambá a uma classe social de escravos de cuja força de trabalho se haviam apropriado os senhores-vencedores. Os primeiros cronistas do Brasil, como Thevet,[18] Léry[19] ou Staden,[20] narram que a posse de um ou de muitos prisioneiros de guerra gerava tal prestígio aos guerreiros tupinambá que estes preferiam, em casos de escassez, privar-se eles próprios de comer, do que fazer os seus prisioneiros passarem fome. Estes últimos eram, de resto, rapidamente integrados na comunidade do seu senhor, e este não hesitava em dar sua irmã ou filha em casamento a esse testemunho vivo da sua glória. E a incorporação tornava-se completa quando, ao fim de um tempo às vezes bastante longo, a matança do prisioneiro o transformava em alimento ritual dos seus senhores.

As sociedades tupi não estavam portanto estratificadas; consequentemente as clivagens e linhas de força em torno das quais elas se edificavam eram as mesmas que no resto da área: sexo, idade, parentesco etc., e precisamente o fechamento e a contração

17. Cf. HSAI, t. IV e V.

18. André Thevet, *Le Brésil et les Brésiliens*. Paris: PUF, 1953, p. 93.

19. Jean de Léry, *Journal de bord... en la terre de Brésil* [1557]. Paris: Editions de Paris, 1952.

20. Hans Staden, *Véritable histoire et description d'un pays... situé dans le Nouveau Monde nommé Amérique* [1557]. Paris: A. Bertrand, 1837.

do modelo geral de organização social multicomunitária, da qual a aldeia constitui a expressão espacial, não operaram como princípio unificador colocando em questão a "personalidade" de cada um dos elementos, aqui dos demos; mas, ao contrário, a própria emergência de tal força centrípeta, visando à cristalização de uma estrutura "flutuante", determinou o fortalecimento simétrico das tendências centrífugas imanentes à estrutura dos demos. Ou, em outras palavras, a dinâmica aqui descrita é de natureza *dialética*: pois, à medida que se afirma e se precisa a constituição do sistema, os elementos que o compõem reagem a essa transformação do seu estatuto, acentuando sua particularidade concreta, sua individualidade. De sorte que o aparecimento da estrutura global gera, não a supressão dos demos – o que permitiria outra diferenciação, isto é, uma estratificação social –, mas uma modificação estrutural das unidades. Qual será o sentido dessa transformação? Ele está inteiramente contido nas determinações que lhes são próprias: são essencialmente grupos de parentesco. Que meios terão pois estes últimos para se remodelarem em função de um futuro que os identifique unificando-os? É colocar em primeiro plano a unilinearidade latente que os caracteriza, centrar a lei de vinculação, não mais sobre uma corresidência que deixe de ser primordial, mas sobre a regra de filiação: os demos se transformam então em linhagens e a transformação dos elementos aparece solidária da constituição dos conjuntos. As populações tupi nos oferecem assim a ilustração da *passagem de uma estrutura polidêmica a uma estrutura de múltipla linhagem*.

Quererá isso dizer que as linhagens só aparecem por reação a uma nova organização de um conjunto de unidades residenciais e em relação com ela? É evidentemente impossível afirmá-lo, já que residência e filiação não são concomitantes. Essa passagem em si mesma é contingente, isto é, articulada à história e não à estrutura: no que concerne aos Tupi, o elemento catalisador daquilo que não era senão tendencial e potencial entre as outras populações da Floresta Tropical foi a inquietude que os levava a construir estruturas sociais mais "compactas". Processos históricos diferentes poderiam muito bem ocasionar essa passagem. Mas, o que é possível reter é que a transformação de um demo em linhagem leva a desenvolver a essência *relacional* de cada unidade. Só há linhagens no seio de um sistema "forte" e, reciprocamente, a promoção de um tal sistema leva ou a uma estratificação social que nega o valor estruturador das regras de filiação, ou à confirmação e mesmo à supervalorização dessas regras: a linhagem, poder-se-ia dizer, é de natureza *diacrítica*. Tudo se passa, pois, como se o movimento centrípeto pelo qual se estende o campo das relações políticas de uma sociedade antes fluida, criando um desequilíbrio interno, determinasse simultaneamente o meio de remediar essa situação pela entrada, ao nível dos elementos, de forças centrífugas que respondem à nova situação e permitem reequilibrar a sociedade. Pois é finalmente à conquista de um equilíbrio constantemente ameaçado que tendem, de forma direta ou indireta, as forças que "trabalham" essas sociedades primitivas.

É certo por sinal que a versão tupi do modelo sociológico da Floresta não deixa subsistirem idênticas a si mesmas as relações internas descritas no plano do demo. De um lado, a emergência da estrutura de linhagem – quer dizer, de uma contração das conexões genealógicas em que se afirma o seu caráter unitário – diminui consideravelmente o valor funcional dos subgrupos componentes da linhagem ou famílias extensas. Eis por que o problema pertinente é, com os Tupi, o das relações interlinhagens. Cada aldeia tupinambá agrupava em média quatro a oito grandes casas, cada uma abrigando uma linhagem, e tendo cada uma o seu líder. Mas a aldeia como tal também era dirigida por um chefe; a comunidade tupinambá eleva a uma escala desconhecida no resto da Floresta a questão das relações políticas: sendo estrutura de muitas linhagens, ela se atribui uma autoridade "centralizada" e conserva ao mesmo tempo as subchefias "locais". E é certamente a esse dualismo de poder que respondia, no meio desses índios, a instituição de um "conselho dos anciãos", cuja aprovação era necessária para o exercício da autoridade pelo chefe principal. As populações do grupo tupi-guarani se diferenciam, pois, das outras etnias da mesma área cultural pela maior complexidade de sua problemática política, ligada ao alargamento às vezes muito vasto de seu horizonte. Mas parece justamente que os Tupi não limitavam essa extensão à constituição de comunidades aldeãs de múltiplas linhagens e que, em diversas zonas da Floresta, se desenvolvia uma tendência a construir um modelo da autoridade que ultrapassava muito o âmbito da aldeia em si. Sabe-se que, de maneira geral, as relações intertribais na América do Sul eram muito mais estreitas e respeitadas do que o faria crer a insistência sobre o ânimo belicoso desses povos, e diversos autores, Claude Lévi-Strauss[21] e Alfred Métraux[22] por exemplo, bem mostraram a frequente intensidade de intercâmbios comerciais entre grupos situados a distâncias às vezes muito consideráveis. Ora, com os Tupi, não se trata apenas de relações comerciais, mas de uma verdadeira *expansão* territorial e política, com o exercício da autoridade de certos chefes sobre várias aldeias. Lembremos assim a figura de Quoniambec, aquele famoso chefe tamoio, que tão vivamente im-

21. Claude Lévi-Strauss, "Guerre et commerce chez les Indiens de l'Amérique du Sud". *Renaissance*, v. I, fasc. 1 e 2.
22. A. Métraux, *La Civilisation matérielle des tribus Tupi-Guarani*. Paris: P. Geuthner, 1928, p. 277.

pressionou Thevet e Staden. "Esse Rei era muito venerado por todos os selvagens, até mesmo pelos que não eram de sua terra, tão bom soldado que fora em seu tempo, e tão sabiamente os conduzira à guerra."[23] Esses mesmos cronistas nos ensinaram por outro lado que a autoridade dos chefes tupinambá nunca era tão forte como em tempo de guerra, e que então seu poder era quase absoluto, e perfeitamente respeitada a disciplina imposta às suas tropas. Por isso o número dos guerreiros que um chefe era capaz de reunir é o melhor índice da extensão da sua autoridade. Precisamente, os números citados são, às vezes – e guardadas as devidas proporções – enormes: Thevet dá um máximo de 12 mil "tabajaras e margajeaz" lutando uns contra os outros em um só combate. Léry fornece, em circunstância semelhante, um máximo de 10 mil homens e o número de 4 mil para uma escaramuça à qual assistiu. Staden, acompanhando os seus senhores à luta, conta por ocasião de um ataque por mar às posições portuguesas "38 barcos de 18 homens em médio, isto é, perto de 700 homens só para a pequena aldeia de Ubatuba".[24] Como se deve multiplicar por quatro, aproximadamente, o número de guerreiros para obter o da população total, vê-se que havia entre os Tupinambá verdadeiras federações, agrupando de dez a vinte aldeias. Os Tupi, particularmente os da costa brasileira, revelam pois uma nítida tendência à constituição de sistemas políticos amplos com chefias poderosas, cuja estrutura deveria ser analisada; de fato, ao estender-se, o campo de aplicação de uma autoridade central suscita conflitos agudos com os pequenos poderes locais; surge então a questão sobre a natureza das relações entre chefia principal e subchefias: por exemplo, entre o "Rei" Quoniambec e os "reizinhos, seus vassalos".

23. Id. ibid., p. 93.
24. Id. ibid., p. 178, nota 2.

Os Tupi litorâneos não são, aliás, os únicos que revelam tais tendências. Para lembrar um exemplo bem mais recente, citemos também os Tupi-Kawahib; um de seus grupos, os Takwatip, estendia pouco a pouco, no começo do século [XX], sua hegemonia sobre as tribos vizinhas, sob a direção de seu chefe Abaitara, cujo filho Claude Lévi-Strauss encontrou.[25] Processos análogos foram notados entre os Omagua e os Cocama, populações tupi estabelecidas no curso médio e superior do Amazonas, onde a autoridade de um chefe se exercia não somente sobre a casa grande, mas sobre o conjunto da comunidade inteira: esta podia ser de tamanho considerável, pois uma aldeia omagua compreendia, dizem, sessenta casas de cinquenta a sessenta pessoas cada uma.[26] Por outro lado, os Guarani, culturalmente tão próximos dos Tupinambá, também tinham chefias bem desenvolvidas.

Entretanto, tomando-se assim a cultura tupi em sua dinâmica política criadora de "realezas", não se estará correndo o risco de forçar sua originalidade em relação ao conjunto da Floresta Tropical e, por conseguinte, de constituí-la como entidade cultural independente da área em que inicialmente foi situada? Isso seria negligenciar processos idênticos, se bem que de menor envergadura, em populações pertencentes a outros estoques linguísticos. Convém lembrar por exemplo que os Jivaro também apresentavam esse modelo de organização multicomunitária, já que alianças militares eram feitas entre grupos locais: dessa forma muitas *jivaria* – as malocas desses índios – se associavam para lutar contra os espanhóis. Por outro lado as tribos caribe do Orinoco utilizavam a exo-

25. C. Lévi-Strauss, *Tristes tropiques*. Paris: Plon, 1955, cap. XXXI. [ed. bras.: *Tristes trópicos*, trad. Rosa Freire d'Aguiar. São Paulo: Companhia das Letras, 1992.]
26. Cf. *HSAI*, t. III.

gamia local como meio de estender a hegemonia política sobre várias comunidades. A tendência a constituir conjuntos sociais mais vastos que no resto do continente – característica própria da área da Floresta – se manifesta, pois, de diversas formas. O que se deve guardar é que a força dessa corrente variava com as circunstâncias concretas – ecológicas, demográficas, religiosas – das culturas onde se manifestava. A diferença entre os Tupi e as outras sociedades não é de natureza, mas de grau; isso significa portanto que, assim como realizaram melhor do que as outras, no plano da estrutura social, um modelo de organização que não lhes é exclusivo, da mesma forma a dinâmica imanente ao conjunto das culturas da Floresta encontrou nos Tupi um ritmo e uma aceleração mais rápidos do que em qualquer outro lugar.

Arcaicas, as sociedades ameríndias o foram, mas, se é lícita a expressão, negativamente e segundo os nossos critérios europeus. Devemos por isso qualificar de imóveis culturas cujo futuro não se enquadra em nossos próprios esquemas? Devemos ver nelas sociedades sem história? Para que a questão tenha sentido, devemos formulá-la de modo a possibilitar uma resposta, isto é, sem postular a universalidade do modelo ocidental. A história se conta em múltiplos sentidos e se diversifica em função das diferentes perspectivas em que é situada: "A oposição entre culturas progressivas e culturas inertes parece assim resultar, primeiramente, de uma diferença de focalização".[27] A tendência ao *sistema*, realizada em desigualdade de extensão e profundidade segundo as regiões, leva, por suas próprias diferenças, a dar às culturas dessa área uma dimensão "diacrônica", notada sobretudo junto aos Tupi-Guarani: não

27. C. Lévi-Strauss, *Race et histoire*. Paris: Unesco, 1952, p. 25. [ed.bras.: "Raça e história", in *Antropologia estrutural dois*. São Paulo: Cosac Naify, 2012, no prelo.

são, portanto, sociedades sem história. É ao nível da organização política, muito mais do que no plano da ecologia, que se encontra a mais clara oposição entre culturas marginais e culturas da Floresta. Mas elas não são tampouco sociedades históricas: nesse sentido, a oposição simétrica e inversa com as culturas andinas é igualmente forte. A dinâmica política que confere sua especificidade às sociedades da Floresta iria situá-las, pois, em um plano estrutural – e não em uma etapa cronológica – que se poderia chamar de *pré-histórica*, fornecendo os Marginais o exemplo de sociedades a-históricas, e os Incas o de uma cultura já histórica. Parece então legítimo supor que a dinâmica própria da Floresta Tropical seja uma *condição de possibilidade* da história tal como conquistou os Andes. A problemática política da Floresta situa-se, pois, nos dois planos que a limitam: o genético, do lugar de nascimento da instituição; o histórico, de seu destino.

[Originalmente publicado em *L'Homme*, III, n. 3, 1963.]

# ELEMENTOS DE DEMOGRAFIA AMERÍNDIA

Talvez cause espanto o fato de se encontrar, ao lado de estudos consagrados à antropologia política, um texto que trata principalmente de demografia. Na verdade, nada obriga, ao que parece, para analisar o funcionamento das relações de poder e das instituições que as regem, a que se estude o tamanho e a densidade das sociedades focalizadas. Haveria como que uma autonomia do espaço do poder (ou do não-poder), estabelecendo-se e reproduzindo-se ao longe e ao abrigo de toda influência externa, como, por exemplo, o número da população. E, de fato, a ideia desse relacionamento calmo entre o grupo e seu poder parece corresponder bastante bem à realidade oferecida pelas sociedades arcaicas, que conhecem e praticam inúmeros meios de controlar ou impedir o crescimento de sua população: aborto, infanticídio, tabus sexuais, desmame tardio etc. Ora, essa capacidade dos selvagens de disciplinar o fluxo de sua demografia levou pouco a pouco à convicção de que uma sociedade primitiva é necessariamente uma sociedade "restrita", ainda mais porque a chamada economia de subsistência não poderia, segundo se afirma, prover as necessidades de uma população numerosa.

A imagem tradicional da América do Sul (imagem em grande parte esboçada, não o esqueçamos, pela própria etnologia) ilustra particularmente bem essa mistura de meias-verdades, de erros, de preconceitos, que leva a tratar os fatos com uma leviandade surpreendente (cf., no *HSAI*, a classificação das sociedades sul-americanas).[1] De um lado, os Andes e as Altas Culturas que lá se sucederam; do outro, o resto: florestas, savanas, pampas, onde pululam pequenas sociedades, todas parecidas, monótona repetição que nenhuma diferença parece distinguir. A questão não é saber em que medida tudo isso é verdadeiro, mas antes medir até que ponto é falso. E, para retornar ao ponto de partida, o problema da conexão entre demografia e autoridade política se desdobra em duas interrogações:

1] Serão todas as sociedades florestais da América do Sul iguais entre si ao nível das unidades sociopolíticas que as compõem?

2] Será que a natureza do poder político permanece inalterada quando se estende e se fortalece seu campo de aplicação demográfico?

Foi refletindo sobre a chefia nas sociedades tupi-guarani que encontramos o problema demográfico. Esse conjunto de tribos, muito homogêneo sob o ponto e vista não só linguístico como cultural, apresenta duas propriedades suficientemente marcantes para impedir a confusão dos Tupi-Guarani com as outras sociedades da Floresta. Primeiramente, a chefia se afirmava, entre esses índios, com muito mais vigor do que em qualquer outra parte; a seguir, a densidade demográfica das unidades sociais – os grupos locais – era nitidamente superior às médias comumente admitidas para as sociedades sul-americanas. Sem afirmar que a transformação do poder político era provocada entre os Tupi-Guarani pela expansão demográfica, parece-nos pelo menos legítimo colocar em perspectiva essas duas dimensões, específica dessas tribos. Mas uma per-

1. Quanto aos dados referentes aos séculos XVI, XVII e XVIII, todas as fontes se encontram nos cronistas franceses, portugueses, espanhóis, alemães etc., bem como nos textos e cartas dos primeiros jesuítas que estiveram na América do Sul. Tais fontes são muito conhecidas e seria supérfluo precisar cada uma delas. Além disso, consultamos o *Handbook of South American Indians*, op. cit., t. V.

gunta prejudicial se impõe: os grupos locais dos Tupi-Guarani eram efetivamente muito mais numerosos do que os das outras culturas?

É todo o problema das fontes e do crédito que lhes convém dar. Os Tupi-Guarani realizam o paradoxo de terem quase completamente desaparecido há muito (à exceção de alguns milhares que sobrevivem no Paraguai) e de serem talvez a população indígena melhor conhecida da América do Sul. Dispomos, com efeito, de literatura muito farta sobre esse assunto: a dos primeiros viajantes, logo seguidos pelos jesuítas, que, vindos da França, Espanha e Portugal desde a metade do século XVI, puderam observar à vontade esses selvagens que ocupavam todo o litoral brasileiro e uma grande parte do Paraguai atual. Milhares de páginas foram assim consagradas à descrição da vida cotidiana dos índios, suas plantas silvestres e cultivadas, sua forma de casamento, sua maneira de educar as crianças, de guerrear, de matar ritualmente os prisioneiros, as relações entre os grupos etc. Os testemunhos desses cronistas, firmados em momentos e lugares diferentes, oferecem uma coerência etnográfica única na América do Sul, onde aparece com muita frequência um extremo parcelamento linguístico e cultural. Os Tupi-Guarani apresentam a situação inversa: tribos situadas a milhares de quilômetros umas das outras vivem do mesmo modo, praticam os mesmos ritos, falam a mesma língua. Um guarani do Paraguai se sentiria em terreno perfeitamente familiar entre os Tupi do Maranhão, distantes, entretanto 4 mil km. E se a leitura das antigas crônicas pode revelar-se por vezes fastidiosa pelo fato de os autores verem e descreverem a mesma realidade, elas fornecem em todo o caso uma sólida base de trabalho, por se validarem reciprocamente: Montoya ou Jarque, missionários entre os Guarani, fazem eco, no Paraguai, a Thevet ou Léry, que sessenta anos antes visitaram os Tupinambá da baía de Guanabara. Talento dos cronistas, quase todos pessoas instruídas e observadores fiéis, relativa uniformidade dos povos abrangidos: de seu cotejamento permanece, para gáudio dos americanistas, um material de excepcional riqueza, um material sobre o qual os pesquisadores podem se apoiar.

Quase todos os cronistas se esforçaram por completar suas descrições de dados numéricos sobre as dimensões das casas, a superfície das plantações, as distâncias entre as aldeias, e, sobretudo, o número de habitantes das regiões que visitavam. Certamente, as preocupações que os animavam eram diversas: rigor etnográfico de um Léry, objetividade militar de um Staden, preocupação administrativa dos missionários que tinham necessidade de recensear as populações que caíam sob seu controle. Mas sobre esse ponto, como sobre os outros, as informações quantitativas, quer sejam recolhidas entre os Guarani ou entre os Tupi, no Maranhão ou no sul do Brasil, não apresentam nenhuma discordância: de um lado a outro do imenso território ocupado pelos Tupi-Guarani, os números assinalados estão muito próximos. Entretanto, estranhamente, os especialistas da América do Sul negligenciaram completamente, até agora, essas indicações – ainda mais preciosas por serem quase sempre muito precisas –, ou simplesmente recusaram-se a aceitá-las. Motivo invocado: os cronistas exageraram fantasticamente a importância da população indígena. Encontramo-nos, assim, diante de uma situação bem estranha: tudo é aceitável nesses cronistas, menos os números que eles fornecem! Ninguém se perturba com o fato de que os erros, ou mesmo as mentiras, dos cronistas estariam todos na mesma ordem de grandeza.

Deve-se primeiramente examinar o valor das críticas, diretas ou implícitas, dirigidas às avaliações dos cronistas. Elas estão, no essencial, reunidas e expostas nos trabalhos do principal especialista de demografia ameríndia, Angel Rosenblatt. O método que esse autor utiliza para calcular a população indígena da América do Sul na época do descobrimento revela a pouca importância que ele concedeu às indicações fornecidas pelos cronistas. Quantos índios havia na América antes da chegada dos brancos? A essa pergunta, desde muito, os americanistas deram respostas tão variadas quanto arbitrárias, porque destituídas de qualquer fundamento científico. Oscila-se assim, para o Novo Mundo em seu todo, de 8,4 milhões de habitantes, segundo Alfred Kroeber, a 40 milhões segundo Paul Rivet. Rosenblatt, abordando por sua vez o problema da população pré-colombiana da América, chega ao número de quase 13,5 milhões, dos quais 6.785.000 para a América do Sul. Ele estima que a margem do erro de seu cálculo não ultrapassa 20%, e que portanto sua pesquisa é rigorosa, científica. Que rigor será esse? O autor explica que "a densidade da população depende [...] não só do meio, mas também da estrutura econômica e social. No estudo de todos os povos observou-se, como é natural, um certo paralelismo entre densidade de população e nível cultural".[2] Essa afirmação é muito vaga para que se possa admiti-la sem dificuldade. Mais contestável nos parece o ponto de vista do autor, quando escreve: "Encontra-se em particular um grande centro de população onde se constitui uma grande formação política sobre formas agrícolas de existência. Isso ocorreu, na América, com as civilizações asteca, maia, chibcha e inca. Com elas, a agricultura pré-colombiana atingiu seu apogeu e juntaram-se densos núcleos de população".[3] Parece-nos que existe aí uma manobra astuciosa: Rosenblatt não se contenta, com efeito, em articular forte densidade de população e

2. Angel Rosenblatt, *La población indígena y el mestizaje en América*. Buenos Aires: 1954, v. I, p. 103.
3. Id., ibid.

intensiva tecnologia de agricultura, e introduz sub-repticiamente, quando fala de "grande formação política", a ideia de Estado. Entretanto, se bem que cheia de implicações, essa referência ao Estado como signo e produtor da civilização só de longe atinge o nosso propósito. O essencial vem a seguir: "Mas se as grandes culturas alcançaram a etapa agrícola, se se chegou no Peru a domesticar a lhama e a alpaca, *a maior parte do continente vivia da caça, da pesca e da coleta*: os povos caçadores necessitam de vastas pradarias [...], os povos que se alimentam da caça e da pesca são obrigados a um certo nomadismo intermitente. A floresta nunca abrigou grandes populações, por causa da grande mortalidade, das condições climatológicas difíceis, da luta com os insetos e animais selvagens, da raridade de plantas alimentícias [...]. Excetuada a zona agrícola, que se estendia sobre uma estreita faixa ao longo dos Andes [...], *o continente era, em 1492, uma imensa floresta ou uma estepe*."[4] Seria errado supor uma perda de tempo o exame dessa coleção de bobagens, pois toda a "demografia" de Rosenblatt se baseia nisso, e seus trabalhos continuam sendo a referência e a fonte dos americanistas que se interessam pelo problema da população.

A proposição do autor é sumária. Os povos caçadores, por terem necessidade de muito espaço, têm uma população de fraca densidade; ora, a América do Sul estava quase totalmente ocupada por tribos de caçadores; logo a população do continente era muito pequena. Subentenda-se: não se deve, pois, dar crédito algum às estimativas dos cronistas, por exemplo, pois elas mencionam números de população relativamente altos.

Não seria necessário dizer que tudo isso é arquifalso, mas é melhor dizê-lo. Rosenblatt inventa totalmente uma América de

4. Id., ibid., pp. 104-05; grifo nosso.

caçadores-nômades, para fazer com que se admita uma avaliação demográfica fraca. (Deve-se, entretanto, assinalar que ele é muito mais generoso do que Kroeber.) O que era a América do Sul em 1500? Exatamente o contrário do que afirma Rosenblatt. A maior parte do continente era ocupada por sociedades de agricultores sedentários que cultivavam grande variedade de plantas, as quais não serão enumeradas aqui. Pode-se mesmo axiomatizar esse dado fundamental afirmando que *a agricultura estava presente em todo lugar onde era ecológica e tecnicamente possível*. Ora, essa determinação do espaço cultivável possível engloba o imenso sistema Orinoco-Amazonas-Paraná-Paraguai e inclusive o Chaco; só está excluída dessa área a região dos pampas que se estende da Terra do Fogo ao paralelo 32, aproximadamente, território de caça e de coleta das tribos tehuelche e puelche. É pois somente essa pequena parte do continente que confirma a tese de Rosenblatt. Dir-se-á talvez que, no interior da zona onde a agricultura é possível, algumas populações não a praticam. Observaremos, primeiro, que esses casos são extremamente raros e localizados: Guayaki do Paraguai, Sirionó da Bolívia, Guaíbo da Colômbia. Lembraremos em seguida que praticamente, para cada caso, foi possível estabelecer que não se tratava de verdadeiros arcaicos, mas, pelo contrário, de sociedades que *haviam perdido a agricultura*. Por outro lado, já mostramos que os Guayaki, puros caçadores-nômades de floresta, renunciaram a cultivar o milho por volta do final do século XVI. Em suma, nada permanece do apoio que pretende assegurar a proposta de Rosenblatt. Decerto, isso não questiona forçosamente o número de 6.785.000 de habitantes dado pelo autor à América do Sul. Simplesmente é, como todas as avaliações anteriores, puramente arbitrário, e se se confirmasse verdadeiro teria sido por acaso. Por outro lado, o motivo que leva Rosenblatt a não considerar as observações dos cronistas se revelou totalmente fantasista, o que nos permite afirmar: já que nenhum argumento válido destrói os dados demográficos dos cronistas – *que foram testemunhas oculares* – talvez convenha, afastando os preconceitos habituais, levar por uma vez a sério aquilo que nos dizem. É o que tentaremos fazer.

Não se trata de seguir o mesmo modelo clássico e calcular a população indígena do conjunto da América do Sul em 1500, tarefa irrealizável para nós. Mas podemos tentar saber quantos eram, nessa época, os índios Guarani e isso por duas razões. A primeira prende-se à disposição de seu território, bem homogêneo, de limites conhecidos, e portanto mensurável. Não é o caso dos Tupi: estes ocupavam quase todo o litoral brasileiro, mas ignora-se até que profundidade se estendiam suas tribos pelo interior; é impossível, portanto, medir seu território. A segunda razão se reporta aos dados numéricos. Mais abundantes, como veremos, do que se poderia crer, eles são de duas ordens: os que foram recolhidos no século XVI e no começo do XVII; depois, os do fim do século XVII e do começo do XVIII. Estes últimos, fornecidos pelos jesuítas, referem-se aos Guarani. Quanto aos primeiros, informam mais sobre os Tupi do que sobre os Guarani. Porém a homogeneidade dessas sociedades é tal, e sob todos os pontos de vista, que as dimensões demográficas dos grupos locais guarani e tupi eram certamente muito semelhantes. Daí se conclui que é possível, se não aplicar mecanicamente os números tupi sobre a realidade guarani, pelo menos considerá-los como ordem verossímil de grandeza, caso os dados faltassem para os Guarani.

Entre índios do Brasil e europeus, os contatos se estabeleceram muito cedo, certamente durante o primeiro decênio do século XVI, por intermédio dos navegadores comerciantes franceses e portugueses, que vinham trocar, por instrumentos metálicos e pacotilha, o pau-brasil ou madeira cor de brasa. As primeiras cartas dos missionários jesuítas portugueses instalados junto aos Tupinambá datam de 1549. A penetração branca pelo interior do continente desenvolveu-se durante a primeira metade do século. Os espanhóis, empenhados na procura do Eldorado inca, subiram o Rio da Prata, depois o Paraguai. A primeira fundação de Buenos Aires deu-se em 1536. Os conquistadores, pressionados pelas tribos, tiveram de abandoná-la quase em seguida, para fundar em 1537 Assunção, depois capital do Paraguai. Era, então, apenas uma base destinada a organizar as expedições de conquista e de exploração dos Andes, dos quais os separava a imensidão do Chaco. Foi com os Guarani, senhores de toda a região, que os espanhóis se aliaram. Esses breves dados históricos explicam por que os Tupi-Guarani foram conhecidos quase tão cedo quanto os Astecas ou os Incas.

Como eram constituídos os grupos locais, ou aldeias, dos Tupi-Guarani? Todos esses fatos são bastante conhecidos, mas é útil lembrar o essencial. Uma aldeia guarani ou tupi compunha-se de quatro a oito grandes casas coletivas, as malocas, dispostas em torno de uma praça central reservada à vida religiosa e ritual. As dimensões das malocas variam segundo os observadores e, é claro, segundo os grupos visitados. Sua extensão se situa entre 40 m para as menores e 160 m para as maiores. Quanto ao número de habitantes de cada maloca, oscila de cem (segundo Cardim, por exemplo) a quinhentos ou seiscentos (Léry). Resulta daí que a população das aldeias tupinambá mais modestas (quatro malocas) devia comportar cerca de quatrocentas pessoas, enquanto as mais importantes (sete ou oito malocas) atingia, se não ultrapassava, 3 mil pessoas. Já Thevet fala de certas aldeias, em que se hospedou, de 6 mil e até de 10 mil habitantes. Admitamos que esses números sejam exagerados. Ainda assim, o tamanho demográfico dos grupos tupi ultrapassa, e de muito, a dimensão habitual das sociedades sul-americanas. A título de comparação, lembraremos que entre os Yanomami da Venezuela, população florestal, e além do mais, intacta, pois ainda protegida do contato com os brancos, os mais numerosos grupos locais agrupam 250 pessoas.

As informações dos cronistas indicam claramente que as aldeias tupi-guarani eram de extensão desigual. Mas podemos aceitar uma média de seiscentas a mil pessoas por grupo, hipótese esta, insistimos em afirmá-lo, deliberadamente *baixa*. Essa avaliação poderá parecer enorme aos americanistas. Ela é confirmada não só pelos apontamentos impressionistas dos primeiros viajantes – a multidão de crianças que se agitam nas aldeias –, mas sobretudo pelos dados numéricos que fornecem. Estes se referem muitas vezes às atividades militares dos Tupinambá. Unanimemente, com efeito, os cronistas ficaram impressionados, às vezes horrorizados, com o gosto fanático desses índios pela guerra. Franceses e portugueses, em competição armada para assegurar o domínio do litoral brasileiro, souberam explorar essa belicosidade indígena fazendo aliança com tribos inimigas entre si. Staden, por exemplo, ou Anchieta, falam, como testemunhas oculares, de frotas de guerra tupinambá compostas por até duzentas pirogas, cada uma transportando de vinte a trinta homens. As expedições guerreiras podiam envolver apenas algumas centenas de combatentes. Mas outras, que duravam várias semanas e até vários meses, movimentavam até 12 mil guerreiros, sem contar as mulheres, encarregadas da "logística" (transporte da "farinha de guerra" destinada a alimentar a tropa). Léry conta como participou de um combate, sobre as praias do Rio, que durou meio dia: ele estima em 5 ou 6 mil o número de combatentes *de cada facção*. Tais concentrações, mesmo fazendo parte do erro inerente à estimativa "de golpe de vista" só eram possíveis mediante a aliança de várias aldeias. Mas a relação entre o número de homens em idade de combater e o número total da população mostra claramente a amplidão demográfica das sociedades tupi-guarani. (Levar-se-á em conta que todas as questões relativas à guerra e ao número de grupos locais implicados nas redes de aliança tocam de muito perto ao mesmo tempo o problema demográfico e o problema político. Não nos podemos demorar aqui. Assinalaremos somente de passagem que, pela duração e pelas "massas" que movimentam, essas expedições militares nada mais têm em comum com aquilo que se chama de guerra nas outras tribos sul-americanas, e que consiste quase sempre em um reide relâmpago efetuado de madrugada por um punhado de assaltantes. Além da diferença na natureza da guerra, esboça-se a diferença na natureza do poder político.)

Todos esses dados referem-se aos Tupi do litoral. Mas o que é feito dos Guarani? Se os conquistadores se mostraram, em relação a estes, avaros em números, sabemos por outro lado que suas aldeias, compostas, como as dos Tupi, de quatro a oito malocas, deixaram aos primeiros exploradores uma impressão de multidão. Alvar Núñes Cabeza de Vaca, partindo do Atlântico em novembro de 1541, chegou a Assunção em março de 1542. A narrativa dessa travessia de todo o território guarani está repleta de observações sobre o número de aldeias visitadas e de habitantes de cada aldeia. Eis, mais convincentes porque mais precisas, as primeiras informações numéricas sobre os Guarani. Quando os espanhóis, sob o comando de Domingo de Irala, chegaram ao local da atual Assunção, entraram em contato com os dois chefes que controlavam a região: estes poderiam dispor de 4 *mil guerreiros*. Muito pouco tempo depois da conclusão da aliança, esses dois caciques foram capazes de levantar o que se deve chamar de exército – 8 mil homens que ajudaram Irala e seus homens a combater as tribos agaces sublevadas contra os espanhóis. Estes, em 1542, tiveram de lutar contra um grande chefe guarani, Tabaré, que dirigia 8 mil guerreiros. Em 1560, nova revolta dos Guarani, 3 mil dos quais foram exterminados pelos novos senhores. Não se terminaria de transcrever números, todos situados nessa ordem de grandeza. Citemos de qualquer forma ainda alguns, fornecidos pelos jesuítas. Sabe-se que os primeiros "redutos", fundados no princípio do século XVII por Ruiz Montoya, sofreram imediatamente os assaltos daqueles que se chamavam *mamelucos*. Esses bandos de assassinos, constituídos de portugueses e mestiços, partiam da região de São Paulo para, em terra guarani, capturar o máximo de índios, que revendiam como escravos aos colonos instalados no litoral. A história do começo das Missões é a história da luta contra os *mamelucos*. Estes, dizem os arquivos dos jesuítas, teriam em alguns anos matado ou capturado 300 mil índios. Entre 1628 e 1630, os portugueses capturaram 60 mil Guarani *nas Missões*. Em 1631, Montoya se conformou em evacuar os dois últimos redutos do Guaíra (situados em território português). Doze mil índios se puseram em marcha sob seu comando, em uma violenta anábase: 4 mil sobreviventes atingiram o Paraná. Em uma aldeia, Montoya recenseia 170 famílias, ou seja, no mínimo uma população de 800 a 850 pessoas.

Esses diversos dados, que abrangem perto de um século (de 1537, com os conquistadores, até 1631, com os jesuítas), esses números, mesmo aproximativos, mesmo maciços, determinam com os números tupi uma mesma ordem de grandeza. Anchieta, homólogo de Montoya no Brasil, escreve que em 1560 a Companhia de Jesus já exerce sua tutela sobre 80 mil índios. Essa homogeneidade demográfica dos Tupi-Guarani leva a duas conclusões provisórias. A primeira é que, para essas populações, devemos aceitar as hipóteses fortes (entendemos fortes em relação às taxas habituais das outras sociedades indígenas). A segunda é que, se fosse necessário, poder-se-ia de pleno direito recorrer aos números tupi para tratar a realidade guarani, sob condição em seguida – e é o que tentaremos fazer – de demonstrar a validade do nosso método.

Seja, pois, da população guarani que desejamos calcular a importância. Trata-se inicialmente de estabelecer a superfície do território ocupado por esses índios. Ao contrário da área tupi, impossível de medir, a tarefa é aqui relativamente fácil, mesmo se não permite a obtenção de dados de uma precisão cadastral. A região guarani era na maior parte limitada a oeste pelo rio Paraguai, ao menos pela parte de seu curso situada entre o paralelo 22, a montante, e o paralelo 28, a jusante. A fronteira meridional encontrava-se um pouco ao sul da confluência do Paraguai e do Paraná. As margens do Atlântico constituíam o limite oriental, mais ou menos do porto brasileiro de Paranaguá ao norte (paralelo 26) até a fronteira do Uruguai atual, outrora pátria dos índios Charrua (paralelo 33). Temos assim duas linhas paralelas (o curso do Paraguai, o litoral marinho), das quais basta ligar as extremidades para conhecer os limites setentrional e meridional do território guarani. Esses limites correspondem quase exatamente à área de expansão dos Guarani. Esse quadrilátero de aproximadamente 500 mil km$^2$ não era integralmente ocupado pelos Guarani, uma vez que outras tribos residiam nessa região, principalmente os Kaingang. Pode-se avaliar em 350 mil km$^2$ a superfície do território guarani.

Isso posto, e conhecendo a densidade *média* dos grupos locais, será que se pode chegar a determinar a população total? Seria preciso poder estabelecer o número dos grupos locais compreendidos no conjunto territorial. É óbvio que a esse nível nossos cálculos se baseiam em médias, em "grandes" números, e que os resultados a que nos permitirão atingir são de ordem hipotética, o que não significa arbitrária. Só conhecemos a existência – para esse período – de um recenseamento de população para um território dado. É o efetuado, no começo do século XVII, pelo Padre Claude d'Abbeville, na ilha do Maranhão, por ocasião da última tentativa francesa de instalação no Brasil. Sobre esse espaço de 1.200 km$^2$, 12 mil Tupi se repartiam em 27 grupos locais, o que dá uma média de 450 pessoas por aldeia, cada uma ocupando em média um espaço de 45 km$^2$. A densidade demográfica na ilha do Maranhão era assim exatamente de 10 habitantes por km$^2$. Mas não é possível reportar essa densidade sobre o espaço guarani (o que daria 3,5 milhões de índios). Não que tal número nos assuste, mas a situação na ilha do Maranhão não é generalizável. Era com efeito uma zona de refúgio para os Tupinambá que queriam escapar aos portugueses. Logo a ilha ficou superpovoada. É, sem dúvida, o que explica, paradoxalmente, o tamanho quase pequeno dos grupos: havia aldeias demais. Nas zonas costeiras imediatamente vizinhas da ilha, os missionários franceses haviam recenseado quinze a vinte grupos em Tapuitapera, quinze a vinte grupos em Cumã e vinte a 24 grupos entre os Caetés. Tinha-se aí um total de cinquenta a 64 grupos, o qual devia reunir entre 30 mil e 40 mil indivíduos. E, dizem os cronistas, todas essas aldeias distribuídas em um espaço bem mais vasto que o da ilha, era cada uma mais povoada do que as da ilha. Em resumo, a ilha do Maranhão com sua densidade demográfica é um caso um pouco aberrante, inutilizável.

Felizmente encontramos nos cronistas informações que nos fazem progredir; e, particularmente, uma indicação muito preciosa de Staden. Este, durante os nove meses em que esteve prisioneiro dos Tupinambá, levado de grupo em grupo, teve todo o tempo de observar a vida de seus senhores. Ele anota que as aldeias distavam, em geral, de 9 a 12 km umas das outras, o que daria cerca de 150 km$^2$ de espaço por grupo local. Guardemos este número e suponhamos que o mesmo acontecia junto aos Guarani. É possível, a partir daí, conhecer o número – hipotético e estatístico – de grupos locais.

Ele seria de 350 mil dividido por 150: 2.340, aproximadamente. Aceitemos como verossímil o número de seiscentas pessoas em média por unidade. Teremos então: 2.340 x 600 = 1.404.000 habitantes. Logo, cerca de *um milhão e meio* de índios Guarani antes da chegada dos brancos. Isso implica uma densidade de 4 habitantes por $km^2$. (Na ilha do Maranhão ela era de 10 habitantes por $km^2$.)

Esse número parecerá enorme, inverossímil, inaceitável para alguns, se não para muitos. Ora não somente inexiste razão (salvo ideológica) para recusá-la, como acreditamos ser até modesta a nossa estimativa. Chegou agora o momento de evocar as pesquisas do que se chama a Escola de Berkeley, grupo de historiadores demógrafos cujos trabalhos revolucionaram totalmente as certezas clássicas quanto à América e sua população. É a Pierre Chaunu[5] que cabe o mérito de haver, em 1960, chamado a atenção dos pesquisadores sobre a extrema importância das descobertas da Escola de Berkeley, e remetemos aos dois textos onde esse autor expõe com vigor e clareza o método e os resultados dos pesquisadores americanos. Diremos simplesmente que seus estudos demográficos, conduzidos com irrepreensível rigor, levam a admitir números de população e tabelas de densidade até o presente insuspeitadas, quase inacreditáveis. Assim é que para a região mexicana do Anauaque (514 mil $km^2$), Borah e Cook determinam, em 1519, uma população de 25 milhões, isto é, como escreve Chaunu, "uma densidade comparável à França de 1789, de 50 habitantes por $km^2$". Isso significa que a demografia de Berkeley, não hipotética, mas demonstrada, encaminha-se, à medida que avança, no sentido dos números mais altos. Os traba-

5. Pierre Chaunu, "Une Histoire hispano-américaine pilote. En marge de l'oeuvre de l'Ecole de Berkeley". *Revue Historique*, t. IV, 1960, pp. 339-68. E: "La Population de l'Amérique indienne. Nouvelles recherches". *Revue Historique*, 1963, t. I, p. 118.

lhos recentes de Nathan Wachtel, relativos aos Andes, estabelecem lá também índices de população muito maiores do que se acreditava: dez milhões de índios no império inca em 1530. É necessário, pois, constatar que as pesquisas realizadas no México ou nos Andes obrigam a aceitar as hipóteses fortes no que se refere à população indígena da América. É por isso que nossa cifra de um milhão e meio de índios Guarani, absurda aos olhos da demografia clássica (Rosenblatt e outros), torna-se muito razoável quando recolocada na perspectiva demográfica traçada pela Escola de Berkeley.

Se temos razão, se efetivamente um milhão e meio de Guarani habitavam um território de 350 mil km², então é preciso transformar radicalmente nossas concepções sobre a vida econômica das populações florestais (sandice do conceito de economia de subsistência), recusar as tolas crenças sobre a pretensa incapacidade desse gênero de agricultura sustentar uma população importante e, é claro, repensar totalmente a questão do poder político. Observaremos que nada impedia os Guarani de serem numerosos. Consideremos com efeito a quantidade de espaço cultivado necessária. Sabemos que é preciso aproximadamente meio hectare para uma família de quatro a cinco pessoas. Esse número está perfeitamente estabelecido pelas medidas muito precisas de Jacques Lizot[6] entre os Yanomami: ele descobriu entre estes (pelo menos para os grupos onde efetuou as medidas) uma média de 1.070 m² cultivados por pessoa. Logo, se é preciso meio hectare para cinco pessoas, serão necessários 150 mil hectares de plantações para um milhão e meio de pessoas, isto é, 1.500 km². O que significa dizer que a superfície total das terras simultaneamente cultivadas para prover as necessidades de um milhão e meio de índios não ocupa senão a 220ª parte do território total.

6. Comunicação pessoal.

(Na ilha do Maranhão, caso especial como vimos, as áreas de cultivo não ocupam senão a 90ª parte da superfície da ilha. E, segundo Yves d'Evreux ou Claude d'Abbeville, não parece que os 12 mil habitantes da ilha estivessem particularmente ameaçados de escassez.) Consequentemente, nossa cifra de um milhão e meio de Guarani, certamente hipotética, nada tem de inverossímil. São, pelo contrário, as avaliações de Rosenblatt que nos parecem absurdas, já que ele aceita 280 mil índios no Paraguai em 1492. Sobre que bases se situam esses cálculos, não se sabe. Quanto a Steward, ele descobre, para os Guarani, uma densidade de 28 habitantes por 100 km$^2$, o que deveria levar a um total de 98 mil índios. Por que então ele conclui que havia 200 mil em 1500? Mistério e incoerência da demografia ameríndia "clássica".

Não nos escapa de forma alguma que nossa cifra permanece hipotética (embora se possa considerar um sucesso a possibilidade de haver estabelecido uma ordem de grandeza que nada mais tem que ver com os cálculos anteriores). Ora, dispomos de um meio para controlar a validade desses cálculos. A utilização do *método regressivo*, brilhantemente ilustrado pela Escola de Berkeley, servirá de contraprova ao método que relacionava as superfícies e as densidades.

Podemos com efeito proceder de forma diferente: a partir da taxa de despovoamento. Temos a sorte de dispor de duas estimativas efetuadas pelos jesuítas. Elas se referem à população índia reunida nas Missões, isto é, na realidade, à quase totalidade dos Guarani. Deve-se a primeira ao Padre Sepp. Ele escreveu que em 1690 havia ao todo trinta redutos, nenhum dos quais de menos de 6 mil índios, alguns ultrapassando 8 mil habitantes. Havia pois, no fim do século XVII, cerca de 200 mil Guarani (sem contar as tribos livres). Trata-se, com a segunda estimativa, de um verdadeiro recenseamento aproximado de todos os habitantes das Missões. É o Padre Lozano, historiador da Companhia de Jesus, que anuncia os seus resultados em sua insubstituível *Historia de la Conquista del Paraguay* [c. 1750]. A população guarani era de 130 mil pessoas em 1730. Reflitamos sobre esses dados.

Conforme testemunha o desaparecimento, em menos de meio século, de mais de um terço da população, as Missões jesuítas não colocaram de nenhuma forma ao abrigo da despopulação os índios que ali residiam. Ao contrário, a concentração de populações onde se atingia a dimensão de pequenas cidades devia oferecer um campo propício à propagação de epidemias. As cartas dos jesuítas são pontilhadas de constatações apavoradas sobre os estragos periódicos da varíola ou da gripe. O Padre Sepp, por exemplo, escreve que em 1687 uma epidemia matou 2 mil índios *em uma só Missão*, e que em 1695 uma epidemia de varíola dizimou *todos os redutos*. É evidente que o processo de despopulação não começou no final do século XVII, mas desde a chegada dos brancos, em meados do XVI. O Padre Lozano o constata: na época em que redige sua *Historia*, a população indígena tinha baixado muito em relação à de antes da Conquista. Ele escreve, dessa forma, que no fim do século XVI havia, somente na região de Assunção, 24 mil índios de *encomienda*. Em 1730, não há mais que 2 mil. Todas as tribos que habitavam essa parte do Paraguai não-submetida à autoridade dos jesuítas desapareceram completamente por causa da escravidão da *encomienda* e das epidemias. E, com amargura, Lozano escreve: "A província do Paraguai era a mais povoada das Índias, e hoje está quase deserta, nelas só se encontrando os índios das Missões".

Os pesquisadores de Berkeley traçaram para a região do Anahuaque a curva da despopulação. Ela é aterradora, já que dos 25 milhões de índios em 1500, não há mais do que um milhão em 1605. Wachtel[7]

7. Nathan Wachtel, *La Vision des vaincus*. Paris: Gallimard, 1971.

dá, para o império inca, cifras um pouco menos acabrunhantes: 10 milhões de índios em 1500, um milhão em 1600. Por diversas razões, a queda demográfica foi menos brutal do que no México, pois a população é reduzida somente, se assim se pode dizer, de nove décimos, enquanto no México ela é de 96/100. Tanto nos Andes quanto no México assiste-se, desde o fim do século XVII, a uma lenta recuperação demográfica dos índios. Isso não ocorre com os Guarani, pois entre 1690 a 1730 a população passa de 200 mil a 130 mil.

Pode-se estimar que nessa época os Guarani livres, isto é, os que escaparam tanto da *encomienda* quanto das Missões, não eram mais de 20 mil. Somados aos 130 mil Guarani das Missões, chega-se pois a um total de 150 mil por volta de 1730. Acreditamos por outro lado que devemos aceitar um índice de despopulação relativamente fraco, se comparado ao caso mexicano, de nove décimos em dois séculos (1530-1730). Em consequência, os 150 mil índios de 1730 eram dez vezes mais numerosos dois séculos antes: eles eram um milhão e meio. Consideramos o índice de queda de nove décimos como moderado, mesmo sendo catastrófico. Aí parece, talvez, uma função relativamente "protetora" das Missões, pois os índios de *encomienda* desaparecem em ritmo mais rápido: 24 mil no fim do século XVI, 2 mil em 1730.

A cifra de um milhão e meio de Guarani em 1539, obtida dessa maneira não é mais hipotética, como na forma de cálculo anterior. Nós a consideramos mesmo como mínima. Em todo o caso, a convergência dos resultados obtidos pelo método regressivo e pelo método das densidades médias reforça nossa convicção de que não nos enganamos. Estamos longe dos 250 mil Guarani em 1570, segundo Rosenblatt, que só aceita assim, para um período de quase um século (1570-1650), um índice de despopulação de 20% (250 mil índios em 1570, 200 mil em 1650). Esse índice é colocado arbitrariamente, e está em completa contradição com os índices recolhidos alhures em toda a América. Com Steward, a coisa se torna ainda mais absurda: se havia 100 mil Guarani (de acordo com sua densidade de 28 habitantes por km$^2$) em 1530, então, caso único, a sua população não teria cessado de aumentar durante os séculos XVI e XVII! Tudo isso não é sério.

É necessário pois, para refletir sobre os Guarani, aceitar esses dados fundamentais: *eles eram, antes da Conquista, um milhão e meio repartidos por* 350 *mil km$^2$, ou seja, uma densidade de pouco mais de* 4 *habitantes por km$^2$*. Esse fato é rico em consequências:

1] No que concerne à "demografia" dedutível das estimativas maciças dos cronistas, é preciso constatar que eles tinham razão. Suas avaliações, todas coerentes entre si porque definem uma mesma ordem de grandeza, o são também com os resultados obtidos pelo cálculo. Isso desqualifica a demografia tradicional, demonstrando sua total falta de rigor científico e nos leva a perguntar por que Rosenblatt, ou Kroeber, ou Steward escolheram, sistematicamente – contra a evidência –, as hipóteses mais fracas possíveis quanto ao número da população indígena.

2] No que concerne à questão do poder político, nós a desenvolveremos mais adiante. Ficaremos satisfeitos no momento em assinalar que entre o guia de um bando de caçadores nômades guayaki de 25 ou trinta pessoas ou o chefe de um partido de uma centena de guerreiros no Chaco, e os grandes *mburuvicha*, os líderes tupi-guarani que levavam ao combate exércitos de vários milhares de homens, há uma diferença radical, uma diferença de natureza.

3] Mas o ponto essencial refere-se à questão geral da demografia indígena antes da chegada dos brancos. As pesquisas da Escola de Berkeley para o México, as de Wachtel para os Andes, convergentes em seus resultados (hipóteses fortes), têm além do mais em comum o fato de que se referem ao que se chama de Altas Culturas.

Ora, nossa modesta reflexão sobre os Guarani, isto é, sobre uma população florestal, caminha, por seus resultados, exatamente no mesmo sentido que os trabalhos precitados: *para as populações da Floresta também é preciso ir às hipóteses fortes*. Só podemos, pois, afirmar aqui nossa total concordância com Pierre Chaunu: "Os resultados de Borah e Cook levam a uma revisão completa de nossa representação da história americana. Não são mais os 40 milhões de homens julgados excessivos do Dr. Rivet que é preciso supor na América pré-colombiana, mas 80, talvez 100 milhões de almas. A catástrofe da Conquista [...] foi tão grande quanto o denunciou Las Casas". Conclusão que estarrece: "Foi a quarta parte da humanidade, *grosso modo*, que terá sido aniquilada pelos choques microbianos do século XVI".[8]

Nossa análise de um caso florestal muito localizado deve ser aceita apenas como uma confirmação das hipóteses de Berkeley. Ela força a admitir a hipótese demográfica forte *para toda a América*, e não somente para as Altas Culturas. E nos sentiremos realizados se este trabalho sobre os Guarani levar à convicção de que é preciso "empreender essa grande revisão, à qual, há quinze anos, a Escola de Berkeley nos convida de maneira premente".[9]

[Originalmente publicado em *L'Homme*, XIII, n. 1-2, 1973.]

8. P. Chaunu, op. cit., p. 117.
9. Id., ibid., p. 118.

# O ARCO E O CESTO

Quase sem transição, a noite conquistou a floresta, e a massa das grandes árvores parece estar mais próxima. Com a escuridão instala-se também o silêncio; pássaros e macacos calaram-se e só se escutam as seis notas desesperadas do urutau. E, como por acordo tácito com o recolhimento geral em que se dispõem os seres e as coisas, nenhum barulho surge mais desse espaço furtivamente habitado onde acampa um pequeno grupo de homens. Ali um bando de índios Guayaki acampa. Animado de quando em quando por um sopro de vento, o reflexo avermelhado de cinco ou seis fogos familiares tira da sombra o círculo vago dos abrigos de folha de palmeira; cada um deles, frágil e passageira morada dos nômades, protege o repouso de uma família. As conversas murmuradas que se seguiram à refeição cessaram pouco a pouco; as mulheres, abraçando ainda seus filhos encolhidos, dormem. Poder-se-ia julgar também estarem adormecidos os homens que, sentados junto ao fogo, montam uma guarda muda e rigorosamente imóvel. Entretanto eles não dormem, e seu olhar pensativo, preso às trevas próximas, mostra uma espera sonhadora. Pois os homens se preparam para cantar, e essa noite, como por vezes nessa hora propícia, vão entoar, cada um por si, o canto dos caçadores: sua meditação prepara o acordo sutil de uma alma e de um instante com as palavras que vão dizê-lo. Uma voz logo se eleva, quase imperceptível a princípio, brotando do interior, murmúrio prudente que nada traz ainda da busca paciente de um tom e de um discurso exatos. Mas ela sobe pouco a pouco, o cantor torna-se seguro de si e, subitamente, seu canto jorra, esplendoroso, livre e tenso. Estimulada, uma segunda voz se une à primeira, depois uma outra; elas trazem palavras precoces, como respostas a questões às quais elas sempre se antecipam. Agora todos os homens cantam. Estão ainda imóveis, o olhar um pouco mais perdido; cantam todos juntos, mas cada um canta seu próprio canto. Eles são senhores da noite e cada um pretende ser senhor de si.

Mas precipitadas, ardentes e graves, as palavras dos caçadores aché[1] se cruzam, à sua revelia, em um diálogo que elas queriam esquecer.

Uma oposição muito clara organiza e domina a vida cotidiana dos Guayaki: aquela entre os homens e as mulheres cujas atividades respectivas, marcadas fortemente pela divisão sexual das tarefas, constituem dois campos nitidamente separados e, como em todos os lugares, complementares. Mas, diferentemente da maioria das outras sociedades indígenas, os Guayaki não conhecem forma de trabalho em que participem ao mesmo tempo os homens e as mulheres. A agricultura, por exemplo, alterna tanto atividades masculinas como femininas, já que, se em geral as mulheres se dedicam a semear, a limpar os campos de cultivo e a colher os legumes e cereais, são os homens que se encarregam de preparar o lugar das plantações derrubando as árvores e queimando a vegetação seca. Mas se os papéis são bem distintos e nunca se misturam, nem por isso deixam de assegurar em comum o início e o sucesso de uma operação tão importante como a agricultura. Ora, nada disso ocorre com os Guayaki. Nômades que tudo ignoram da arte de plantar, sua economia apoia-se exclusi-

1. Aché é a autodenominação dos Guayaki.

vamente na exploração dos recursos naturais que a floresta oferece. Estes se distribuem sob duas rubricas principais: produtos da caça e produtos da coleta, esta última compreendendo sobretudo o mel, as larvas e o cerne da palmeira pindoba. Poderíamos pensar que a procura dessas duas classes de alimento se conformaria ao modelo muito difundido na América do Sul segundo o qual os homens caçam, o que é natural, deixando para as mulheres o cuidado de coletar. Na realidade, as coisas se passam de maneira muito diferente, uma vez que, entre os Guayaki, os homens caçam e *também* coletam. Não que, mais atentos que outros ao lazer de suas esposas, quisessem dispensá-las das tarefas que normalmente lhes caberiam; mas, de fato, os produtos da coleta são obtidos à custa de operações penosas que as mulheres dificilmente realizariam: localização das colmeias, extração do mel, derrubada das árvores etc. Trata-se então de um tipo de coleta que concerne bem mais às atividades masculinas. Ou, em outros termos, a coleta conhecida alhures na América e que consiste na obtenção de bagas, frutas, raízes, insetos etc., é quase inexistente entre os Guayaki, pois na floresta por eles ocupada não são abundantes os recursos desse gênero. Então, se as mulheres praticamente não coletam, é porque nela quase nada existe para ser coletado.

Consequentemente, como as possibilidades econômicas dos Guayaki estão culturalmente reduzidas pela ausência da agricultura e naturalmente reduzidas pela relativa raridade dos alimentos vegetais, a tarefa cada dia recomeçada de procurar alimentação para o grupo recai essencialmente sobre os homens. Isso não significa que as mulheres não participam na vida material da comunidade. Além de lhes caber a função, decisiva para os nômades, do transporte dos bens familiares, as esposas dos caçadores fabricam cestos, potes, cordas para os arcos; elas cozinham, cuidam das crianças etc. Longe, então, de serem ociosas, elas dedicam inteiramente o tempo de que dispõem à execução de todos esses trabalhos necessários. Mas não deixa de ser verdade que na questão fundamental da "produção" de alimentos, o papel de fato menor desempenhado pelas mulheres deixa aos homens o absorvente e prestigioso monopólio. Ou, mais precisamente, a diferença entre homens e mulheres no plano da vida econômica surge como a oposição de um grupo de produtores e de um grupo de consumidores.

O pensamento guayaki, como veremos, exprime claramente a natureza dessa oposição que, por estar situada na própria raiz da vida social da tribo, comanda a economia de sua existência cotidiana e confere sentido a todo um conjunto de atitudes na qual se liga a trama das relações sociais. O espaço dos caçadores nômades não se pode repartir segundo as mesmas linhas que o dos agricultores sedentários. Dividido para estes em espaço da cultura – constituído pela aldeia e pelos campos de cultivo – e em espaço da natureza – ocupado pela floresta circundante –, ele se estrutura em círculos concêntricos. Para os Guayaki, ao contrário, o espaço é constantemente homogêneo, reduzido à pura extensão onde se anula, ao que parece, a diferença entre natureza e cultura. Mas, na realidade, a oposição já salientada no plano da vida material fornece igualmente o princípio de uma dicotomia do espaço que por ser mais disfarçada do que em sociedades de outro nível cultural, nem por isso é menos pertinente. Existe entre os Guayaki um espaço masculino e um espaço feminino, respectivamente definidos pela floresta onde os homens caçam e pelo acampamento onde reinam as mulheres. Decerto as paradas são muito provisórias: elas raramente duram mais de três dias. Mas são o lugar de repouso onde se consome o alimento preparado pelas mulheres, ao passo que a floresta é o lugar do movimento especialmente destinado às incursões dos homens em busca da caça. Não poderíamos, evidentemente, tirar desse fato a conclusão de que as mulheres são menos nômades que seus esposos. Mas, por causa do tipo de economia em que está apoiada a existência da tribo, os verdadeiros senhores da floresta são os caçadores: eles efetivamente a cercam, pois são obrigados a explorá-la com minúcia para extrair sistematicamente todos os seus recursos. Espaço do perigo, do risco, da aventura sempre renovada para os homens, para as mulheres, a floresta é, diversamente, espaço percorrido entre duas etapas, travessia monótona e fatigante, simples extensão neutra. No polo oposto, o acampamento oferece ao caçador a tranquilidade do repouso e a ocasião de fazer trabalhos rotineiros, enquanto é para as mulheres o lugar onde se realizam suas atividades específicas e se desenrola uma vida familiar que elas controlam amplamente. A floresta e o acampamento encontram-se assim dotados de signos contrários conforme se trate de homens ou de mulheres. O espaço, poder-se-ia dizer, da "banalidade cotidiana" é a floresta para as mulheres, o acampamento para os homens: para estes, a existência só se torna autêntica quando realizada como caçadores, quer dizer, na floresta, e para as mulheres quando, deixando de ser meios de transporte, elas podem viver no acampamento como esposas e como mães.

Podemos então medir o valor e o alcance da oposição socioeconômica entre homens e mulheres porque ela estrutura o tempo e o espaço dos Guayaki. Ora, eles não deixam no impensado o vivido dessa *práxis*: têm uma consciência clara e o desequilíbrio das relações econômicas entre os caçadores e suas esposas se exprime, no pensamento dos índios, como a *oposição entre o arco e o cesto*. Cada um desses dois instrumentos é, com efeito, o meio, o signo e o resumo de dois "estilos" de existência tanto opostos como cuidadosamente separados. Quase não é necessário sublinhar que o arco, arma única dos caçadores, é um instrumento exclusivamente masculino e que o cesto, coisa das mulheres, só é utilizado por elas: os homens caçam, as mulheres carregam. A pedagogia dos Guayaki se estabelece principalmente nessa grande divisão de papéis. Logo aos quatro ou cinco anos, o menino recebe do pai um pequeno arco adaptado ao seu tamanho; a partir de então ele começará a se exercitar na arte de lançar com perfeição uma flecha. Alguns anos mais tarde, oferecem-lhe um arco muito maior, flechas já eficazes, e os pássaros que ele traz para sua mãe são a prova de que ele é um rapaz sério e a promessa de que será um bom caçador. Passam-se ainda alguns anos e vem a época da iniciação; o lábio inferior do jovem de cerca de quinze anos é perfurado; ele tem o direito de usar o ornamento labial, o *beta*, e é então considerado um verdadeiro caçador, um *kybuchuété*. Isso significa que um pouco mais tarde ele poderá ter uma mulher e deverá consequentemente prover as necessidades do novo lar. Por isso, o seu primeiro cuidado, logo que se integra na comunidade dos homens é fabricar para si um arco; de agora em diante membro "produtor" do bando, ele caçará com uma arma feita por suas próprias mãos e apenas a morte ou a velhice o separarão de seu arco. Complementar e paralelo é o destino da mulher. Menina de nove ou dez anos, recebe de sua mãe uma miniatura de cesto, cuja confecção ela acompanha atentamente. Ele nada transporta, certamente; mas o gesto gratuito de sua marcha – cabeça baixa e pescoço estendido nessa antecipação do seu esforço futuro – a prepara para seu futuro próximo. Pois o aparecimento, por volta dos doze ou treze anos, da primeira menstruação e o ritual que sanciona a chegada da sua feminilidade fazem da jovem virgem uma *daré*, uma mulher que será logo esposa de um caçador. Primeira tarefa do seu novo estado e marca da sua condição definitiva, ela fabrica então o seu próprio cesto. E cada um dos dois, o jovem e a jovem, tanto senhores como prisioneiros, um do seu cesto, o outro do seu arco, ascendem dessa forma à idade adulta. Enfim, quando morre um caçador, seu arco e suas flechas são ritualmente queimados, como o é também o último cesto de uma mulher: pois, como símbolos das pessoas, não poderiam sobreviver a elas.

Os Guayaki apreendem essa grande oposição, segundo a qual funciona sua sociedade, por meio de um sistema de proibições recíprocas: uma proíbe as mulheres de tocarem o arco dos caçadores; outra impede os homens de manipularem o cesto. De um modo geral, os utensílios e instrumentos são sexualmente neutros, se se pode dizer: o homem e a mulher podem utilizá-los indiferentemente; só o arco e o cesto escapam a essa neutralidade. Esse tabu sobre o contato físico com as insígnias mais evidentes do sexo oposto permite evitar assim toda transgressão da ordem sócio-sexual que regulamenta a vida do grupo. Ele é escrupulosamente respeitado e nunca se assiste à estranha conjunção de uma mulher e um arco nem àquela, mais que ridícula, de um caçador e um cesto. Os sentimentos que cada sexo experimenta com relação ao objeto privilegiado do outro são muito diferentes: um caçador não suportaria a vergonha de transportar um cesto, ao passo que sua esposa temeria tocar seu arco. É que o contato da mulher com o arco é muito mais grave que o do homem com o cesto. Se uma mulher pensasse em pegar um arco, ela atrairia, certamente, sobre seu proprietário o *pane*, quer dizer, o azar na caça, o que seria desastroso para a economia dos Guayaki. Quanto ao caçador, o que ele vê e recusa no cesto é precisamente a possível ameaça do que ele teme acima de tudo, o *pane*. Pois, quando um homem é vítima dessa verdadeira maldição, sendo incapaz de preencher sua função de caçador, perde por isso mesmo a sua própria natureza e a sua substância lhe escapa: obrigado a abandonar um arco doravante inútil, não lhe resta senão renunciar à sua masculinidade e, trágico e resignado, encarregar-se de um cesto. A dura lei dos Guayaki não lhe deixa alternativa. Os homens só existem como caçadores, e eles mantêm a certeza de seu ser preservando o seu arco do contato da mulher. Inversamente, se um indivíduo não consegue mais se realizar como caçador, ele deixa ao mesmo tempo de ser um homem: passando do arco para o cesto, metaforicamente ele *se torna uma mulher*. Com efeito, a conjunção do homem e do arco não se pode romper sem transformar-se no seu inverso e complementar: aquela da mulher e do cesto.

Ora, a lógica desse sistema fechado, constituído de quatro termos agrupados em dois pares opostos, ficou provada: havia entre os Guayaki dois homens que carregavam cestos: um, Chachubutawachugi, era *pane*. Não possuía arco e a única caça à qual podia entregar-se de vez em quando era a captura a mão de tatus e quatis: tipo de caça que, embora correntemente praticada por todos os Guayaki, está bem longe de apresentar a seus olhos a mesma dignidade que a caça com arco, o *jyvondy*. Por outro lado, Chachubutawachugi era viúvo; e, como era *pane*, nenhuma mulher queria saber dele, mesmo que a título de marido secundário. Ele tampouco procurava integrar-se à família de um de seus parentes: estes teriam julgado indesejável a presença permanente de um homem que agravasse sua incompetência técnica com um excelente apetite. Sem esposa porque sem arco, só lhe restava aceitar sua triste sorte. Nunca acompanhava os outros homens em suas expedições de caça, mas partia, só ou em companhia das mulheres, em busca de larvas, mel ou dos frutos que ele havia antes localizado. E, para poder transportar o produto de sua coleta, munia-se de um cesto que uma mulher lhe havia dado de presente. Como o azar na caça lhe obstruía o acesso às mulheres, ele perdia, ao menos parcialmente, sua qualidade de homem e se achava assim lançado ao campo simbólico do cesto.

O segundo caso é um pouco diferente. Krembegi era na verdade um sodomita. Ele vivia como as mulheres e, à semelhança delas, mantinha em geral os cabelos nitidamente mais longos que os outros homens, e só executava trabalhos femininos: ele sabia "tecer" e fabricava, com os dentes de animais que os caçadores lhe ofereciam, colares que demonstravam um gosto e disposições artísticos muito melhor expressos do que nas obras das mulheres. Enfim, ele era evidentemente proprietário de um cesto. Em suma, Krembegi atestava assim no seio da cultura guayaki a existência inesperada de um refinamento habitualmente reservado a sociedades menos rústicas. Esse pederasta incompreensível vivia como uma mulher e havia adotado as atitudes e comportamentos próprios desse sexo. Ele recusava por exemplo tão seguramente o contato de um arco como um caçador o do cesto; ele considerava que seu lugar natural era o mundo das mulheres. Krembegi era homossexual porque era *pane*. Talvez também seu azar na caça proviesse de ser ele, anteriormente, um invertido inconsciente. Em todo o caso, as confidências de seus companheiros revelavam que a sua homossexualidade se tornara oficial, quer dizer, socialmente reconhecida, quando ficara evidente a sua incapacidade em se servir de um arco: para os próprios Guayaki ele era um *kyrypy-meno* (ânus-fazer amor) porque era *pane*.

Os Aché mantinham aliás uma atitude muito diferente com relação a cada um dos dois carregadores de cesto que acabamos de evocar. O primeiro, Chachubutawachugi, era objeto de caçoada geral, se bem que desprovida de verdadeira maldade: os homens o desprezavam bastante nitidamente, as mulheres riam dele à socapa, e as crianças tinham por ele um respeito muito menor do que pelos outros adultos. Krembegi ao contrário não despertava nenhuma atenção especial; consideravam-se evidentes e adquiridas a sua incapacidade como caçador e a sua homossexualidade. De tempos em tempos, certos caçadores faziam dele seu parceiro sexual, manifestando nesses jogos eróticos mais libertinagem – ao que parece – do que perversão. Mas não ocorreu nunca por parte deles qualquer sentimento de desprezo para com ele. Inversamente e se conformando nesse aspecto à imagem que deles fazia sua própria sociedade, esses dois Guayaki se mostravam desigualmente adaptados ao seu respectivo estatuto. Krembegi estava tão à vontade, tranquilo e sereno em seu papel de homem tornado mulher, quanto Chachubutawachugi parecia inquieto, nervoso e frequentemente descontente. Como se explica essa diferença introduzida pelos Aché no tratamento reservado a dois indivíduos que, ao menos no plano formal, eram *negativamente* idênticos? É que, ocupando ambos uma mesma posição em relação aos outros homens, uma vez que os dois eram *pane*, seu estatuto *positivo* deixaria de ser equivalente, pois um deles, Chachubutawachugi, embora obrigado a renunciar parcialmente às determinações masculinas, permanecera um homem, enquanto o outro, Krembegi, assumira até as últimas consequências sua condição de homem não-caçador, "tornando-se" uma mulher. Ou, em outros termos, Krembegi havia encontrado, por meio de sua homossexualidade, o *topos* ao qual o destinava logicamente sua incapacidade de ocupar o espaço dos homens; o outro, em compensação, recusando o movimento dessa mesma lógica, estava eliminado do círculo dos homens sem, entretanto, com isso integrar-se ao das mulheres. O que significa dizer que, literalmente, *ele não estava em lugar algum*, e que sua situação era muito mais incômoda que a de Krembegi. Este último ocupava aos olhos dos Aché um lugar definido, embora paradoxal; e desprovida, em certo sentido, de toda ambiguidade, sua posição no grupo resultava normal, mesmo que essa nova norma fosse a das mulheres. Chachubutawachugi, ao contrário, constituía por si mesmo uma espécie de escândalo lógico; não se situando em nenhum lugar nitidamente identificável, ele escapava do sistema e introduzia nele um fator de desordem: o anormal, sob certo ponto de vista, não era o outro, mas ele. Daí sem dúvida a agressividade secreta dos Guayaki com relação a ele, que se manifestava por vezes nas caçoadas. Daí também provavelmente as dificuldades psicológicas que ele experimentava e um sentimento agudo de abandono: tão difícil é manter a conjunção de um homem e de um cesto. Chachubutawachugi queria pateticamente permanecer um homem sem ser um caçador: ele se expunha assim ao ridículo e, portanto, às caçoadas, pois era o ponto de contato entre duas regiões normalmente separadas.

Pode-se supor que esses dois homens mantivessem na esfera de seu cesto a diferença das relações que tinham com sua masculinidade. De fato, Krembegi carregava seu cesto como as mulheres, isto é, com a tira do suporte *sobre a testa*. Quanto a Chachubutawachugi, colocava a tira *sobre o peito* e nunca sobre a testa. Era claramente uma maneira inconfortável, e muito mais fatigante do que a outra, de transportar o cesto; mas era também para ele o único meio de mostrar que, mesmo sem arco, continuava sendo um homem.

Central por sua posição e potente em seus efeitos, a grande oposição dos homens e das mulheres impõe então sua marca a todos os aspectos da vida dos Guayaki. Também é ela que funda a diferença entre o canto dos homens e o das mulheres. O *prerä* masculino e o *chengaruvara* feminino se opõem totalmente por seu estilo e por seu conteúdo; eles exprimem dois modos de existência, duas presenças no mundo, dois sistemas de valores bem diferentes uns dos outros. Dificilmente aliás pode-se falar de canto a propósito das mulheres; trata-se em realidade de uma "saudação chorosa" generalizada; mesmo quando não saúdam ritualmente um estrangeiro ou um parente há muito tempo ausente, as mulheres "cantam" chorando. Num tom queixoso, mas com uma voz forte, agachadas e com o rosto escondido nas mãos, elas pontuam cada frase de sua melopeia com soluços estridentes. Frequentemente as mulheres cantam todas juntas e o alarido de seus gemidos conjugados exerce sobre o ouvinte desprevenido uma impressão de mal-estar. Ficamos tanto mais surpresos ao ver, depois de tudo terminado, o rosto tranquilo das chorosas e olhos perfeitamente secos. Convém por outro lado frisar que o canto das mulheres intervém sempre em circunstâncias rituais: seja durante as principais cerimônias da sociedade guayaki, seja no decorrer das múltiplas ocasiões propiciadas pela vida cotidiana. Por exemplo, quando um caçador traz para o acampamento algum animal, uma mulher o "saúda" chorando, pois ele evoca um determinado parente desaparecido; ou, ainda, quando uma criança se fere brincando, sua mãe logo entoa um *chengaruvara* de modo exatamente semelhante a todos os outros. O canto das mulheres, diferentemente do que se poderia esperar, jamais é alegre. Os temas são sempre a morte, a doença, a violência dos brancos; as mulheres assumem assim na tristeza de seu canto toda a infelicidade e toda a angústia dos Aché.

O contraste que ele forma com o canto dos homens é sensível. Parece haver entre os Guayaki como que uma divisão sexual do trabalho linguístico segundo a qual todos os aspectos negativos da existência são assumidos pelas mulheres, ao passo que os homens se dedicam sobretudo a celebrar se não os seus prazeres, pelo menos os valores que a tornam suportável. Enquanto nos seus próprios gestos a mulher se esconde e parece humilhar-se para cantar ou antes para chorar, o caçador, ao contrário, cabeça erguida e corpo ereto, se exalta no seu canto. A voz é poderosa, quase brutal, simulando às vezes irritação. Na extrema virilidade que o caçador investe em seu canto se afirmam uma total certeza de si, e um acordo consigo mesmo que nada pode desmentir. A linguagem do canto masculino é aliás extremamente deformada. À medida em que sua improvisação se torna mais fácil e mais rica e em que as palavras jorram por si mesmas, o cantor lhes impõe uma transformação tal que, logo, se acreditaria escutar uma outra língua: para um não-Aché, esses cantos são rigorosamente incompreensíveis. Quanto à sua temática, ela consiste essencialmente numa louvação enfática que o cantor endereça a si mesmo. O conteúdo do discurso é com efeito estritamente pessoal e tudo se diz na primeira pessoa. O homem fala quase que exclusivamente sobre suas aventuras de caçador, sobre os animais que encontrou, as feridas que recebeu, sua habilidade em manejar a flecha. *Leitmotiv* indefinidamente repetido, ouve-se proclamar de modo quase obsessivo: *cho rö bretete, cho rö jyvondy, cho rö yma wachu, yma chija*: "Eu sou um grande caçador, eu costumo matar com minhas flechas, eu sou uma natureza poderosa, uma natureza irritada e agressiva!". E frequentemente, como para marcar melhor a que ponto sua glória é indiscutível, ele pontua a frase prolongando-a com um vigoroso *Cho, cho, cho*: "Eu, eu, eu".[2]

A diferença dos cantos traduz admiravelmente a oposição dos sexos. O canto das mulheres é uma lamentação mais frequentemente coral, ouvida apenas durante o dia; o dos homens ocorre quase sempre durante a noite, e, se suas vozes por vezes simultâneas podem dar a impressão de um coro, é uma falsa aparência, já que cada caçador é de fato um solista. Além disso, o *chengaruvara* feminino parece consistir em fórmulas mecanicamente repetidas, adaptadas às diversas circunstâncias rituais. Por oposição, o *prerä* dos caçadores só depende do seu humor e só se organiza em função da sua individualidade; é uma pura improvisação pessoal que autoriza, por outro lado, a procura de efeitos artísticos no jogo da voz. Essa determinação coletiva do canto das mulheres, individual do canto dos homens, nos remete assim à oposição da qual partimos: único elemento realmente "produtivo" da sociedade guayaki, o caçador tem no plano da linguagem uma liberdade de criação que a situação de "grupo consumidor" proíbe às mulheres.

2. Como se poderia esperar, os dois homens *pane* de que tratamos mantinham em relação ao canto uma atitude bem diferente: Chachubutawachugi só cantava por ocasião de certas cerimônias a que estava diretamente ligado, como, por exemplo, o nascimento de uma criança. Krembegi jamais cantava.

Ora, essa liberdade que os homens vivem e dizem enquanto caçadores não se refere somente à natureza da relação que como grupo os liga às mulheres e delas os separa. Pois, através do canto dos homens, se descobre, secreta, uma outra oposição, não menos potente que a primeira mas inconsciente: *aquela dos caçadores entre eles*. E para melhor escutar seu canto e compreender o que realmente se diz, nos é necessário voltar ainda à etnologia dos Guayaki e às dimensões fundamentais da sua cultura.

Existe para o caçador aché um tabu alimentar que formalmente o proíbe de consumir a carne de suas próprias presas: *bai jyvombre já uemere*: "Os animais que matamos não devem ser comidos por nós mesmos". De modo que, quando um homem chega ao acampamento, divide o produto de sua caça entre sua família (mulher e filhos) e os outros membros do bando; naturalmente, ele não provará a carne preparada por sua esposa. Ora, como vimos, a caça ocupa o lugar mais importante na alimentação guayaki. Disso resulta que cada homem passa sua vida caçando para os outros e recebendo deles sua própria alimentação. Essa proibição é estritamente respeitada mesmo pelos rapazes não-iniciados, quando matam pássaros. Uma de suas consequências mais importantes é que ela impede *ipso facto* a dispersão dos índios em famílias elementares: o homem morreria de fome, a menos que renunciasse ao tabu. É preciso portanto se deslocar em grupo. Os Guayaki, para explicar essa atitude, afirmam que comer os animais abatidos por eles próprios é a forma mais segura de atrair o *pane*. Esse temor maior dos caçadores basta para impor o respeito da proibição que ela funda: se se deseja continuar a matar animais, é necessário não comê-los. A teoria indígena apoia-se simplesmente na ideia de que a conjunção entre o caçador e os animais mortos, no plano do consumo, implicaria uma disjunção entre o caçador e os animais vivos, no plano da "produção".

Ela tem portanto um alcance explícito sobretudo negativo, uma vez que se resume na interdição dessa conjunção.

Na realidade, essa proibição alimentar possui também um valor positivo, já que opera como um princípio estruturante que funda a sociedade guayaki como tal. Estabelecendo uma relação negativa entre cada caçador e o produto de sua caça, ela coloca *todos* os homens na mesma posição, uns com relação aos outros, e a reciprocidade do dom da alimentação se mostra a partir daí não apenas possível, mas necessária: todo caçador é ao mesmo tempo doador e recebedor de carne. O tabu sobre a caça aparece então como o ato fundador da troca de alimentos entre os Guayaki, isto é, como um fundamento da sua própria sociedade. Outras tribos conhecem sem dúvida esse mesmo tabu. Mas ele se reveste, entre os Aché, de uma importância particularmente grande pelo fato de que remete justamente à sua fonte principal de alimentação. Obrigando o indivíduo a se separar de sua caça, ele o obriga a confiar nos outros, permitindo assim que o laço social se ligue de maneira definitiva; a interdependência dos caçadores garante a solidez e a permanência desse laço e a sociedade ganha em força o que os indivíduos perdem em autonomia. A disjunção do caçador e de sua caça funda a conjunção dos caçadores entre si, quer dizer, o contrato que rege a sociedade guayaki. E mais, a disjunção no plano do consumo entre caçadores e animais mortos assegura, protegendo aqueles do *pane*, a repetição futura da conjunção entre caçadores e animais vivos, ou seja, o sucesso da caça e portanto a sobrevivência da sociedade.

Rejeitando do lado da Natureza o contato direto entre o caçador e sua própria caça, o tabu alimentar se situa no coração mesmo da Cultura: entre o caçador e seu alimento, ele impõe a mediação dos outros caçadores. Vemos assim a troca da caça, que circunscreve em grande parte o plano da vida econômica entre os Guayaki, transformar, por seu caráter obrigatório, cada caçador individual em uma *relação*. Entre o caçador e seu "produto" abre-se o espaço perigoso da proibição e da transgressão; o medo do *pane* funda a troca, privando o caçador de todo direito sobre sua caça: esse direito só se exerce sobre a dos outros. Ora, é impressionante constatar que essa mesma estrutura relacional, pela qual se definem rigorosamente os homens no plano da circulação dos bens, se repete no plano das instituições matrimoniais.

Desde o começo do século XVII, os primeiros missionários jesuítas tentaram em vão entrar em contato com os Guayaki. Puderam entretanto recolher numerosas informações sobre essa misteriosa tribo e aprenderam, muito surpresos, que ao contrário do que se passava entre os outros selvagens existia entre os Guayaki um excesso de homens em relação ao número de mulheres. Eles não estavam enganados, pois, quase quatrocentos anos depois, pudemos observar o mesmo desequilíbrio do *sex ratio*: em um dos dois grupos meridionais, por exemplo, existia exatamente uma mulher para dois homens. Não é necessário estudar aqui as causas dessa anomalia,[3] mas é importante examinar suas consequências. Qualquer que seja o tipo de casamento preferido por uma sociedade, há quase sempre um número mais ou menos equivalente de esposas e de maridos potenciais. A sociedade guayaki podia escolher entre várias soluções para igualar esses dois números. Uma vez que era impossível a solução-suicida, que consistia em renunciar à proibição do incesto, ela poderia inicialmente admitir o assassinato dos recém-nascidos de sexo masculino. Mas toda criança macho é um futuro caçador, isto é, um membro essencial da comunidade: teria sido então contraditório desembaraçar-se dela. Podia-se também aceitar a existência de um

3. Pierre Clastres, *Chronique des Indiens Guayaki*. Paris: Plon, 1972. [ed. bras.: *Crônica dos índios Guayaki*, trad. Tânia Stolze Lima e Janice Caiafa. São Paulo: Editora 34, 1995.]

número relativamente importante de celibatários; mas essa escolha era ainda mais arriscada que a precedente, pois, em sociedades tão reduzidas demograficamente, não existe nada mais perigoso para o equilíbrio do grupo que um celibatário. Ao invés de diminuir artificialmente o número de esposos possíveis, não restava senão aumentar, para cada mulher, o número de maridos reais, isto é, instituir um sistema de casamento poliândrico. E de fato todo excedente de homens é absorvido pelas mulheres sob a forma de maridos secundários, de *jepetyva*, que ocuparão ao lado da esposa comum um lugar quase tão invejável como o do *imete* ou marido principal.

A sociedade guayaki soube portanto se preservar de um perigo mortal, adaptando a família conjugal a essa demografia completamente desequilibrada. O que resulta disso, do ponto de vista dos homens? Praticamente, nenhum deles pode conjugar, se se pode dizer, sua mulher no singular, uma vez que não é o único marido e que a divide com um e às vezes até dois outros homens. Poderíamos pensar que, por ser a norma da cultura na e pela qual eles se determinam, os homens não são afetados por essa situação e não reagem, diante dela de maneira especialmente forte. Na realidade, a relação entre a cultura e os indivíduos que nela vivem não é mecânica, e os maridos guayaki, mesmo aceitando a única solução possível ao problema que lhes foi apresentado, não ficam conformados diante dele. Os lares poliândricos têm sem dúvida uma existência tranquila e os três termos do triângulo conjugal vivem em bom entendimento. Isso não impede que, quase sempre, os homens tenham em segredo – pois entre eles nunca falam sobre isso – sentimentos de irritação, por vezes de agressividade com relação ao coproprietário de sua esposa. Durante nossa estada entre os Guayaki, uma mulher casada teve um caso amoroso com um jovem solteiro. Furioso, o marido inicialmente bateu no rival; depois, diante da insistência e da chantagem de sua mulher, acabou concordando em legalizar a situação, deixando o amante clandestino se tornar o marido secundário oficial de sua esposa. Aliás, ele não tinha escolha; se recusasse esse arranjo, sua mulher talvez o tivesse abandonado, condenando-o assim ao celibato, pois não existia na tribo nenhuma outra mulher disponível. Por outro lado, a pressão do grupo, cioso de eliminar todo fator de desordem, cedo ou tarde o teria obrigado a se conformar a uma instituição precisamente destinada a resolver esse tipo de problema. Ele resignou-se então a dividir sua mulher com outro, embora a contragosto. Mais ou menos na mesma época morreu o esposo secundário de uma outra mulher. Suas relações com o marido principal tinham sempre sido boas: se não eram marcadas por uma extrema cordialidade, eram pelo menos extremamente polidas. Mas o *imete* sobrevivente não demonstrou, no entanto, uma tristeza excessiva ao ver desaparecer o *japetyva*. Ele não dissimulou sua satisfação: "Eu estou contente", diz ele "agora sou o único marido de minha mulher".

Os exemplos poderiam multiplicar-se. Os dois casos que acabamos de evocar bastam entretanto para mostrar que, muito embora os homens guayaki aceitem a poliandria, estão longe de se sentir à vontade. Existe uma espécie de "defasagem" entre essa instituição matrimonial que protege – eficazmente – a integridade do grupo[4] e os indivíduos que ela envolve. Os homens aprovam a poliandria porque ela é necessária em virtude do déficit de mulheres, mas suportam-na como uma obrigação muito desagradável.

4. Uma dezena de anos antes uma cisão havia dividido a tribo dos Aché-gatu. A esposa do chefe mantinha relações culposas com um jovem. O marido, muito irritado, se separara do grupo levando consigo uma parte dos Guayaki. Ele chegou a ameaçar massacrar com flechadas aqueles que não o seguissem. Apenas ao fim de alguns meses foi que o medo de perder sua mulher e a pressão coletiva dos Aché-gatu o levaram a reconhecer o amante de sua mulher como seu *japetyva*.

Numerosos maridos guayaki têm de dividir sua mulher com um outro homem, e quanto àqueles que exercem sozinhos seus direitos conjugais, arriscam-se a ver a qualquer momento esse monopólio raro e frágil suprimido pela concorrência de um celibatário ou de um viúvo. As esposas guayaki têm por conseguinte um papel mediador entre os doadores e os tomadores de mulheres, *e também* entre os próprios tomadores. A troca pela qual um homem dá a outro sua filha ou irmã não faz com que termine aí – com licença da expressão – a circulação dessa mulher: o recebedor dessa "mensagem" deverá num prazo mais ou menos longo dividir a "leitura" com um outro homem. A troca de mulheres é em si mesma criadora de aliança entre famílias; mas a poliandria, sob sua forma guayaki, acaba sobrepondo-se a ela para preencher uma função bem determinada: ela permite preservar como cultura a vida social a que chega o grupo mediante a troca de mulheres. No limite, o casamento entre os Guayaki só pode ser poliândrico, uma vez que apenas sob essa forma ele adquire o valor e o alcance de uma instituição que cria e mantém a cada instante a sociedade como tal. Se os Guayaki rejeitassem a poliandria, sua sociedade não sobreviveria; não podendo, por causa de sua fraqueza numérica, obter mulheres atacando outras tribos, eles se veriam colocados diante da perspectiva de uma guerra civil entre solteiros e possuidores de mulheres, isto é, diante de um suicídio coletivo da tribo. A poliandria elimina assim a oposição suscitada entre os desejos dos homens pela raridade dos bens que são as mulheres.

É então uma espécie de razão de Estado que faz com que os maridos guayaki aceitem a poliandria. Cada um deles renuncia ao uso exclusivo de sua esposa em proveito de um solteiro qualquer da tribo, a fim de que esta possa subsistir como unidade social. Alienando a metade de seus direitos matrimoniais, os maridos aché tornam possíveis a vida em comum e a sobrevivência da sociedade. Mas isso não impede, como as narrativas acima evocadas o mostram, sentimentos latentes de frustração e descontentamento: aceita-se no final das contas partilhar sua mulher com outro homem porque não há outro jeito, mas com um evidente mau humor. Todo homem guayaki é, potencialmente, um tomador e um doador de *esposa*, pois, muito antes de compensar a mulher que ele terá recebido pela filha que ela lhe dará, ele deverá oferecer a um outro homem sua própria esposa sem que se estabeleça uma reciprocidade impossível: antes de dar a filha, é preciso dar também a mãe. Isso significa que, entre os Guayaki, um homem só é um marido se aceitar sê-lo pela metade, e a superioridade do marido principal sobre o marido secundário em nada modifica o fato de que o primeiro deve levar em conta os direitos do segundo. Não é entre cunhados que as relações pessoais são as mais marcadas, mas entre os maridos de uma mesma mulher, e, o mais das vezes, como vimos, de maneira negativa.

Pode-se descobrir agora uma analogia de estrutura entre a relação do caçador com sua caça e a do marido com sua esposa? Constata-se inicialmente que, em relação ao homem como caçador e como esposo, os animais e as mulheres ocupam um lugar equivalente. Em um caso, o homem se vê radicalmente separado do produto de sua caça, uma vez que não deve consumi-la; no outro, ele não é nunca completamente marido, mas, na melhor das hipóteses, um semimarido: entre um homem e sua mulher vem interpor-se o terceiro termo: o marido secundário. Assim como um homem, para se alimentar, depende da caça realizada pelos outros, assim um marido, para "consumir" sua esposa,[5] depende do outro esposo, cujos desejos, sob pena de tornar a coexistência impossível, deve

5. Não se trata de um jogo de palavras: em guayaki um mesmo verbo designa a ação de alimentar-se e a de fazer amor (*tyku*).

também respeitar. O sistema poliândrico limita, pois, duplamente os direitos matrimoniais de cada marido: ao nível dos homens que, com licença da expressão, se neutralizam uns aos outros, e ao da mulher que, sabendo muito bem tirar partido dessa situação, não deixa de dividir seus maridos para melhor reinar sobre eles.

Consequentemente, de um ponto de vista formal, a caça é para o caçador o que a mulher é para o marido, pelo fato de que uma e outra mantêm com o homem uma relação apenas mediatizada: para cada caçador guayaki, a relação com o alimento animal e com as mulheres passa pelos outros homens. As circunstâncias muito particulares de sua vida obrigam os Guayaki a dotarem a troca e a reciprocidade de um coeficiente de rigor muito mais forte que em outros lugares, e as exigências dessa hipertroca são bastante esmagadoras para surgir na consciência dos índios e suscitar às vezes conflitos ocasionados pela necessidade da poliandria. É preciso com efeito frisar que, *para os índios*, a obrigação de dar a caça não é absolutamente vivida como tal, ao passo que a de dividir a esposa é experimentada como alienação. Mas, é essa identidade *formal* da dupla relação caçador-caça, marido-esposa que devemos reter aqui. O tabu alimentar e o déficit de mulheres exercem, cada um em seu plano próprio, funções paralelas: garantir a existência da sociedade pela interdependência dos caçadores, assegurar sua permanência pela partilha de mulheres. Positivas por criarem e recriarem a cada instante a própria estrutura social, essas funções se desdobram também em uma dimensão negativa por introduzirem, entre o homem por um lado e, por outro, sua caça e sua mulher, toda a distância que virá precisamente habitar o social. Aqui se determina a relação estrutural do homem com a essência do grupo, isto é, com a troca. Com efeito, a doação da caça e a partilha das esposas remetem respectivamente a dois dos três suportes fundamentais sobre os quais repousa o edifício da cultura: a troca de bens e a troca de mulheres.

Essa relação dupla e idêntica dos homens com a sua sociedade, mesmo que nunca surja em sua consciência, não é entretanto inerte. Ao contrário, mais ativa por subsistir inconsciente, é ela que define a relação singular dos caçadores com a terceira ordem de realidade na qual e pela qual a sociedade existe: a linguagem como troca de mensagens. Pois, em seu canto, os homens exprimem ao mesmo tempo o saber impensado de seu destino de caçadores e esposos e o protesto contra esse destino. Assim se ordena a figura completa da tripla ligação dos homens com a troca: o caçador individual nela ocupa o centro, ao passo que o simbolismo dos bens, das mulheres e das palavras traça a sua periferia. Mas enquanto a relação do homem com a caça e com as mulheres consiste em uma disjunção que funda a sociedade, sua relação com a linguagem se condensa no canto em uma conjunção bastante radical para negar justamente a função de comunicação da linguagem e, ainda mais, a própria troca. Consequentemente, o canto dos caçadores ocupa uma posição simétrica e inversa à do tabu alimentar e da poliandria, dos quais ele marca, por sua forma e por seu conteúdo, que os homens querem negá-los como caçadores e como maridos.

Lembramo-nos com efeito de que o conteúdo dos cantos masculinos é eminentemente pessoal, sempre articulado na primeira pessoa e estritamente consagrado ao louvor do cantor enquanto bom caçador. Por que é assim? O canto dos homens, se é seguramente linguagem, já não é mais entretanto a linguagem corrente da vida cotidiana, o que permite a troca dos grupos linguísticos. Ele é na verdade o oposto. Se falar é emitir uma mensagem destinada a um receptor, então o canto dos homens aché se situa fora da linguagem. Pois quem escuta o canto de um caçador, além do próprio cantor, e a quem se destina a mensagem senão àquele mesmo que a emite? Objeto e sujeito de seu canto, o caçador dedica apenas a si mesmo o recitativo lírico. Prisioneiros de uma troca que os determina apenas como elementos de um sistema, os Guayaki aspiram a se libertar de suas exigências, mas sem poderem recusá-lo no próprio plano em que o realizam e o sofrem. Como, a partir de então, separar os termos sem quebrar as relações? Só se oferecia o recurso à linguagem. Os caçadores guayaki encontraram em seu canto o truque inocente e profundo que lhes permite recusar no plano da linguagem a troca que eles não podem abolir nas esferas dos bens e das mulheres.

Não é certamente em vão que os homens escolhem para hino de sua liberdade o *solo* noturno de seu canto. Apenas ali pode articular-se uma experiência sem a qual eles talvez não pudessem suportar a tensão permanente que as necessidades da vida social impõem à sua vida cotidiana. O canto do caçador, essa endolinguagem, é assim para ele o momento de seu verdadeiro repouso no qual vem se abrigar a liberdade de sua *solidão*. Eis porque, caída a noite, cada homem toma posse do prestigioso reino, reservado exclusivamente a ele, onde pode enfim, reconciliado consigo mesmo, sonhar nas palavras o impossível "*tête-à-tête* com sua própria pessoa". Mas os cantores aché, poetas nus e selvagens que dão à sua linguagem uma nova santidade, não sabem que o fato de todos dominarem uma igual magia das palavras – não são seus cantos simultâneos a mesma canção emocionante e ingênua de seu próprio gesto? – dissipa-se então para cada um a esperança de conseguir sua diferença. Aliás, o que lhes importa? Eles cantam, segundo dizem, *ury vwä*, "para ficarem contentes". E se repetem assim, ao longo das horas, estes desafios cem vezes declamados: "Eu sou um grande caçador, eu mato muito com minhas flechas, eu sou uma natureza forte". Mas eles são lançados para não serem notados, e, se seu canto dá ao caçador o orgulho de uma vitória, é porque ele quer o esquecimento de todo combate. Precisemos que não é nossa intenção sugerir aqui nenhuma biologia da cultura; a vida social não é a vida, e a troca não é uma luta. A observação de uma sociedade primitiva mostra-nos o contrário; se a troca como essência do social pode assumir a forma dramática de uma competição entre aqueles que trocam, esta está condenada a permanecer estática, pois a permanência do "contrato social" exige que não haja nem vencedor nem vencido e que os ganhos e as perdas se equilibrem constantemente para cada um. Poder-se-ia dizer, em resumo, que a vida social é um "combate" que exclui toda vitória e que, inversamente, quando se pode falar de "vitória", é que se está fora de todo combate, isto é, fora da vida social. Finalmente, o que os cantos dos índios Guayaki nos lembram é que não se pode ganhar em todos os planos, que não se pode deixar de respeitar as regras do jogo social, e que a fascinação de não participar dele conduz a uma grande ilusão.

Por sua natureza e função, esses cantos ilustram de modo exemplar a relação geral do homem com a linguagem, tema sobre o qual essas vozes longínquas nos chamam a meditar. Elas nos convidam a tomar um caminho já quase apagado, e o pensamento dos selvagens, por repousar numa linguagem ainda primeira, se dirige somente ao pensamento. Vimos na verdade que, além do contentamento, o canto proporciona aos caçadores – e sem que eles saibam – o meio de escapar à vida social recusando a troca que a funda. O mesmo movimento pelo qual ele se separa do homem *social* que é leva o cantor a se saber e a se dizer enquanto *individualidade* concreta absolutamente fechada sobre si. O mesmo homem existe, portanto, como pura *relação* no plano da troca de bens e de mulheres e como *mônada*, se se pode dizer, no plano da linguagem. É pelo canto que ele chega à consciência de si mesmo como *Eu* e ao uso desde então legítimo desse pronome pessoal. O homem existe para si em e por seu canto, ele mesmo é o seu próprio canto: eu canto, logo existo.

Ora, é evidente que se a linguagem, sob a forma do canto, se designa ao homem como o lugar verdadeiro de seu ser, não se trata mais da linguagem como arquétipo da troca, uma vez que é precisamente disso que se quer liberar. Em outros termos, o próprio modelo do universo da comunicação é também o meio de escapar dele. Uma palavra pode ser ao mesmo tempo uma mensagem trocada e a negação de toda mensagem, ela pode se pronunciar como signo e como o contrário de um signo. O canto dos Guayaki nos remete então a uma natureza dupla e essencial da linguagem que se manifesta ora em sua função aberta de comunicação, ora em sua função fechada de constituição de um Ego: essa capacidade da linguagem de exercer funções inversas repousa sobre a possibilidade de seu desdobramento em *signo* e *valor*.

Longe de ser inocente como uma distração ou uma simples recreação, o canto dos caçadores guayaki mostra a vigorosa intenção que o anima a escapar da sujeição do homem à rede geral dos signos (da qual as palavras são aqui apenas a metáfora privilegiada) por uma agressão contra a linguagem sob a forma de uma transgressão de sua função. O que se torna uma palavra quando cessamos de utilizá-la como um meio de comunicação, quando ela é desviada de seu fim "natural", que é a relação com o Outro? Separadas de sua natureza de signos, as palavras não se destinam a nenhuma escuta, são elas mesmas seu próprio fim, e, para quem as pronuncia, se convertem em valores. Por outro lado, transformando-se de sistema de signos móveis entre emissores e receptores em pura posição de valor para um Ego, a linguagem não deixa no entanto de ser o lugar do sentido: o metassocial não é absolutamente o infraindividual, o canto solitário do caçador não é o discurso de um louco e suas palavras não são gritos. O sentido subsiste, desprovido de toda mensagem, e é em sua permanência absoluta que repousa o valer da palavra como valor.

A linguagem pode não ser mais a linguagem sem por isso se anular no que não tem sentido, e cada um pode compreender o canto dos Aché, embora de fato nele nada se diga. Ou antes, o que ele nos convida a escutar é que falar não é sempre colocar o outro em jogo, que a linguagem pode ser manejada por si mesma e que ela não se reduz à função que exerce: o canto guayaki é a reflexão em si da linguagem, abolindo o universo social dos signos para dar lugar à eclosão do sentido como valor absoluto. Não há portanto paradoxo no fato de que o mais inconsciente e o mais coletivo do homem – a sua linguagem – possam ser também a consciência mais transparente e a dimensão mais liberada. *À disjunção da palavra e do signo no canto responde a disjunção do homem e do social para o cantor*, e a conversão do sentido em valor é a de um indivíduo *em sujeito* de sua solidão.

O homem é um animal político, a sociedade não equivale à soma de seus indivíduos, e a diferença entre a adição que ela não é e o sistema que a define consiste na troca e na reciprocidade pelas quais os homens se ligam. Seria inútil lembrar essas trivialidades se não quiséssemos frisar que se indica o contrário. A saber, precisamente, que se o homem é um "animal doente" é porque ele não é apenas um "animal político", e que da sua inquietude nasce o grande desejo que o habita: o de escapar a uma necessidade apenas vivida como destino e de rejeitar a obrigação da troca, o de recusar seu ser social para se libertar de sua *condição*. Pois é exatamente no fato de se saberem os homens atravessados e levados pela realidade do social que se originam o desejo de não se reduzir a ele e a nostalgia de evadir-se dele. A audição atenta do canto de alguns selvagens nos ensina que em verdade se trata de um canto geral e que nele é despertado o sonho universal de não mais sermos o que somos.

Situado no próprio âmago da condição humana, o desejo de aboli-la se realiza apenas como um sonho que se pode traduzir de múltiplas maneiras, ora como um mito, ora, como entre os Guayaki, como um canto. Talvez o canto dos caçadores aché não seja senão seu mito individual. Em todo o caso, o desejo secreto dos homens demonstra sua impossibilidade pelo fato de que só podem sonhá-lo, e é apenas no espaço da linguagem que ele se vem realizar. Ora, essa vizinhança entre sonho e palavra, se bem marca o fracasso dos homens em renunciar ao que eles são, significa ao mesmo tempo o triunfo da linguagem. Apenas ela na verdade pode preencher a dupla missão de reunir os homens e de quebrar os laços que os unem. Possibilidade única para eles de transcender sua condição, a linguagem coloca-se então como seu *mais-além* e as palavras ditas pelo que *valem* são a terra natal dos deuses.

Apesar das aparências, é ainda o canto dos Guayaki que escutamos. Se chegamos a duvidar disso, não será justamente porque não compreendemos mais a linguagem? Sem dúvida, não se trata mais aqui de tradução. No final das contas, o canto dos caçadores aché nos designa um certo parentesco entre o homem e sua linguagem: mais precisamente, um parentesco tal que parece subsistir apenas no homem primitivo. Isso equivale a dizer que, bem distante de todo exotismo, o discurso ingênuo dos selvagens nos obriga a considerar o que poetas e pensadores são os únicos a não esquecer: que a linguagem não é um simples instrumento, que o homem pode caminhar com ela, e que o Ocidente moderno perde o sentido de seu valor pelo excesso de uso a que a submete. A linguagem do homem civilizado tornou-se completamente *exterior* a ele, pois é para ele apenas um puro meio de comunicação e informação. A qualidade do sentido e a quantidade dos signos variam em sentido inverso. As culturas primitivas, ao contrário, mais preocupadas em celebrar a linguagem do que em servir-se dela, souberam manter com ela essa relação *interior* que é já em si mesma aliança com o sagrado. Não há, para o homem primitivo, linguagem poética, pois sua linguagem já é, em si mesma, um poema natural em que repousa o valor das palavras. E se falamos do canto dos Guayaki como de uma agressão à linguagem, é antes como o abrigo que a protege que devemos doravante ouvi-la. Mas será que se pode ainda escutar a lição demasiado forte de miseráveis selvagens errantes sobre o bom uso da linguagem?

Assim vão os índios Guayaki: de dia andam juntos pela floresta, homens e mulheres, o arco na frente, o cesto atrás. A vinda da noite os separa, cada um dedicado a seu sonho. As mulheres dormem e os caçadores cantam às vezes, solitários. Pagãos e bárbaros, apenas a morte os salva do resto.

[Originalmente publicado em *L'Homme*, VI, n. 2, 1966.]

# DE QUE RIEM OS ÍNDIOS?

Tomando resolutamente *a sério* as narrativas dos "selvagens", a análise estrutural nos ensina, já há alguns anos, que tais narrativas são precisamente muito sérias e que nelas se articula um sistema de interrogações que elevam o pensamento mítico ao plano do pensamento propriamente dito. Sabendo a partir de agora, graças às *Mitológicas*,[1] de Claude Lévi-Strauss, que os mitos não falam para nada dizerem, eles adquirem a nossos olhos um novo prestígio; e, certamente, investi-los assim de tal gravidade não é atribuir-lhes demasiada honra. Talvez, entretanto, o interesse muito recente que suscitam os mitos corra o risco de nos levar a tomá-los muito "a sério" desta vez e, por assim dizer, a avaliar mal sua dimensão de pensamento. Se, em suma, deixássemos na sombra seus aspectos menos acentuados, veríamos difundir-se uma espécie de *mitomania* esquecida de um traço todavia comum a muitos mitos, e não exclusivo de sua gravidade: o seu humor.

Não menos sérios para os que narram (os índios, por exemplo) do que para os que os recolhem ou leem, os mitos podem, entretanto, desenvolver uma intensa impressão de cômico; eles desempenham às vezes a função explícita de divertir os ouvintes, de desencadear sua

1. *O cru e o cozido* [1964]; *Do mel às cinzas* [1966]; *A origem dos modos à mesa* [1967]; *O homem nu* [1971]. São Paulo: Cosac Naify, 2004; 2005; 2006; 2011, respectivamente.

hilaridade. Se estamos preocupados em preservar integralmente a verdade dos mitos, não devemos subestimar o alcance real do riso que eles provocam e considerar que um mito pode *ao mesmo tempo* falar de coisas solenes e fazer rir aqueles que o escutam. A vida cotidiana dos "primitivos", apesar de sua dureza, não se desenvolve sempre sob o signo do esforço ou da inquietude; também eles sabem propiciar-se verdadeiros momentos de distensão, e seu senso agudo do ridículo os faz várias vezes caçoar de seus próprios temores. Ora, não raro essas culturas confiam a seus mitos a tarefa de distrair os homens, desdramatizando, de certa forma, sua existência.

Os dois mitos que vamos ler pertencem a essa categoria. Foram recolhidos no ano passado [1966], entre os índios Chulupi, que vivem ao sul do Chaco paraguaio. Essas narrativas, ora burlescas, ora libertinas, mas nem por isso desprovidas de alguma poesia, são bem conhecidas de todos os membros da tribo, jovens e velhos; mas, quando eles têm vontade de rir realmente, pedem a algum velho versado no saber tradicional para contá-las mais uma vez. O efeito nunca se desmente: os sorrisos do início passam a cacarejos mal reprimidos, o riso explode em francas gargalhadas que acabam transformando-se em uivos de alegria. Enquanto esses mitos iam sendo gravados, a algazarra de dezenas de índios que escutavam velava por vezes a voz do narrador, ele mesmo prestes, a cada instante, a perder o sangue-frio. Nós não somos índios, mas talvez encontremos, ao escutar seus mitos, alguma razão para nos alegrarmos com eles.

### PRIMEIRO MITO

*O homem a quem não se podia dizer nada*[2]

A família desse velho possuía somente uma pequena quantidade

2. Título dado pelos próprios índios.

de abóboras cozidas, quando um dia lhe pediram que fosse procurar alguns amigos a fim de convidá-los para comê-las. Mas ele chamou, aos gritos, as pessoas de todas as casas da aldeia. Ele berrava: – Venham todos comer! É preciso que todo o mundo venha comer!

– Nós vamos! Todo o mundo virá! – respondiam as pessoas. E entretanto havia somente um prato de abóbora. Assim os dois ou três que chegaram primeiro comeram tudo e, para aqueles que continuavam a chegar, já não restava mais nada. Estavam todos reunidos na casa do velho, e não havia mais nada para comer. – Como é possível? – espantava-se ele. Por que diabo eles me pediram que convidasse as pessoas para virem comer? Fiz o que me disseram. Eu pensava que havia um bocado de abóboras. Não é culpa minha! São sempre os outros que me fazem dizer mentiras! E, depois disso, eles ficam zangados, porque me fazem dizer o que não é! – Sua mulher explicou-lhe então: – Você deve falar lentamente! É preciso que você diga tudo lentamente, com voz muito baixa: Venham comer abóboras!

– Mas por que você me disse para convidar as pessoas que estão longe? Eu tive de gritar para que elas pudessem ouvir! – A velha resmungava: – Que velho cretino, esse; convidar toda essa gente!

Algum tempo depois, ele foi convidar sua parentela para vir colher suas plantações de melancias. Mas aí também todo o mundo apareceu, quando não havia senão três pés. – Vamos apanhar minha colheita de melancias! Há muitas! – havia ele proclamado em voz muito alta. E todos estavam lá com seus sacos, diante dos três pés de melancia. – Eu pensava que havia muitas! – desculpava-se o velho. – Mas há abóboras e *anda'i*:[3] colham-nos! – As pessoas encheram pois seus sacos de abóboras e de *anda'i*, em vez de melancias.

3. *Cucurbita moschata*.

Depois da colheita, o velho índio voltou para casa. Lá encontrou sua neta: ela lhe trazia o filho doente para que ele o tratasse, pois ele era um *tooie'eh*, um xamã.

– Avô! Cura teu bisneto que tem febre! Cospe!

– Sim! vou curá-lo já.

E ele começou a cuspir sobre a criança, sem parar, cobrindo-a completamente de saliva. A mãe da criança exclamou:

– Mas não! É preciso soprar! Sopra também! Trata dele melhor, ora!

– Sim, sim! Mas por que não me disse isso antes? Você me pediu que cuspisse sobre meu bisneto, mas não que soprasse. Então eu cuspi!

Obedecendo a sua neta, o velho começou a soprar sobre a criança, a soprar e soprar sem parar. Depois de um tempo, a mulher o fez parar e lembrou-lhe que era preciso também procurar o espírito do doente. O avô ergueu-se na mesma hora e começou a procurar, levantando os objetos em todos os cantos e recantos da casa.

– Mas não, avô! Senta! Sopra! E canta também!

– Mas por que você me diz isso somente agora? Você me pede que procure meu bisneto: então, eu me levantei para procurá-lo.

Ele voltou a sentar e mandou buscar os outros feiticeiros para que o assistissem em sua cura, para que o ajudassem a reencontrar o espírito de seu bisneto. Todos eles reuniram-se em sua casa. O velho exortou-os:

– Nosso bisneto está doente. Vamos pois procurar descobrir a causa de sua doença.

Como animal doméstico de seu espírito, o velho tinha uma mula. Os espíritos dos xamãs empreenderam a viagem. O velho montou em sua mula e entoou seu canto: – *Kuvo'uitaché! kuvo'uitaché! kuvo' uitaché!*... Mu-la! mu-la! mu-la! – Caminharam bastante tempo.

Em certo momento, a mula enterrou uma pata na terra mole; lá, havia sementes de abóbora. A mula parou. O velho xamã assinalou o fato a seus companheiros: – A mula acaba de parar. Deve haver alguma coisa aí! – Eles observaram atentamente e descobriram uma grande quantidade de abóboras cozidas: começaram a comê-las. Quando terminaram tudo, o velho declarou: – Bem! agora, podemos continuar nossa viagem!

Recomeçaram a caminhar, sempre ao ritmo do mesmo canto: – *Kuvo'uitaché! kuvo'uitaché! kuvo'uitaché!*... Mu-la! mu-la! mu-la! – De repente, a orelha do animal mexeu-se: – Chchuuuk! – fez o velho. Nesse instante, ele se lembrou de que lá, muito perto, estava uma colmeia que ele tinha há muito tempo tapado outra vez a fim de que de novo as abelhas ali viessem fabricar seu mel. Para permitir que a mula chegasse a esse lugar, os xamãs abriram um caminho através da floresta. Chegando perto da colmeia, colocaram a mula com a garupa contra a árvore e, com o rabo, ela começou a extrair o mel. O velho dizia: – Chupem o mel! chupem todo o mel que há na crina do rabo! Vamos extrair mais. – O animal repetiu a operação e recolheu ainda muito mel: – Vamos, vamos! – dizia o velho. – Comam todo o mel, homens de nariz idêntico! Vocês ainda querem, ou já comeram bastante? – Os outros xamãs não tinham mais fome. – Muito bem! Então, vamos continuar!

Repuseram-se a caminho, sempre cantando: – Mu-la! mu-la! mu-la!... – Caminharam por alguns instantes. De repente, o velho exclamou: – Chchuuuk! Há alguma coisa adiante! O que pode ser? Deve ser um *ts'ich'e*, um espírito malfazejo! – Aproximaram-se e o velho afirmou: – Oh, isto é um ser muito rápido! Não se pode alcançá-lo! – Entretanto era apenas uma tartaruga. – Vou ficar no meio para pegá-la – disse ele –, pois sou mais velho e mais experiente do que vocês! – Ele os dispôs em círculo e, a um sinal seu atacaram todos juntos a tartaruga. – Mu-la! mu-la! mu-la!... – Mas o animal não fez o menor movimento, pois era uma tartaruga. Eles a dominaram. O velho exclamava: – Como é bonito! Que belo desenho! Será meu animal doméstico. – Ele a levou e partiram, sempre cantando: – Mu-la!...

Mas, logo: – Chchuuuk! – Eles pararam. – A mula não avança mais! Há alguma coisa adiante. – Eles observaram e perceberam uma jaritataca: – Será nosso cão! – decidiu o velho. – É muito bonito, é um cão selvagem. – Eles a cercaram e o velho se colocou no centro, declarando: – Sou mais velho e mais hábil do que vocês! – E, ao canto de "Mu-la! mu-la! mu-la!...", passaram ao ataque. Mas a jaritataca penetrou em sua toca: – Ela entrou ali! Vou tentar fazê-la sair! – O velho feiticeiro introduziu sua mão na abertura, curvou-se bastante, e a jaritataca urinou em seu rosto.[4] – Miaaa! – uivava ele. Quase desmaiou, tanto aquilo fedia. Os outros xamãs se dispersaram em desordem, gritando: Isto fede! Isto fede demais!

Seguiram viagem, cantando todos em coro, e logo tiveram vontade de fumar. A orelha da mula mexeu e o animal parou mais uma vez. – Bem, agora vamos fumar um pouco – decidiu o velho. Ele transportava todos os seus apetrechos de fumante em um saquinho; pôs-se a procurar pelo cachimbo e o fumo: – Ah! Por essa de ter esquecido meu cachimbo eu não esperava! – Procurou em toda parte, sem nada encontrar. – Não se mexam! – ordenou aos outros. – Vou a toda velocidade buscar meu cachimbo e meu fumo. – E ele partiu, ajudado pelo seu canto: – Mu-la! mu-la! mu-la!... – Quando o canto terminou, ela já estava de volta.

– Aqui estou!

– Ora, você chegou? Vamos então poder fumar um pouco.

Puseram-se a fumar.

Depois de terem fumado bastante, recomeçaram a caminhada; eles não paravam de cantar. De repente, a orelha do animal se mexeu e o velho alertou os companheiros: – Chchuuuk! Parece que há uma dança lá longe! – Ouvia-se com efeito um barulho de

4. Na verdade, a jaritataca lança um líquido nauseabundo contido numa glândula anal.

tambor. Os xamãs se apresentaram no lugar da festa e começaram a dançar. Cada um deles se uniu a um par de dançarinos. Dançaram algum tempo, depois se entenderam com as mulheres para dar uma voltinha com elas. Deixaram o lugar das danças, e todos os xamãs fizeram amor com as mulheres. O velho chefe também copulou. Mas, mal terminara, desmaiou, pois era muito velho. – Eich! Eich! Eich! – Ele arquejava cada vez mais forte e, no fim, no auge do esforço, caiu desfalecido. Ao cabo de um momento, recobrou os sentidos: – Eich! Eich! Eich! – fazia ele, dando grandes suspiros, bem mais calmo. Ele se recuperou pouco a pouco, reuniu os companheiros e perguntou-lhes:

– Então, vocês também se aliviaram?

– Ah, sim! Agora estamos livres. Podemos ir embora, e bem mais leves!

E, entoando seu canto, recomeçaram a marcha. Depois de algum tempo, o caminho tornou-se muito estreito: – Vamos limpar este terreno para que a mula não crave um espinho nas patas. – Havia somente cactos. Limparam, pois, e atingiram o ponto em que o caminho de novo se alargava. Eles não paravam de cantar: – Mu-la! mu-la! mu-la!... – Um movimento de orelha do animal fez com que se detivessem. – Há alguma coisa adiante! Vamos ver o que é. – Aproximaram-se e o velho xamã percebeu que eram seus espíritos assistentes. Ele já os havia prevenido sobre aquilo que procurava. Aproximou-se e eles lhe anunciaram:

– É *Faiho'ai*, o espírito do carvão, que retém a alma de teu bisneto. Ele é também ajudado por *Op'etsukfai*, o espírito do cacto.

– Sim! Sim! Perfeitamente! É isso! Esses espíritos, eu os conheço bem.

Havia outros, mas ele não os conhecia. Avisado de tudo isso pelos seus espíritos assistentes, ele sabia doravante onde se encontrava seu bisneto: em um celeiro.[5]

5. Choça feita de galhos, onde os índios guardam suas provisões.

Agachado sobre sua mula, seguiu caminho cantando e chegou ao lugar indicado. Mas lá, ficou preso aos galhos espinhosos da construção. Teve medo e chamou os outros feiticeiros em sua ajuda. Mas, vendo que eles continuavam indiferentes, lançou um uivo. Somente então seus companheiros xamãs vieram ajudá-lo, e ele pôde assim recuperar o espírito do doente. Ele o levou de volta para casa e reintroduziu-o no corpo da criança. Então sua neta se levantou, tomou seu filho curado e foi embora.

Esse velho xamã tinha outras netas. Elas gostavam muito de ir colher os frutos do algarrobo. No dia seguinte, ao amanhecer, vieram procurá-lo:

– Nosso avô já se levantou?

– Oh, sim! Há muito que acordei!

– Bem! Vamos, então!

E ele partiu à procura do algarrobo com uma de suas netas que era ainda solteira. Ele a conduziu a um lugar onde havia muitas árvores e a jovem começou a colher os frutos. Quanto a ele, sentou-se para fumar. Mas logo, pouco a pouco, surgia-lhe o desejo de fazer alguma coisa com sua neta, pois a sessão da véspera, com as mulheres encontradas na viagem, o havia excitado. Começou a pensar numa forma de subjugar a neta.

Apanhou um espinho de algarrobo e enfiou-o no pé. Depois fingiu que tentava levantar-se. Gemia tristemente.

– Ei! Ei! Ei!

– Oh! Meu pobre avô! Que há com você?

– Uma desgraça! Enfiei um espinho no pé! E tenho a impressão de que ele vai me atingir o coração!

A jovem, comovida, aproximou-se e o avô lhe disse: – Tira teu cinto, para me cobrir a ferida! Porque eu não aguento mais! – Ela fez como ele lhe dizia, e o avô persuadiu-a a se sentar: – Levanta um pouco tua tanga, para que eu possa colocar meu pé nas tuas coxas! Ei! Ei! Aia! Aia! – Gemidos horríveis! Ele sofria muito: – Deixa-me colocar o pé sobre as tuas coxas! Ei! Ei! Ei! Como sofro! Não suporto mais! Afasta um pouquinho tuas coxas! Aia! Aia! – E a jovem, compadecida, obedecia. O velho estava todo excitado, pois ela estava agora inteiramente nua: – Hum! Que lindas pernas ela tem, a minha neta! Você não pode colocar meu pé um pouco mais alto, minha neta?

Foi aí que ele se atirou sobre ela, exclamando:

– Ah! ah! Agora, vamos esquecer teu futuro marido!

– Aaah! Meu avô! – disse a jovem, que não queria.

– Eu não sou teu avô!

– Avô, eu contarei tudo!

– Está bem! Eu também contarei tudo.

Ele a derrubou e lhe introduziu seu pênis. Uma vez sobre ela, exclamou: – Tsu! Está vendo? Está vendo, estás aproveitando os meus restos! Os últimos, realmente! – Depois eles voltaram para a aldeia. Ela não contou nada, de tanta vergonha que tinha.

O velho xamã tinha ainda outra neta, também solteira. Ele gostaria de abusar dela também. Convidou-a pois para colher os frutos do algarrobo e, uma vez no local, repetiu a mesma comédia do espinho. Mas, dessa vez, ele se apressou mais ainda, mostrou o espinho à neta e, sem demora, jogou-a por terra e deitou-se sobre ela. Começou a penetrá-la. Mas a jovem deu um solavanco violento e o pênis do velho foi plantar-se em um tufo de erva; um dos galhos nele se fincou, ferindo-o um pouco: – Aia! Minha neta me picou o nariz![6] – De novo ele se atirou sobre ela. Eles lutavam sobre o solo. No momento favorável o avô tomou fôlego, mas de novo falhou e,

6. De acordo com a etiqueta chulupi, seria grosseiro chamar o pênis por seu próprio nome. Deve-se, portanto, dizer: o nariz.

em seu esforço, arrancou de seu pênis todo o tufo de erva. Começou a sangrar, ensanguentando o ventre da neta.

Esta fez um grande esforço e conseguiu sair de debaixo de seu avô. Ela o segurou pela cabeleira, arrastou-o até um cacto e pôs-se a esfregar-lhe o rosto contra os espinhos. Ele suplicava:

– Tenha piedade de teu avô!

– Eu não quero saber de meu avô!

– Você vai perder teu avô!

– Pouco me importa!

E ela continuava a mergulhar seu rosto no cacto. Em seguida, tornou a segurá-lo pelos cabelos e arrastou-o até o meio de uma moita de caraguatá. O velho suportou alguns instantes e, depois, tentou levantar-se, mas ela o impediu. Os espinhos do caraguatá lhe arranhavam o ventre, os testículos e o pênis: – Meus testículos! Meus testículos vão se rasgar! – clamava o avô. – *Crr! Crr!* – faziam os espinhos, rasgando-o. – Enfim, a jovem o abandonou sobre seu montão de caraguatá. O velho já tinha a cabeça completamente inchada, tantos eram os espinhos que nela se haviam cravado. A jovem apanhou sua sacola, voltou para casa e revelou à sua avó o que o avô havia querido fazer. Quanto a este, que não via mais quase nada por causa dos espinhos que lhe enchiam os olhos, voltou tateando e arrastou-se até sua casa.

Ali, sua mulher tirou a tanga e com ela bateu-lhe no rosto com força: – Vem tocar um pouco no que tenho aqui – gritou ela. E, tomando-lhe a mão, ela o fez tocar em seu *hlasu*, sua vagina. Ela vociferava:

– Sim! Você, você gosta das coisas das outras! Mas o que te pertence, você não quer!

– Teu *hlasu*, eu não quero! Está muito velho! As coisas velhas, não queremos mais usá-las!

**SEGUNDO MITO**

*As aventuras do jaguar*

Certa manhã, o jaguar foi passear e encontrou o camaleão. Este, como todos sabem, pode atravessar o fogo sem se queimar. O jaguar exclamou:

– Como eu gostaria de também brincar com fogo!

– Você também pode brincar, se quiser! Mas não vai conseguir suportar o calor e vai se queimar.

– Ah! Ah! Por que não o suportaria? Eu também sou rápido!

– Está bem! Vamos ali: a brasa está menos viva.

Eles foram, mas na realidade a brasa estava mais quente lá do que em qualquer outro lugar. O camaleão explicou ao jaguar como se deveria proceder e passou uma vez através do fogo para mostrar-lhe: isso não lhe fez nenhum mal. – Bem! Saia daí! Eu também quero ir. Se você consegue, eu também conseguirei! – O jaguar atirou-se no fogo e na mesma hora queimou-se: ffff! Ele conseguiu atravessar, mas já estava meio calcinado e morreu, reduzido a cinzas.

Entretanto chegou o pássaro *ts'a-ts'i*, que começou a chorar: – Oh! Meu pobre neto! Jamais poderei habituar-me a cantar sobre as pegadas de um cabrito! – Ele desceu de sua árvore; depois com a asa começou a ajuntar em montes as cinzas do jaguar. A seguir, derramou água sobre as cinzas e passou por cima do monte: o jaguar se levantou: – Ai! Que calor! – exclamou ele. – Por que diabo me deitei em pleno sol? – Retomou seu passeio.

Ao cabo de um instante ouviu alguém cantar: era o cabrito, que se achava em sua plantação de batata-doce. Na realidade, as batatas eram cactos. – *At'ona'i! At'ona'i!* Tenho sono sem motivo! – E, enquanto cantava, ele dançava sobre os cactos: como o cabrito tem os pés muito finos, ele podia facilmente evitar os espinhos. O jaguar observava sua manobra:

– Ah! Como eu gostaria também de dançar aí em cima!

– Não creio que você possa caminhar sobre os cactos sem enfiar espinhos nos pés.

– E por que não? Se você o faz, eu posso fazê-lo também.

– Muito bem! Nesse caso, vamos ali adiante: há menos espinhos.

Mas, na verdade, havia muito mais. O cabrito passou primeiro, para mostrar ao jaguar: ele dançou sobre os cactos e depois voltou, sem um espinho. – Hi! Hi! Hi! – fez o jaguar. – Como tudo isso me agrada! – Era sua vez. Penetrou nos cactos, e logo os espinhos se enterraram em suas patas. Em dois saltos, ele atingiu o meio do campo de cactos. Sofria muito e não podia mais manter-se de pé: estatelou-se todo, o corpo crivado de espinhos.

De novo apareceu o *ts'a-ts'i*, que retirou o jaguar de lá, e extraiu-lhe todos os espinhos, um por um. Depois, com a asa, empurrou-o um pouco para longe: – Que calor! – exclamou o jaguar! – Por que, com os diabos, fui dormir em pleno sol!

Voltou a caminhar. Alguns instantes depois, encontrou um lagarto: este pode subir nas árvores, até o final dos galhos e daí descer muito depressa sem cair. O jaguar viu ele fazer isso e, logo, teve vontade de divertir-se também. O lagarto conduziu-o então a uma outra árvore e mostrou-lhe primeiro como se deveria proceder: ele subiu até o topo da árvore e desceu a toda velocidade. O jaguar lançou-se por sua vez. Mas, ao chegar no cume da árvore, caiu, e um galho plantou-se em seu ânus, saindo-lhe pela boca. – Oh! – fez o jaguar. – Isso me lembra igualzinho quando tenho diarreia! – Mais uma vez *ts'a-ts'i* salvou-o desse mau passo, curou-lhe o ânus e o jaguar pôde partir.

Encontrou então um pássaro que estava brincando com dois galhos que o vento fazia com que se cruzassem: ele se divertia em passar entre eles rapidamente, no momento em que se cruzavam. Isso agradou enormemente ao jaguar:

– Eu também quero brincar!

– Mas você não conseguirá, pois é grande demais, enquanto eu sou pequeno.

– E por que então não conseguiria?

O pássaro conduziu então o jaguar a uma outra árvore e passou uma vez para mostrar-lhe: os galhos quase tocaram sua cauda no momento em que se cruzavam. – Agora é a sua vez! – O jaguar saltou: os galhos, porém, o apanharam pelo meio do corpo, partindo-o em dois. – Ai! – gritou o jaguar. Os dois pedaços caíram e ele morreu.

*Ts'a-ts'i* reapareceu e viu seu neto morto. Começou a chorar: – Nunca poderei habituar-me a cantar sobre as pegadas de um cabrito! – Desceu e consertou os dois pedaços do jaguar. Com uma concha de caracol, poliu cuidadosamente a junção; depois caminhou sobre o jaguar, que se levantou, então, vivo.

Ele recomeçou a caminhar. Avistou então *It'o*, o condor-real que se divertia voando de cima para baixo e de baixo para cima. Também isso agradou muito ao jaguar: ele declarou a *It'o* que queria brincar como ele:

– Ah! Meu amigo, como eu gostaria de brincar que nem você!

– Isso seria muito bom! Mas você não tem asas.

– Não tenho, é certo, mas você pode me emprestar.

*It'o* concordou. Ele preparou duas asas que fixou com cera ao corpo do jaguar. Feito isso, incentivou seu companheiro a voar. Juntos eles foram até uma altura incrível e divertiram-se toda a manhã. Mas por volta de meio-dia o sol estava muito quente e derreteu a cera: as duas asas despregaram-se. O jaguar estatelou-se no chão com todo o seu peso e morreu, quase reduzido a migalhas. *Ts'a-ts'i* chegou, consertou os ossos do jaguar e o pôs de pé. O jaguar de novo partiu.

Não tardou a encontrar a jaritataca, que brincava com seu filho, quebrando pedaços de madeira. O jaguar aproximou-se para ver o que era aquilo: de repente, ele saltou sobre o filho da jaritataca, e depois quis atacar o pai. Mas este lhe urinou nos olhos e o jaguar ficou cego.[7] Ele andava e não via mais nada. Mas *ts'a-ts'i* surgiu novamente e lhe lavou bem os olhos: é por isso que o jaguar tem uma vista tão boa. Sem *ts'a-ts'i*, o jaguar não existiria mais.

O valor desses dois mitos não se limita à intensidade do riso que provocam. Deve-se compreender bem o que, precisamente nessas histórias, diverte os índios; deve-se demonstrar também que o poder cômico não é a única propriedade comum a esses dois mitos, mas eles constituem ao contrário um conjunto baseado em razões menos externas, razões que permitem ver em seu agrupamento algo mais que uma justaposição arbitrária.

A personagem central do primeiro mito é um velho xamã. Vemo-lo primeiramente tomar tudo ao pé da letra, confundir a letra e o espírito (de sorte que *não se lhe pode dizer nada*), e em seguida cobrir-se de ridículo aos olhos dos índios. Seguimo-lo depois nas aventuras a que o expõe sua "profissão" de médico. A extravagante expedição na qual ele se engaja com os outros xamãs, à procura da alma de seu bisneto, está pontilhada de episódios que revelam nos médicos uma incompetência total e uma capacidade prodigiosa de esquecer o objetivo de sua missão: eles caçam, comem, copulam, aproveitam-se do menor pretexto para esquecer que são médicos. Seu velho chefe, depois de obter com exatidão a cura, dá livre curso a uma libertinagem desenfreada: abusa da inocência e da gentileza de suas próprias netas para currá-las na floresta. Em resumo, é um herói grotesco, e todos riem às suas custas. O segundo mito nos fala do jaguar. Sua viagem, embora seja um simples passeio, está cheia

7. Cf. nota 4.

de imprevistos. Esse grande tolo, que de fato encontra muita gente em seu caminho, cai sistematicamente nas armadilhas que lhe preparam aqueles que ele despreza com tanta soberba. O jaguar é grande, forte e tolo, nunca compreende nada do que lhe acontece e, sem as repetidas intervenções de um insignificante passarinho, teria há muito tempo sucumbido. Cada um de seus passos atesta sua idiotice e demonstra o ridículo da personagem. Em resumo, esses dois mitos apresentam xamãs e jaguares como vítimas de sua própria estupidez e de sua própria vaidade, vítimas que por isso merecem, não a compaixão, mas o riso.

Cabe agora a pergunta: de que se caçoa? Uma primeira conjunção nos mostra jaguar e xamã reunidos pelo riso suscitado por suas desgraças. Mas, interrogando-nos sobre a real posição desses dois tipos de seres, sobre a relação vivida que os índios mantêm com eles, descobrimos que se avizinham em uma segunda analogia: é que, longe de serem personagens cômicas, ambos são ao contrário seres perigosos, capazes de inspirar o medo, o respeito, o ódio, mas nunca a vontade de rir.

Na maioria das tribos sul-americanas, os xamãs dividem com os chefes – quando não exercem eles próprios essa função política – prestígio e autoridade. O xamã é sempre uma figura muito importante das sociedades indígenas e, como tal, é ao mesmo tempo respeitado, admirado, temido. É porque só ele, no grupo, possui poderes sobrenaturais, só ele pode dominar o perigoso mundo dos espíritos e dos mortos. O xamã é pois um sábio que coloca seu saber a serviço do grupo, cuidando dos doentes. Mas os mesmos poderes que fazem dele um médico, isto é, um homem capaz de provocar a vida, permitem-lhe também dominar a morte: é um homem que pode matar. Sob esse aspecto ele é perigoso, inquietante, um constante alvo de desconfiança. Senhor da morte como da vida, torna-se imediatamente responsável por todo acontecimento extraordinário e, muitas vezes, matam-no, porque têm medo dele. Isso significa consequentemente que o xamã se move em um espaço muito distante, muito exterior ao espaço do grupo, para que este possa pensar em deixar, na vida real, que seu riso o reaproxime dele.

O que acontece com o jaguar? Esse felino é um caçador muito eficaz, pois é poderoso e esperto. As presas que ele ataca mais facilmente (porcos, cervídeos etc.) são também a caça preferida dos índios. Daí resulta que o jaguar é visto por estes – e os mitos onde ele aparece confirmam muitas vezes esses dados de observação – mais como um concorrente não-desprezível do que como um inimigo terrível. Estaríamos errados se deduzíssemos que o jaguar não é perigoso. Sem dúvida raramente ele ataca o homem, mas conhecemos muitos casos de índios atacados e devorados por essa fera, que é sempre arriscado encontrar. Por outro lado, suas próprias qualidades de caçador, e o reinado que exerce sobre a floresta, incitam os índios a apreciá-lo em seu justo valor e a evitar subestimá-lo: eles respeitam o jaguar como um igual e em caso algum caçoam dele.[8] Na vida real, o riso dos homens e o jaguar subsistem sempre na disjunção.

Vamos concluir, pois, a primeira etapa deste exame sumário enunciando que:

1] os dois mitos considerados mostram o xamã e o jaguar como seres grotescos e objetos de risos;

2] no plano das relações efetivamente vividas entre os homens, de um lado, os xamãs e os jaguares do outro, a posição destes últimos é exatamente contrária daquela que apresentam os mitos: o

8. Constatamos inclusive em tribos de cultura muito diferente, como os Guayaki, os Guarani e os Chulupi, a tendência de exagerar o risco representado por esse animal: os índios simulam ter medo do jaguar porque efetivamente o temem

jaguar e o xamã são seres perigosos, logo respeitáveis, que por isso mesmo permanecem mais além do riso;

3] a contradição entre o imaginário do mito e o real da vida cotidiana se resolve quando se reconhece nos mitos uma intenção de mofa: *os Chulupi fazem na esfera do mito aquilo que lhes é proibido no plano do real*. Não se ri dos xamãs reais ou dos jaguares reais, pois eles não são nada risíveis. Trata-se pois, para os índios, de colocar em questão, de desmistificar a seus próprios olhos o medo e o respeito que lhes inspiram jaguares e xamãs. Esse questionamento pode operar-se de duas maneiras: seja realmente, e mata-se então o xamã julgado muito perigoso ou o jaguar encontrado na floresta; seja simbolicamente, *pelo riso*, e o mito (desde então instrumento de desmistificação) inventa uma variedade de xamãs e de jaguares tais que se possa caçoar deles, já que são despojados de seus atributos reais para serem transformados em idiotas da aldeia.

Consideremos, por exemplo, o primeiro mito. O trecho central é consagrado à descrição de uma cura xamânica. A tarefa de um médico é coisa grave, pois, para curar um doente, é preciso descobrir e reintegrar no corpo do paciente a alma prisioneira longínqua. Isso quer dizer que, durante a expedição empreendida por seu espírito, o xamã deve estar atento somente ao seu trabalho e não pode deixar-se distrair por nada. Ora, o que acontece no mito? Logo de início, os xamãs são numerosos quando o caso a tratar é relativamente benigno: a criança tem febre. Um xamã não apela para seus colegas senão nos casos realmente desesperadores. Vemos em seguida os médicos, iguais a verdadeiras crianças, se aproveitarem da menor oportunidade para fazer gazeta: eles comem (primeiramente abóboras cozidas, depois o mel extraído pela cauda da mula), caçam (uma tartaruga e uma jaritataca); dançam com mulheres (em vez de dançarem sozinhos, como deveriam) e se apressam em seduzi-las para terem relações com elas (coisa de que se deve absolutamente abster um xamã em exercício). Enquanto isso, o velho percebe que esqueceu a única coisa que um verdadeiro xamã nunca esqueceria, isto é, seu fumo. Para terminar, ele se embaralha estupidamente em um monte de espinhos onde seus companheiros, por uma vez úteis, o deixariam tranquilamente debater-se se ele não berrasse. Em suma, o chefe dos xamãs faz exatamente o contrário do que faria um autêntico médico. Não poderíamos, sem alongar demasiado a exposição, evocar todos os traços que expõem ao ridículo o xamã do mito. Devemos assinalar rapidamente dois: seu "animal doméstico" e seu canto. Quando um xamã do Chaco empreende uma cura, ele envia (imaginariamente, por certo) seu animal familiar em exploração. Todo xamã é senhor de um tal espírito-assistente animal: trata-se na maioria das vezes de pequenos pássaros ou de serpentes, em todo o caso nunca de animais tão ridículos (para os índios) como uma mula. Escolhendo para o xamã um animal doméstico tão incômodo e teimoso, o mito indica de uma só vez que vai falar de um pobre-diabo. Por outro lado, os cantos dos xamãs chulupi são sempre sem palavras. Consistem em uma melopeia pouco modulada, indefinidamente repetida e pontuada, em raros intervalos, por uma só palavra, o nome do animal familiar. Ora, o canto do nosso xamã compõe-se exclusivamente do nome de seu animal: assim, ele não cessa de lançar, como um grito de triunfo, a confissão de suas "xamanices".

Vê-se aparecer aqui uma função por assim dizer catártica do mito: ele libera em sua narrativa uma paixão dos índios, a obsessão secreta de rir daquilo que se teme. Ele desvaloriza no plano da linguagem aquilo que não seria possível na realidade e, revelando no riso um equivalente da morte, ensina-nos que, entre os índios, o ridículo mata.

Até agora superficial, nossa leitura dos mitos basta entretanto para estabelecer que a analogia mitológica do jaguar e do xamã não passa da transformação de uma analogia real. Mas a equivalência entre eles encontrada permanece exterior, e as determinações que os unem levam sempre a um terceiro termo: a atitude real dos índios em relação aos xamãs e aos jaguares. Penetremos, pois, um pouco mais no texto dos mitos, para vermos se o parentesco desses dois seres não é mais próximo do que parece.

Verificaremos primeiro que a parte central do primeiro mito e o segundo em seu todo falam exatamente da mesma coisa: nos dois casos, trata-se de uma *viagem pontilhada de obstáculos*, a do xamã que se lançou à procura do espírito de um doente, e a do jaguar que sai simplesmente a passeio. Ora, as aventuras alegres ou burlescas de nossos dois heróis dissimulam na realidade, sob a máscara de uma falsa inocência, um empreendimento muito sério, um gênero de viagem muito importante: *aquela que conduz os xamãs até o Sol*. É preciso recorrer aqui ao contexto etnográfico.

Os xamãs do Chaco não são somente médicos, mas também adivinhos capazes de prever o futuro (por exemplo, o resultado de uma expedição guerreira). Às vezes, quando eles não se sentem seguros do seu saber, vão consultar o Sol, que é um ser onisciente. Mas o Sol, não querendo ser importunado, dispôs sobre o trajeto que conduz à sua morada toda uma série de obstáculos, muito difíceis de transpor. É por isso que só os melhores xamãs, os mais espertos e os mais corajosos, chegam a vencer as provas; o Sol consente então em apagar seus raios e em ensinar aqueles que se lhe apresentam. As expedições desse gênero são sempre coletivas, exatamente por causa de sua dificuldade, e se efetuam sob a direção do mais experimentado dos feiticeiros. Ora, se compararmos as peripécias de uma viagem ao Sol com as aventuras do velho xamã e do jaguar, perceberemos que os dois mitos em questão descrevem, muitas vezes com grande precisão, as etapas da Grande Viagem dos xamãs. O primeiro mito narra uma cura: o médico envia seu espírito à procura do espírito do doente. Mas o fato de que a viagem seja feita em grupo já indica que não se trata somente de um deslocamento rotineiro, mas de algo bem mais solene: uma viagem em direção ao Sol. Por outro lado, alguns dos obstáculos que os xamãs encontram no mito correspondem às armadilhas com que o Sol marcou seu caminho: as diversas barreiras de espinhos, por exemplo, e também o episódio da jaritataca. Esta, ao *cegar* o xamã, repete um dos momentos da viagem ao Sol: a travessia das trevas onde *nada se vê*.

O que se encontra finalmente nesse mito é uma paródia burlesca da viagem ao Sol, paródia que toma por pretexto um tema mais familiar aos índios (o da cura xamanística) para caçoar duplamente de seus feiticeiros. Quanto ao segundo mito, retoma praticamente palavra por palavra as etapas da viagem ao Sol, e os diversos jogos em que o jaguar perde correspondem aos obstáculos que o verdadeiro xamã sabe transpor: a dança nos espinhos, os galhos que se entrecruzam, a jaritataca que mergulha o jaguar nas trevas e, enfim, o voo icariano em direção ao sol em companhia do condor. Nada de espantoso, com efeito, no fato de que o sol derreta a cera que prende as asas do jaguar, pois, para que o Sol consinta em apagar seus raios, o bom xamã deve ter vencido os obstáculos anteriores.

Nossos dois mitos utilizam assim o motivo da Grande Viagem para aí caricaturar os xamãs e os jaguares, mostrando-os incapazes de realizá-lo. O pensamento indígena não escolhe em vão a atividade mais estreitamente ligada à tarefa dos xamãs, o dramático encontro com o Sol; é que ele procura introduzir um espaço de diferenciação entre o xamã e o jaguar do mito e sua meta, espaço que o cômico vem preencher. E a queda do jaguar perdendo suas asas por imprudência é a metáfora de uma desmistificação desejada pelo mito.

Constatamos, pois, que seguem uma mesma direção os caminhos onde os mitos colocam respectivamente o xamã e o jaguar; pouco a pouco vemos precisar-se a semelhança que eles procuram reconhecer entre os dois heróis. Mas estarão essas paralelas destinadas a se encontrar? Poderíamos opor uma objeção às observações precedentes: se é perfeitamente coerente e mesmo, poderíamos dizer, previsível, que o primeiro mito enfoque a encenação da viagem ao Sol para caçoar dos que a realizam – os xamãs –, não compreendemos, em contrapartida, a conjunção entre o jaguar enquanto jaguar e o motivo da Grande Viagem, não compreendemos por que o pensamento indígena apela para esse aspecto do xamanismo para caçoar do jaguar. Os dois mitos examinados nada nos ensinam a esse respeito. É preciso ainda buscar apoio na etnografia do Chaco.

Diversas tribos dessa área têm, já vimos, a convicção de que os bons xamãs são capazes de subir à morada do Sol, o que lhes permite ao mesmo tempo demonstrar seu talento e enriquecer seu saber, questionando o astro onisciente. Mas existe para esses índios um outro critério do poder (e da maldade) dos melhores feiticeiros; é que estes podem *transformar-se em jaguares*. A aproximação entre os nossos dois mitos deixa doravante de ser arbitrária, e a relação até agora exterior entre jaguares e xamãs é substituída por uma identidade, já que, sob certo ponto de vista, os *xamãs são jaguares*. Nossa demonstração estaria completa se chegássemos a estabelecer a recíproca desta proposição: serão os jaguares xamãs?

Ora, um outro mito chulupi (muito longo para ser transcrito aqui) nos dá a resposta: nos tempos antigos, os jaguares eram efetivamente xamãs. Eram aliás maus xamãs, pois, ao invés do tabaco, fumavam seus excrementos, e, em vez de curar seus pacientes, eles procuravam devorá-los. O círculo está agora, ao que parece, fechado, pois esta última informação nos permite confirmar a precedente:

os *jaguares são xamãs*. Ao mesmo tempo se esclarece um aspecto obscuro do segundo mito: se ele faz do jaguar o herói de aventuras habitualmente reservadas aos feiticeiros, é porque não se trata do jaguar enquanto jaguar, mas do jaguar enquanto xamã.

O fato, pois, de que xamã e jaguar sejam em certo sentido intermutáveis confere certa homogeneidade aos nossos dois mitos e torna verossímil a hipótese do começo: a saber, que eles constituem uma espécie de grupo tal que cada um dos dois elementos que o compõe não pode ser compreendido senão em referência ao outro. Sem dúvida, estamos agora longe do ponto de partida. A analogia dos dois mitos lhes era então exterior; ela se baseava somente na necessidade, para o pensamento indígena, de realizar miticamente uma conjunção impossível no plano do real; a do riso, de um lado; a do xamã e do jaguar, do outro. O comentário precedente (e que não é, frisemo-lo, de modo algum uma análise, mas antes o prelúdio para um tal tratamento) tentou estabelecer que essa conjunção dissimulava, sob uma intenção cômica, a identificação das duas personagens.

Quando os índios escutam essas histórias, naturalmente só pensam em rir. Mas o cômico dos mitos nem por isso os priva de seu lado sério. No riso provocado aparece uma intenção pedagógica: enquanto divertem aqueles que os ouvem, os mitos veiculam e transmitem ao mesmo tempo a cultura da tribo. Eles constituem assim o *gai savoir* dos índios.

[Originalmente publicado em *Les Temps Modernes*, n. 253, juin 1967.]

# O DEVER DA PALAVRA

Falar é antes de tudo deter o poder de falar. Ou, ainda, o exercício do poder assegura o domínio da palavra: só os senhores podem falar. Quanto aos súditos, estão submetidos ao silêncio do respeito, da veneração ou do terror. Palavra e poder mantêm relacionamentos tais que o desejo de um se realiza na conquista do outro. Príncipe, déspota ou chefe de Estado, o homem de poder é sempre não somente o homem que fala, mas a única fonte de palavra legítima: palavra empobrecida, palavra certamente pobre, mas rica em eficiência, pois ela se chama *ordem* e não deseja senão a *obediência* do executante. Extremos inertes cada um por si, poder e palavra não subsistem senão um no outro, cada um deles é substância do outro e a permanência de sua dupla; se esta parece transcender a História, alimenta todavia seu movimento: há acontecimento histórico quando, abolido aquilo que os separa e assim os condena à inexistência, poder e palavra se estabelecem no próprio ato de seu reencontro. Toda tomada de poder é também uma aquisição de palavra.

É óbvio que tudo isso concerne em primeiro lugar às sociedades baseadas na divisão senhores/escravos, senhores/súditos, dirigentes/ cidadãos etc. A marca primordial dessa divisão, seu lugar privilegiado de desenvolvimento, é o fato maciço, irredutível, talvez irreversível, de um poder destacado da sociedade global pelo fato de que somente alguns membros o detêm, de um poder que, separado da sociedade, se exerce sobre ela, e, se necessário, contra ela. O que é aqui designado é o conjunto das sociedades de Estado, desde os despotismos mais arcaicos até os Estados totalitários mais modernos, passando pelas sociedades democráticas nas quais o aparelho de Estado, por ser liberal, não deixa de ser o senhor longínquo da *violência legítima*.

Vizinhança, boa vizinhança da palavra e do poder: eis o que soa claro aos nossos ouvidos há muito acostumados à escuta dessa palavra. Ora, não se pode desconhecer esse ensinamento decisivo da etnologia: o mundo selvagem das tribos, o universo das sociedades primitivas, ou ainda – e é o mesmo – das sociedades sem Estado, oferece estranhamente à nossa reflexão essa aliança já revelada, mas para as sociedades de Estado, entre o poder e a palavra. Sobre a tribo reina o seu respectivo chefe e este reina também sobre as palavras da tribo. Em outros termos, e muito particularmente no caso das sociedades primitivas americanas, os índios, o chefe – o homem de poder – detém também o monopólio da palavra. Não se deve, junto a esses selvagens, perguntar: quem é seu chefe? mas antes: quem é, entre vocês, aquele que fala? Senhor das palavras: é esse o nome que muitos grupos dão ao seu chefe.

Não se pode, pois, ao que parece, pensar isoladamente o poder e a palavra, já que o seu elo, claramente meta-histórico, não é menos indissolúvel nas sociedades primitivas do que nas formações estatais. Seria entretanto pouco rigoroso fixar-se em uma determinação estrutural dessa relação. Com efeito, o corte radical que divide as sociedades, reais ou possíveis, segundo sejam de Estado ou sem Estado, esse corte não poderia deixar indiferente o modo de ligação entre poder e palavra. Como é que ele opera nas sociedades sem Estado? O exemplo das tribos indígenas no-lo ensina.

Uma diferença aí se revela, ao mesmo tempo a mais aparente e a mais profunda, na conjugação da palavra e do poder. O fato é que, se nas sociedades de Estado a palavra é o *direito* do poder, nas sociedades sem Estado ela é, diversamente, o *dever* do poder. Ou, para dizê-lo de outra maneira, as sociedades indígenas não reconhecem ao chefe o direito à palavra porque ele é o chefe: elas exigem do homem destinado a ser chefe que ele prove seu domínio sobre as palavras. Falar é para o chefe uma obrigação imperativa, a tribo quer ouvi-lo: um chefe silencioso não é mais um chefe.

E não nos enganemos com isso. Não se trata aqui do gosto, tão vivo entre tantos selvagens, pelos belos discursos, pelo talento oratório, pelo falar pomposo [*grand parler*]. Não se trata aqui de estética, mas de política. Na obrigação exigida ao chefe de ser homem de palavra transparece com efeito toda a filosofia política da sociedade primitiva. Aí se manifesta o verdadeiro espaço ocupado pelo poder, espaço que não é o que se poderia crer. E é a natureza desse discurso, sobre cuja repetição a tribo vela escrupulosamente, a natureza dessa palavra-líder, que nos indica o lugar real do poder.

O que diz o chefe? O que é uma palavra de chefe? É, antes de mais nada, um ato ritualizado. Quase sempre o líder se dirige ao grupo cotidianamente, ao amanhecer ou ao crepúsculo. Deitado em sua rede ou sentado perto do fogo, ele pronuncia com voz forte o discurso esperado. E sua voz, por certo, tem necessidade de potência, para chegar a ser ouvida. Nenhum recolhimento, com efeito, quando o chefe fala; não há silêncio, cada qual tranquilamente continua, como se nada houvesse, a tratar de suas ocupações. *A palavra do chefe não é dita para ser escutada.* Paradoxo: ninguém presta atenção ao discurso do chefe. Ou melhor, finge-se a desatenção. Se o chefe deve, como tal, submeter-se à obrigação de falar, em compensação as pessoas às quais ele se dirige não são obrigadas senão a parecer não escutá-lo.

E, num sentido, elas não perdem, por assim dizer, nada. Por quê? Porque, literalmente, o chefe não diz, muito prolixamente, nada. Seu discurso consiste, ao essencial, em uma celebração, muitas vezes repetida, das normas de vida tradicional: "Nossos avós se sentiram bem vivendo como viviam. Sigamos seu exemplo e, dessa maneira, levaremos juntos uma existência tranquila". Eis mais ou menos a que se reduz um discurso de chefe. Compreende-se daí que ele não perturbe de outro modo aqueles a quem é destinado.

O que, nesse caso, quer dizer falar? Por que o chefe da tribo deve falar precisamente para não dizer nada? A que necessidade da sociedade primitiva responde essa palavra vazia que emana do lugar aparente do poder? O discurso do chefe é vazio justamente por não ser discurso de poder: o chefe está separado da palavra porque está separado do poder. Na sociedade primitiva, na sociedade sem Estado, não é do lado do chefe que se encontra o poder: daí resulta que sua palavra não pode ser palavra de poder, de autoridade, de comando. Uma ordem: eis o que o chefe não poderia dar, eis o gênero de plenitude recusado à sua palavra. Além da recusa de obediência que não deixaria de provocar uma tal tentativa de um chefe esquecido de seu dever, a recusa de reconhecimento não tardaria a aparecer. O chefe bastante louco para cogitar não tanto no abuso de um poder que ele não possui, quanto no próprio uso do poder, *o chefe que quer bancar o chefe*, é abandonado: a sociedade primitiva é o lugar da recusa de um poder separado, porque ela própria, e não o chefe, é o lugar real do poder.

A sociedade primitiva sabe, por natureza, que a violência é a essência do poder. Nesse saber se enraíza a preocupação de manter constantemente afastado um do outro o poder e a instituição, o comando e o chefe. E é o campo mesmo da palavra que assegura a demarcação e traça a linha divisória. Forçando o chefe a mover-se somente no elemento da palavra, isto é, no extremo oposto da violência, a tribo se assegura de que todas as coisas permanecem em seu lugar, de que o eixo do poder recai sobre o corpo exclusivo da sociedade e que nenhum deslocamento das forças virá conturbar a ordem social. O dever de palavra do chefe, esse fluxo constante de palavra vazia que ele *deve* à tribo, é a sua dívida infinita, a garantia que proíbe que o homem de palavra se torne homem de poder.

[Originalmente publicado na *Nouvelle Revue de Psychanalyse*, n. 8, outono de 1973.]

# PROFETAS NA SELVA

A América indígena não cessa de desconcertar aqueles que tentam decifrar sua grande face. Vê-la colocar por vezes a sua verdade em locais imprevistos nos obriga a reexaminar a imagem pacífica que dela temos, e sua esperteza talvez consista justamente em se conformar a ela. A tradição nos legou do continente sul-americano e dos povos que o habitavam uma geografia sumária e superficialmente verídica: de um lado, as Altas Culturas andinas e todo o prestígio de seus refinamentos; de outro, as culturas ditas da Floresta Tropical, tenebroso reino de tribos errantes através de savanas e selvas. Revelaremos aqui o etnocentrismo dessa ordem que coloca em oposição, de maneira familiar ao Ocidente, de um lado, a civilização e, do outro, a barbárie. Complementar a esse arranjo exprime-se em seguida a convicção mais sábia de que a vida do espírito atinge suas formas nobres somente quando a sustenta o solo julgado mais rico de uma grande civilização: em suma, que o espírito dos selvagens permaneça espírito selvagem.

Ora, que isso não é verdade e que o mundo indígena se revela capaz de surpreender o espectador ocidental de uma linguagem que outrora não teria ficado sem eco é o que nos ensinam os Mbyá-Guarani. Pois o pensamento religioso desses índios está carregado da densidade de uma meditação rigorosa e liberta, desenvolvendo-se na pureza inicial de um mundo em que ainda são vizinhos deuses e viventes. Os Tupi-Guarani, dos quais os Mbyá são uma das últimas tribos, propõem à etnologia americanista o enigma de uma singularidade que, desde antes da Conquista, os levava à inquietude de procurar sem descanso o além prometido por seus mitos, *ywy mara eÿ*, a Terra sem Mal. Dessa busca maior e certamente excepcional junto aos índios sul-americanos, conhecemos a mais espetacular consequência: as grandes migrações religiosas de que falam os relatos dos primeiros cronistas. Guiadas por xamãs inspirados, as tribos se movimentavam e, por meio de jejuns e danças, tentavam atingir as ricas moradas dos deuses, situadas no levante. Mas então surgia o obstáculo aterrorizante, o limite doloroso, o grande oceano, mais terrível ainda por confirmar aos índios sua certeza de que em sua margem oposta estava a terra eterna. É por isso que permanecia a esperança de alcançá-la um dia, e os xamãs, atribuindo seu fracasso à falta de fervor e ao não-respeito às regras do jejum, esperavam sem impaciência a vinda de um sinal ou mensagem do alto para recomeçar sua tentativa.

Os xamãs tupi-guarani exerciam pois sobre as tribos uma influência considerável, sobretudo os maiores dentre eles, os *karai*, cuja palavra, queixavam-se os missionários, continha em si todo o poder do demônio. Seus textos não dão infelizmente nenhuma indicação sobre o conteúdo dos discursos dos *karai*: pela simples razão, sem dúvida, de que os jesuítas tinham pouca vontade de tornar-se cúmplices do diabo, reproduzindo por escrito o que Satã sugeria a seus sequazes índios. Mas, Thevet, Nóbrega, Anchieta, Montoya etc., traíam sem querer seu silêncio censor, reconhecendo a capacidade de sedução da palavra dos feiticeiros, principal obstáculo, dizem eles, para a evangelização dos selvagens. Aí se introduzia à sua revelia a confissão de que o cristianismo encontrava no universo espiritual dos Tupi-Guarani, isto é, de homens "primitivos", algo de fortemente articulado para se opor com sucesso, e como em plano de igualdade, à intenção missionária. Surpresos e amargurados, os jesuítas zelosos descobriam, sem compreendê-las, na dificuldade de sua pregação, a finitude de seu mundo e a derrisão de sua linguagem: eles constatavam com estupor que as superstições diabólicas dos índios podiam ascender às regiões supremas daquilo que quer ser chamado de religião.

Assim ocultado, todo esse antigo saber corria o risco de perder-se para sempre se, atentos a seu apelo e respeitando sua memória, os últimos índios Guarani não o tivessem silenciosamente mantido vivo. Poderosos povos de outrora, eles não são mais que pequenos bandos a sobreviver nas florestas do Leste paraguaio. Admiráveis em sua perseverança de não renunciarem a si mesmos, os Mbyá, que quatro séculos de ofensas não puderam forçar a humilhar-se, persistem estranhamente em habitar a sua velha terra segundo o exemplo dos ancestrais, em fiel acordo com as normas que os deuses estabeleceram antes de abandonar a morada que concediam aos homens. Os Mbyá conseguiram conservar sua identidade tribal contra todas as circunstâncias e provações de seu passado. No século XVIII, os jesuítas fracassaram em convencê-los a renunciar à idolatria e a reunir-se aos outros índios nas missões. O que os Mbyá sabiam e que os fortalecia em sua recusa eram a vergonha e a dor de ver aquilo que eles desprezavam ameaçar sua própria substância, seu ponto de honra e sua ética: seus deuses e o discurso de seus deuses, pouco a pouco aniquilados pelos recém-chegados. É nessa recusa que reside a originalidade dos Guarani, que se delimita o lugar muito especial que eles ocupam entre as outras culturas indígenas, que se impõe o interesse que eles apresentam para a etnologia. É raro com efeito ver uma cultura indígena persistir na existência conforme as normas de seu próprio sistema de crenças, e conseguir conservar quase isento de empréstimos esse domínio particular. Do contato entre mundo branco e mundo índio resulta na maior parte das vezes um sincretismo empobrecedor onde, sob um cristianismo sempre superficial, o pensamento indígena procura somente adiar sua morte. Precisamente, isso não se verificou com os Mbyá, que, até o presente, continuam a destinar ao fracasso toda tentativa missionária.

Essa secular resistência dos Guarani em ceder diante da religião dos *juru'a*, dos brancos, se fortalece na convicção dos índios de que seu destino está ordenado pela promessa dos antigos deuses: que, vivendo sobre a terra má, *ywy mba'é megua*, no respeito às normas, eles receberão daqueles lá do alto os sinais favoráveis à abertura do caminho que, além do temor do mar, os levará à terra eterna. Poder-se-ia ficar surpreso com o que parece quase uma loucura: a saber, a constância dessa rígida certeza capaz de atravessar a história sem parecer afetada por esta. Seria desconhecer a incidência sociológica do fervor religioso. Com efeito, se os Mbyá atuais se pensam ainda como tribo, isto é, como unidade social que visa a preservar sua diferença, é essencialmente sobre um fundo religioso que se projeta essa intenção: os Mbyá são uma tribo porque são uma minoria religiosa não-cristã, porque o cimento da sua unidade é a comunidade da fé. O sistema das crenças e dos valores constitui pois o grupo como tal, e, reciprocamente, esse fechamento decidido sobre seu eu leva o grupo, cioso depositário de um saber honrado até o mais humilde ser, a permanecer o fiel protetor de seus deuses e o guardião de sua lei.

Certamente, o conhecimento da temática religiosa se distribui desigualmente entre os membros da tribo. A maioria dos índios se contenta, como é normal, em participar com aplicação das danças rituais, em respeitar as normas tradicionais da vida e em escutar com recolhimento as exortações de seus *pa'i*, de seu xamãs. Pois eles são os verdadeiros sábios que, assim como os *karai* dos tempos antigos, tomados pela mesma paixão, se entregam à exaltação de interrogar seus deuses. Lá se redescobre o gosto dos índios pela palavra, ao mesmo tempo como oradores e como ouvintes: senhores das palavras e inflamados ao pronunciá-las, os caciques-xamãs encontram sempre no resto dos índios um público pronto para ouvi-los.

Trata-se quase sempre nesses discursos de abordar os temas que literalmente obcecam os Mbyá: seu destino sobre a terra, a necessidade de respeitar as normas fixadas pelos deuses, a esperança de conquistar o estado de perfeição, o estado de *aguyje*, que é o único que permite aos que o atingem ter o caminho da Terra sem Mal, aberto pelos habitantes do céu. A natureza das preocupações dos xamãs, sua significação, seu alcance e a maneira pela qual eles a expõem nos ensinam justamente que o termo xamã qualifica mal a verdadeira personalidade desses homens capazes de embriaguez verbal quando os toca o espírito dos deuses. Às vezes médicos, mas não necessariamente, eles se preocupam muito menos em restituir a saúde ao corpo doente do que em adquirir, através de danças, discursos e meditações, essa força interior, essa firmeza de coração, só elas capazes de agradar a Ñamandu, a Karai Ru Ete, a todas as figuras do panteão guarani. Mais do que praticantes, pois, os *pa'i* mbya são meditantes. Apoiados no sólido terreno dos mitos e das tradições, eles se entregam a esses textos, cada um por si, a um verdadeiro trabalho de glosa. Encontram-se, pois, entre os Mbyá duas sedimentações, poder-se-ia dizer, de sua "literatura" oral: uma, profana, que compreende o conjunto da mitologia e especialmente o grande mito dos gêmeos; a outra, sagrada, isto é, secreta para os brancos, que se compõe das orações, dos cantos religiosos, de todas as improvisações, enfim, que arranca os *pa'i* o seu fervor inflamado quando sentem que neles um deus deseja fazer-se ouvir. À surpreendente profundidade de seus discursos, esses *pa'i*, a quem somos tentados a chamar de profetas e não mais de xamãs, impõem a forma de uma linguagem notável por sua riqueza poética. Aí, aliás, se indica claramente a preocupação dos índios de definir uma esfera de sagrado tal que a linguagem que o enuncia seja ela própria uma negação da linguagem profana. A criação verbal, proveniente da preocupação de nomear seres e coisas conforme sua dimensão mascarada, segundo seu ser divino, resulta assim em uma transmutação linguística do universo cotidiano, em uma Grande Fala [*Grand Parler*]que se chegou a pensar que era uma língua secreta. Assim, os Mbyá falam da "flor do arco" para designar a flecha, do "esqueleto da bruma" para citar o cachimbo, e das "ramagens floridas" para evocar os dedos de Ñamandu. Transfiguração admirável para abolir a confusão e o ressentimento das aparências em que não se quer reter a paixão dos *últimos homens*: assim se diz o verdadeiro nome dos Mbyá, índios decididos a não sobreviver a seus deuses.

O primeiro alvor da madrugada recorta o cimo das grandes árvores. Acorda ao mesmo tempo no coração dos índios Guarani o tormento, rebelde à tranquilização da noite, de seu *tekoachy*, da existência doente que de novo a luz do astro vem clarear, lembrando-lhes assim sua condição de habitantes da Terra. Não é raro então ver elevar-se um *pa'i*. Voz inspirada pelos invisíveis, lugar de espera do diálogo entre os humanos e os deuses, ele concede ao rigor de seus *logos* o arrebatamento da fé que anima as belas formas do saber. Matinas selvagens na selva, as palavras graves de sua lamentação se dirigem para o leste, ao encontro do sol, mensageiro visível de Ñamandu, o poderoso senhor dos lá do alto: a ele se destina essa oração exemplar.

Desmentindo o primeiro e legítimo movimento de esperança, as palavras que inspira ao recitante o aparecimento do astro o fecham pouco a pouco no círculo da angústia em que o abandona o silêncio dos deuses. Os esforços dos homens para escapar à sua morada parecem inúteis, pois não comovem aqueles a quem se destinam suas súplicas. Mas, tendo assim chegado ao limite extremo de sua dúvida e de sua angústia, voltam àquele que as experimenta e as recita a memória do passado, a lembrança dos ancestrais: destes, as danças, os jejuns e as orações acaso não foram outrora recompensados, e não lhes foi concedido atravessar o mar, descobrindo-lhe a passagem? Isso significa que os homens têm acesso aos deuses, que tudo é ainda possível. Então se afirma a confiança em um destino semelhante para os homens de agora, para os últimos *Jeguakava*: sua espera das Palavras não será em vão, os deuses se farão ouvir por aqueles que se inclinam à sua escuta.

Assim se constrói o movimento da súplica tardia e pronta chegada. Ñamandu, deixando brotar de novo sua luz, consente pois em deixar os homens viverem: seu sono noturno é uma morte da qual a aurora os arranca. Mas viver, para os *Jeguakava*, para os portadores do *jeguaka*, para aqueles adornados pela cabeleira ritual masculina, não é somente despertar para a neutralidade das coisas. Os Mbyá habitam a Terra no espaço do questionamento, e o Pai aceita pois escutar o lamento de seus adornados. Mas, ao mesmo tempo em que surge a esperança ou em que se enraíza a própria possibilidade de questionar, a fadiga terrena trabalha para diminuir seu alento: medem-na o sangue e a carne e podem sobrepujá-las a oração e a dança, a dança sobretudo, cujo ritmo preciso alivia o corpo de sua carga terrestre. Que ausência indica essa procura tão urgente que inaugura o dia? A das *ñe'e porä tenonde*, as belas palavras originais, linguagem divina em que se abriga a salvação dos homens. Pausa no limiar da sua verdadeira morada: assim é o habitar dos *Jeguakava* sobre a terra má. A imperfeição dos corpos e das almas impede de desertá-la, só ela os retém do lado de cá da fronteira, do metafórico mar, menos assustador em sua realidade mais frequentemente desconhecida pelos índios do que por levá-los a pressentir a talvez definitiva divisão entre o humano e o divino, cada um preso à sua própria margem. Agradar aos deuses, merecer deles as Palavras que abrem o caminho da terra eterna, as Palavras que ensinam aos homens as normas de sua futura existência: tal é entretanto o desejo dos Mbyá. Que falem, pois, os deuses! Que reconheçam o esforço dos homens, seus jejuns, suas danças, suas preces! Não menos ricos em méritos que seus pais, os *Jeguakava tenonde porãngue'i*, os últimos dentre os que foram os primeiros adornados, aspiram a deixar a terra: seu destino será portanto cumprido.

Eis, trágica no silêncio matinal de uma floresta, a prece meditativa de um índio: a clareza de seu apelo não se altera pelo fato de subterraneamente aí aparecerem o senso e o gosto da morte, para a qual a extrema sabedoria dos Guarani é de saber encaminhar-se:

> Meu pai! Ñamandu! Tu fazes com que novamente eu me levante!
> Da mesma forma, fazes com que novamente se levantem os
> Jeguakava, os adornados em sua totalidade.
> E as Jachukava, as adornadas, tu fazes com que novamente elas
> também se levantem em sua totalidade.
> E quanto a todos os que não dotaste de jeguaka, eles também tu
> fazes com que de novo se levantem em sua totalidade.
> E aqui está: a propósito dos adornados, a propósito dos que não são
> teus adornados, a propósito deles todos, eu questiono.
>
> E entretanto, quanto a tudo isso,
> as palavras, tu não as pronuncias, Karai Ru Ete:
> nem para mim, nem para teus filhos destinados à terra

indestrutível, à terra eterna que nenhuma pequenez altera.
Tu não as pronuncias as palavras em que se encontram as normas futuras de nossa força, as normas futuras de nosso fervor.

Pois, em verdade,
eu existo de maneira imperfeita.
Ele é de natureza imperfeita, o meu sangue,
ela é de natureza imperfeita, a minha carne,
ela é assustadora, desprovida de toda qualidade.
As coisas estando assim dispostas,
a fim de que meu sangue de natureza imperfeita,
a fim de que minha carne de natureza imperfeita,
se mexam e rejeitem longe deles sua imperfeição:

joelhos dobrados, eu me inclino,[1] na esperança de ter um coração valoroso.
E, entretanto, aqui está: tu não pronuncias as palavras.
Por causa de tudo isso,
não é certamente em vão que, no que me concerne, necessito de tuas palavras:
as das normas futuras da força,
as das normas futuras de um coração valioso,
as das normas futuras do fervor.

Nada mais, dentre a totalidade das coisas, inspira valor ao meu coração.
Nada mais me dirige às normas futuras de minha existência.
E o mar maléfico, o mar maléfico,

1. Descrição do movimento da dança ritual.

tu não fizeste com que eu o atravessasse,
É por isso, em verdade, é por isso que eles só permanecem em pequeno número, os meus irmãos, que elas, as minhas irmãs, só permanecem em pequeno número.

Aqui está: a propósito dos pouco numerosos que permanecem,
eu faço ouvir minha lamentação.
A propósito desses, de novo eu questiono:
Pois Ñamandu faz com que eles se levantem.

Estando as coisas assim dispostas,
quanto aos que se levantam, em sua totalidade,
é para seu alimento futuro que dirigem a atenção de seu olhar, todos eles;
e porque a atenção de seu olhar se dirige para seu alimento futuro,
são eles então que existem, todos eles.

Tu fazes com que suas palavras tomem impulsos,
inspiras seu questionamento,
fazes com que de todos eles se eleve uma grande lamentação.
Mas aqui está: eu me levanto em meu esforço,
e entretanto tu não pronuncias as palavras, não, em verdade, tu não pronuncias as palavras.

Em consequência, eis o que sou levado a dizer,
Karai Ru Ete, Karai Chy Ete:
os que não eram pouco numerosos,
os destinados à terra indestrutível, à terra eterna que nenhuma pequenez altera,
todos esses, tu fizestes com que em verdade eles questionassem,

outrora, a propósito das normas futuras de sua própria existência.
E certamente, eles as conheceram em sua perfeição, outrora.

E se, quanto a mim, minha natureza se liberta de sua costumeira imperfeição,
se o sangue se liberta de sua costumeira imperfeição de antanho:
então, certamente, isso não provém de todas as coisas más,
mas de que meu sangue de natureza imperfeita, minha carne de natureza imperfeita, se mexam e expulsem para longe deles sua imperfeição.

É por isso que tu as pronunciarás em abundância, as palavras,
as palavras da alma excelente,

para aquele cuja face não apresenta nenhum sinal.[2]
Tu as pronunciarás em abundância, as palavras,
Oh! Tu, Karai Ru Ete, e tu, Karai Chy Ete,
para todos os destinados à terra indestrutível, à terra eterna,
que nenhuma pequenez altera,
Tu, Vós![3]

[Originalmente publicado em Jean Pouillon e Pierre Maranda (éds.), *Echanges et communications* [Coletânea de estudos oferecida a Claude Lévi-Strauss por ocasião de seu 60º aniversário. Paris-Haia: Mouton, 1970).

2. Isto é, para aquele que recusa o batismo cristão.
3. Texto recolhido em junho de 1966 no leste do Paraguai. Foi gravado em língua indígena e traduzido com a ajuda de Léon Cadogan. A ele nossos agradecimentos.

# DO UM SEM O MÚLTIPLO

Era depois do dilúvio. Um deus calculista e astuto ensinava a seu filho como recompor o mundo: "Eis o que farás, meu filho. Dispõe os fundamentos futuros da Terra imperfeita... Coloca uma boa malha como fundamento futuro da Terra... é o pequeno porco selvagem que vai provocar a multiplicação da Terra imperfeita... Quando ela tiver alcançado o tamanho que desejamos, eu te prevenirei, meu filho... Eu, Tupã, sou aquele que vela pela manutenção..." Tupã, senhor do granizo, da chuva e dos ventos, aborrecia-se, sentia-se sozinho para brincar, precisava de companhia. Mas não qualquer um, nem em qualquer lugar. Os deuses gostam de escolher seus parceiros. E Tupã queria que a nova Terra fosse uma Terra imperfeita, uma terra má, capaz entretanto de acolher os pequenos seres destinados a nela habitarem. É por isso que, previdente, ele sabia de antemão que teria de enfrentar Ñande Ru Ete, o senhor de uma bruma que, pesada e tenebrosa, se exala do cachimbo que ele fuma, tornando inabitável a Terra imperfeita. "Eu canto mais do que Ñande Ru Ete. Eu saberei o que fazer, eu voltarei. Farei com que a bruma seja leve à Terra imperfeita. Somente assim os pequenos seres que enviamos para lá se sentirão revigorados, felizes. Aqueles que enviamos para a Terra, nossos netos, esses pedaços de nós, serão felizes. Esses, devemos iludi-los." Travesso: assim era o divino Tupã.

Quem fala assim em nome do deus? Que mortal destemido se iguala sem tremer a um dos poderosos do alto? Ele não é doido, entretanto, esse modesto habitante da Terra. É um desses pequenos seres a quem, desde o início dos tempos, Tupã confiou o cuidado de sua própria distração. É um índio guarani. Rico em conhecimento das coisas, ele reflete sobre o destino dos seus, que se denominam a si próprios, com altiva e amarga certeza, os Últimos Homens. Os deuses revelam algumas vezes seus desígnios. E ele, o *karai* hábil em ouvi-los e dedicado a dizer a verdade, revela-a aos companheiros.

Aquela noite, Tupã o inspirava; sua boca era por isso divina, ele próprio era o deus e narrava a gênese da Terra imperfeita, *ywy mba' emegua*, a estada maliciosamente atribuída à felicidade dos Guarani. Ele falou longamente, e a luz das chamas clareava metamorfoses: ora o rosto calmo do indiferente Tupã e a amplitude concedida da linguagem grandiosa, ora a tensão inquieta de um retorno muito humano, e palavras estranhas. Ao discurso do deus sucedia a procura de seu sentido, o pensamento de um mortal se exercitava em traduzir-lhe a enganadora evidência. Os divinos não precisam refletir. E os Últimos Homens, no que lhes concerne, não se resignam: últimos sem dúvida, mas sabendo por quê. E eis que os lábios inspirados do *karai* dissiparam o enigma da desgraça, glosa inocente e constatação glacial, cujo brilho nenhum ressentimento vem alterar: "As coisas em sua totalidade são uma: e para nós que não desejamos isso, elas são más."

Obscuridade e profundidade: elas certamente não faltam nesse fragmento. O pensamento que aí se enuncia solicita duplamente: por sua dureza, por sua origem. Pois é um pensamento de selvagem, autor anônimo, velho xamã guarani, no fundo de uma floresta do Paraguai. E sente-se perfeitamente que ele não nos é de todo estranho.

Trata-se da genealogia da desgraça. As coisas *são más*, indica o texto, os homens são os habitantes de uma Terra imperfeita, de uma Terra má. Sempre foi assim. Os Guarani estão acostumados à desgraça, não é nada novo para eles, nada surpreendente. Eles já tinham conhecimento dela bem antes da chegada dos ocidentais, que nada lhes ensinaram sobre esse assunto. Os Guarani nunca foram bons selvagens: perseguia-os sem trégua a convicção de não terem sido feitos para a desgraça e a certeza de atingirem algum dia *ywy mara-ey*, a Terra sem Mal. E seus sábios, sempre meditando sobre os meios de atingi-la, refletiam sobre o problema da origem. Por que habitamos uma Terra imperfeita? À grandeza da interrogação produz eco o heroísmo da resposta: se a existência é injusta, os homens não são culpados; e não precisamos nos desculpar por existirmos de modo imperfeito.

Mas onde se enraíza essa imperfeição que ataca os homens *e que nós não desejamos*? Ela provém do fato de que *"as coisas em sua totalidade são uma"*. Articulação inesperada, de natureza a fazer tremer até à vertigem a mais longínqua aurora do pensamento ocidental. É entretanto bem isso o que dizem, o que proclamaram sempre – e até às mais rigorosas, às mais loucas consequências – os pensadores guarani: a desgraça se engendra na imperfeição do mundo, porque de todas as coisas que compõem o mundo imperfeito, pode-se dizer que são uma. Ser um: é a propriedade das coisas do mundo. Um: é o nome do Imperfeito. Em suma, resumindo a virulenta concisão de seu discurso, que diz o pensamento guarani? Ele diz que o Um é o Mal.

Desgraça da existência humana, imperfeição do mundo, unidade ao mesmo tempo que fenda inscrita no âmago das coisas que compõem o mundo: eis o que recusam os índios Guarani, e eis o que os levou em todos os tempos a procurar um outro espaço, para lá conhecer a felicidade de uma existência curada de sua ferida essencial, de uma existência desdobrada sobre um horizonte liberto do Um. Mas qual é ele, esse não-Um tão obstinadamente desejado pelos Guarani? A perfeição do mundo é lida no múltiplo, de acordo com uma divisão familiar à metafísica ocidental? E os Guarani, ao inverso dos antigos gregos, afirmam o Bem lá onde, espontaneamente, nós o desqualificamos?

Mas se se encontra entre os primeiros *insurreição ativa* contra o império do Um, entre os segundos, ao contrário, *nostalgia contemplativa* do Um, não é todavia o Múltiplo que é afirmado pelos índios Guarani, pois eles não descobrem o Bem, o Perfeito, na dissolução mecânica do Um.

Por que as coisas a que se atribui o caráter de unidade caem por isso mesmo no campo mau da imperfeição? Uma interpretação, aparentemente motivada pela letra do fragmento, deve ser entretanto afastada: a do Um como Todo. O sábio guarani declara que "as coisas em sua totalidade são uma"; mas ele não menciona o Todo, categoria talvez ausente desse pensamento. Ele explica que cada "coisa", tomada uma a uma, que compõe o mundo – o céu e a terra, a água e o fogo, os vegetais e os animais, os homens enfim – é marcada, gravada pelo selo maléfico do Um. O que é uma coisa una? Em que se reconhece a marca do Um sobre as coisas?

Uma é toda coisa corruptível. O modo de existência do Um é o transitório, o passageiro, o efêmero. Aquilo que nasce, cresce e se desenvolve somente para perecer, isso será o dito Um. O que significa isso? Chega-se aqui, indiretamente, através de um estranho acionamento do princípio de identidade, ao fundamento do universo religioso guarani. Atirado para o lado do corruptível, o Um torna-se signo do Finito. A terra dos homens só encerra em si imperfeição, podridão, feiura: terra feia, o outro nome da terra má. *Ywy mba'e megua* é o reino da morte. De toda coisa em movimento sobre uma trajetória, de toda coisa mortal, dir-se-á – o pensamento guarani diz – que ela é uma. O Um: ancoragem da morte. A morte: destino daquilo que é um. Por que são mortais as coisas que compõem o mundo imperfeito? Porque são finitas, porque são *incompletas*. Aquilo que é corruptível morre de inacabamento, o Um qualifica o incompleto.

Talvez enxerguemos mais claramente agora. A terra imperfeita, onde "as coisas em sua totalidade são uma", é o reino do incompleto e o espaço do finito, é o campo de aplicação rigorosa do princípio de identidade. Pois dizer que A = A, que isto é isto, e que um homem é um homem, é declarar ao mesmo tempo que A não é não-A, que isto não é aquilo, e que os homens não são deuses. Nomear a unidade nas coisas, nomear as coisas segundo sua unidade, é também lhes assinalar o limite, o finito, o incompleto. É descobrir tragicamente que esse poder de designar o mundo e de determinar seus seres – isto é isto, e não outra coisa, os Guarani são homens, e não outra coisa – não é senão a irrisão da verdadeira potência, da potência secreta que pode silenciosamente enunciar que isto é isto, *e ao mesmo tempo* aquilo, que os Guarani são homens, *e ao mesmo tempo* deuses. Descoberta trágica, pois *nós não desejamos* isso, nós que sabemos enganadora a nossa linguagem, nós que nunca poupamos esforços para alcançar a pátria da verdadeira linguagem, a morada incorruptível dos deuses, a Terra sem Mal, onde nada do que existe pode ser dito Um.

Na região do não-Um, onde a infelicidade é abolida, o milho cresce sozinho, a flecha traz a caça àqueles que não têm mais necessidade de caçar, o fluxo regrado dos casamentos é desconhecido, os homens, eternamente jovens, vivem eternamente. Um habitante da Terra sem Mal não pode ser qualificado univocamente: ele é um homem, sem dúvida, mas também o outro do homem, um deus. O Mal é o Um. O Bem não é o múltiplo, mas o *dois*, ao mesmo tempo o um e seu outro, o *dois* que designa verdadeiramente os seres completos. *Ywy mara-eÿ*, destinação dos Últimos Homens, não abriga mais homens, não abriga mais deuses: somente iguais, deuses-homens, homens-deuses, tais que nenhum dentre eles se diz segundo o Um.

Povo entre todos religioso, através dos séculos presos à sua recusa altaneira de sujeição à terra imperfeita, povo de loucos orgulhosos que se estimava o suficiente para desejar colocar-se na fileira dos divinos, os índios Guarani vagabundeavam ainda, outrora, à procura de sua verdadeira terra natal, que eles supunham, que sabiam situada lá longe, do lado do sol nascente, "o lado de nossa face". E muitas vezes, chegados lá, nas praias, nas fronteiras da terra má, quase à vista da meta, o mesmo ardil dos deuses, a mesma dor, o mesmo fracasso: obstáculo à eternidade, *o mar indo com o sol.*

Eles não são mais do que alguns poucos, e se perguntam se não estão prestes a viver a morte dos deuses, a viver sua própria morte. *Nós somos os Últimos Homens.* E, entretanto, eles não abdicam, eles depressa superam seu abatimento, os *karai*, os profetas. De onde lhes vem a força de não renunciar? Seriam cegos, insensatos? É que o peso do fracasso, o silêncio no céu azul, a repetição da desgraça nunca chegam ao conhecimento deles. Não consentem os deuses em falar, algumas vezes? Não há sempre, em algum lugar na profundeza da floresta, um Eleito à escuta de seu discurso? Tupã, naquela noite, renovava a promessa antiga, pela boca de um índio em quem habitava o espírito do deus. "Aqueles que enviamos sobre a terra imperfeita, meu filho, faremos com que eles prosperem. Eles encontrarão suas futuras esposas, eles as desposarão e delas terão filhos: *a fim de que possam atingir as palavras que de nós surgem.* Se eles não as atingirem, não haverá nada de bom para eles. Tudo isso, nós o sabemos perfeitamente."

Eis por que, indiferentes a todo o resto – o conjunto das coisas que são uma –, preocupados somente em afastar uma desgraça que não desejaram, eis por que os índios Guarani se rejubilam sem alegria ao ouvir ainda uma vez a voz do deus: "Eu, Tupã, eu vos dou estes conselhos. Se um desses saberes permanecer em vossas orelhas, em vosso ouvido, conhecereis meus vestígios... Assim somente vós atingireis a meta que vos foi indicada... Eu me vou para longe, eu me vou para longe, não me vereis mais. Em consequência, meus nomes, não os percais."

[Originalmente publicado em *L'Ephémère*, n. 19-20, 1972.]

# DA TORTURA NAS SOCIEDADES PRIMITIVAS

## 1. A LEI, A ESCRITA

Supõe-se que ninguém deixe de pensar na dureza da lei. *Dura lex sed lex.* Diversos meios foram inventados, segundo as épocas e as sociedades, a fim de conservar sempre fresca a recordação dessa dureza. Entre nós, o mais simples e recente foi a generalização da escola, gratuita e obrigatória. A partir do momento em que a instrução se impôs a todos, a ninguém mais se dava o direito de, sem mentira – sem transgressão –, alegar o seu desconhecimento. Pois, sendo dura, a lei é ao mesmo tempo escrita. A escrita existe em função da lei, a lei habita a escrita; e conhecer uma é não poder mais desconhecer a outra. Toda lei é portanto escrita, toda escrita é índice de lei. Os grandes déspotas que servem de marcos para a história no-lo ensinam, assim como todos os reis, imperadores, faraós, todos os Sóis, em suma, que souberam impor aos povos a sua Lei: sempre e por toda a parte, a escrita reinventada proclama de pronto o poder da lei, gravada na pedra, pintada sobre as cascas das árvores, desenhada nos papiros. Até mesmo os *quipos* dos Incas podem ser considerados uma escrita. Longe de se reduzirem a simples processos mnemotécnicos de contabilidade, as cordinhas amarradas eram de *antemão, necessariamente*, uma escrita que afirmava a legitimidade da lei imperial, e o terror que ela devia inspirar.

## 2. O CÓDIGO, O CORPO

Que a lei encontre uma forma de se inscrever em espaços inesperados é o que nos pode ensinar esta ou aquela obra literária. O funcionário de *A colônia penal*[1] explica minuciosamente ao visitante o funcionamento da *máquina de escrever a lei*:

> Nossa sentença não é severa. Grava-se simplesmente, com auxílio do rastelo, o parágrafo transgredido sobre a pele do culpado. Vai-se, por exemplo, escrever no corpo desse condenado – e o funcionário apontava para o homem: "Respeite o seu superior".

E, ao visitante que se surpreende ao saber que o condenado desconhece a sentença que o atinge, o funcionário, cheio de bom senso, responde:

> Seria inútil levá-la ao conhecimento dele, uma vez que vai aprendê-la no próprio corpo.

E, mais adiante:

> Você viu que não é fácil ler esse texto com os olhos; pois bem, o homem a decodifica com suas feridas. É sem dúvida um enorme trabalho: são necessárias seis horas para terminar.

Kafka designa aqui o corpo como superfície de escrita, como superfície apta para receber o texto legível da lei.

E se alguém objetar que é impossível adaptar ao plano dos fatos sociais o que não passa de imaginação de escritor, poder-se-á res-

1. Franz Kafka, *La Colonie pénitentiaire*. Paris: Le livre de poche, 1971.

ponder que o delírio kafkiano aparece, no caso, mais como uma antecipação, e que a ficção literária anuncia a mais contemporânea das realidades. O testemunho de Martchenko[2] ilustra com sobriedade a tríplice aliança, entrevista por Kafka, entre a lei, a escrita e o corpo:

> E então nascem as tatuagens.
> Conheci dois antigos prisioneiros comuns transformados em "prisioneiros políticos"; um respondia ao cognome Moussa, o outro a Mazai. Eles tinham a testa e as faces tatuadas: "Comunistas = Carrascos", "Os comunistas sugam o sangue do povo". Mais tarde, eu iria encontrar muitos deportados trazendo máximas desse tipo gravadas sobre os seus rostos. Na maioria das vezes, suas testas apresentavam, em letras garrafais: "ESCRAVOS DE KRUCHTCHEV", "ESCRAVO DO P.C.U.S".

Mas alguma coisa na realidade dos campos da URSS no decorrer da década de 60 ultrapassa até a ficção da colônia penal. É que, aqui, o sistema da lei precisa de uma máquina para escrever o seu texto sobre o corpo do prisioneiro que suporta passivamente a prova, enquanto, no campo real, a tríplice aliança, levada até o seu ponto extremo de estreitamento, elimina a própria necessidade da máquina: ou antes, *é o prisioneiro em pessoa que se transforma em máquina de escrever a lei*, e que a inscreve sobre seu próprio corpo. Nas colônias penais da Moldávia, a dureza da lei encontra, como meio para se enunciar, a mão, o próprio corpo do culpado-vítima. O limite é alcançado, o prisioneiro está *inteiramente fora da lei*: quem o diz é o seu corpo escrito.

2. Anatoli Martchenko, *Mon témoignage*, trad. François Olivier. Paris: Seuil, Col. Combats, 1971.

### 3. O CORPO, O RITO

É muito extenso o número de sociedades primitivas que mostram a importância por elas atribuída ao ingresso dos jovens na idade adulta através da instituição dos chamados ritos de passagem. Esses rituais de iniciação constituem muitas vezes um eixo essencial, em relação ao qual se ordena, em sua totalidade, a vida social e religiosa da comunidade. Ora, quase sempre o rito iniciático considera a utilização do corpo dos iniciados. É, sem qualquer intermediário, o corpo que a sociedade designa como único espaço propício a conter o sinal de um *tempo*, o traço de uma *passagem*, a determinação de um *destino*. Em qual segredo inicia o rito que, por um momento, toma completa posse do corpo do iniciado? Proximidade, cumplicidade do corpo e do segredo, do corpo e da verdade revelada pela iniciação: o reconhecimento disso leva a precisar a interrogação. Por que é necessário que o corpo individual seja o ponto de encontro do *éthos* tribal, por que o segredo só pode ser comunicado mediante a operação *social* do rito sobre o *corpo* dos jovens? O corpo mediatiza a aquisição de um saber, e esse saber é inscrito no corpo. Natureza desse saber transmitido pelo rito, função do corpo no desenrolar do rito: dupla questão em que se resolve o problema do sentido da iniciação.

### 4. O RITO, A TORTURA

> Oh! Horribile visu, et mirabile dictu! Graças a Deus, terminou, e eu vou poder lhes contar tudo aquilo que vi.

George Catlin[3] acaba de assistir, durante quatro dias, à grande cerimônia anual dos índios Mandan. Na descrição que dela nos oferece,

3. George Catlin, *Les Indiens de la prairie*, trad. francesa Fance Franck e Alain Gheerbrant. Club des Libraires de France, 1959.

de *finesse* exemplar, como os desenhos que a ilustram, a testemunha não pode deixar, apesar da admiração que sente por esses grandes guerreiros das Planícies, de manifestar o seu espanto e horror diante do espetáculo do rito. O fato é que, se, através do cerimonial, a sociedade se apodera do corpo, ela não o faz de qualquer maneira: quase que de modo constante – e é isso que aterroriza Catlin – o ritual submete o corpo à *tortura*:

> Um a um, os jovens, já atingidos por quatro dias de completo jejum e por três noites insones, avançaram em direção aos seus carrascos. Chegara a hora.

Com furos pelo corpo e estiletes enterrados nas chagas, enforcamento, amputação, *a derradeira corrida*, carnes rasgadas: parecem inesgotáveis os recursos da crueldade. E, no entanto:

> A impassibilidade, eu poderia até mesmo dizer a serenidade com que esses jovens suportavam o martírio, era ainda mais extraordinária do que o próprio suplício... Alguns deles, ao perceberem que eu estava desenhando, fixaram seus olhos nos meus e sorriram; mas, ouvindo a faca arranhar-lhes a carne, eu não conseguia conter as lágrimas.

De uma tribo a outra, de uma a outra região, diferem as técnicas, os meios, os objetivos explicitamente afirmados da crueldade; mas a meta é sempre a mesma: provocar o sofrimento. Em outra obra,[4] tivemos a oportunidade de descrever a iniciação dos jovens guayaki, cujos dorsos, em toda a sua superfície, são escavados e revolvidos. A dor acaba sempre se tornando insuportável: sem proferir

4. P. Clastres, 1972, op. cit.

palavra, o torturado desmaia. Entre os famosos Mbayá-Guaykuru do Chaco paraguaio, os jovens, ao alcançarem a idade de admissão na classe dos guerreiros, deviam passar pela prova do sofrimento. Com um afiado osso de jaguar, perfuravam-lhes o pênis e outras partes do corpo. O preço da iniciação, também ali, era o silêncio.

Poder-se-iam multiplicar ao infinito os exemplos que seriam unânimes em nos ensinar uma única e mesma coisa: nas sociedades primitivas, a tortura é a essência do ritual de iniciação. Mas essa crueldade imposta ao corpo, será que ela não visa a avaliar a capacidade de resistência física dos jovens, a tornar a sociedade confiante na qualidade dos seus membros? Seria o objetivo da tortura no rito apenas fornecer a oportunidade de demonstração de um *valor individual*? Catlin exprime perfeitamente esse ponto de vista clássico:

> Meu coração padeceu com tais espetáculos, e costumes tão abomináveis encheram-me de desgosto: estou, porém, pronto – e de todo o coração – a desculpar os índios, a perdoar-lhes as superstições que os levam a atos de tal selvageria, em virtude da coragem que demonstram, do seu notável poder de resistência, do seu excepcional estoicismo, em suma.

Entretanto, se nos limitarmos a essa interpretação, estaremos condenados a desconhecer a *função* do sofrimento, a reduzir infinitamente o alcance de seu propósito, a esquecer que a tribo, através dele, ensina alguma coisa ao indivíduo.

### 5. A TORTURA, A MEMÓRIA

Os responsáveis pela iniciação procuram estar seguros de que a intensidade do sofrimento chegou ao seu limite máximo. Uma faca de bambu seria mais do que suficiente, entre os Guayaki, para cortar a pele dos iniciados. *Mas isso não seria bastante doloroso.* É necessário, pois, utilizar uma pedra que afiada, mas não muito, em vez de cortar, dilacere. Por isso, um homem conhecedor do assunto vai procurar, no leito de certos riachos, essas pedras que se prestam à tortura.

George Catlin constata entre os Mandan uma igual preocupação com a intensidade de sofrimento:

> [...] O primeiro médico levantava entre os dedos cerca de dois centímetros de carne, que ele perfurava de um lado a outro com a sua faca de escalpar, cuidadosamente morsegada, a fim de tornar a operação mais dolorosa.

E, à semelhança do escarificador guayaki, o xamã dos Mandan não manifesta a menor compaixão:

> Os carrascos aproximavam-se; examinavam-lhe o corpo, escrupulosamente. Para que o suplício cessasse, era preciso que ele estivesse, segundo dizem, inteiramente morto, isto é, desmaiado.

Na exata medida em que a iniciação é, inegavelmente, uma comprovação da coragem pessoal, esta se exprime – se é que podemos dizê-lo – no silêncio oposto ao sofrimento. Entretanto, depois da iniciação, já *esquecido* todo o sofrimento, ainda subsiste algo, um saldo irrevogável, os *sulcos* deixados no corpo pela operação executada com a faca ou a pedra, as cicatrizes das feridas recebidas. Um homem iniciado é um homem marcado. O objetivo da iniciação, em seu momento de tortura, é marcar o corpo: no ritual iniciático, *a sociedade imprime a sua marca no corpo* dos jovens. Ora, uma cicatriz, um sulco, uma marca são indeléveis. Inscritos na profundidade da pele, atestarão para sempre que, se por um lado a dor pode não ser mais do que uma recordação desagradável, ela foi sentida num contexto de medo e de terror. A marca é um obstáculo ao esquecimento, o próprio corpo traz impressos em si os sulcos da lembrança – *o corpo é uma memória*.

Pois o problema é não perder a memória do segredo confiado pela tribo, a memória desse saber de que doravante são depositários os jovens iniciados. Que sabem agora o jovem caçador guayaki, o jovem guerreiro mandan? A marca proclama com segurança o seu pertencimento ao grupo: "És um dos nossos e não te esquecerás disso." Ao missionário jesuíta Martin Dobrizhoffer[5] faltam palavras para qualificar os ritos dos Abipones, que tatuam cruelmente o rosto das jovens, quando se verifica a sua primeira menstruação. E, a uma delas que não consegue evitar um gemido diante das espetadelas, eis que, furiosa, grita a anciã que a tortura:

> Basta de insolência! Não fazes jus à nossa raça! Monstruoso ser para quem uma leve cócega produzida pelo espinho se torna insuportável! Porventura não sabes que pertences à raça daqueles que consigo trazem as feridas e que se enfileiram entre os vencedores? Tu cobres os teus de vergonha, frágil mulherzinha! Pareces mais mole do que o algodão. Não há dúvida de que morrerás solteira. Por acaso algum de nossos heróis te julgará digna, ó medrosa, de te unires a ele?

E lembramo-nos como, certo dia, em 1963, os Guayaki se certificaram da verdadeira "nacionalidade" de uma jovem paraguaia: arrancando-lhe todas as roupas, descobriram-lhes nos braços as tatuagens tribais. Os brancos tinham-na capturado quando era criança.

5. Martin Dobrizhoffer, *Historia de los Abipones*, 3 vols. Resistencia [Chaco]: Facultad de Humanidades/ Universidad Nacional del Nordeste, 1967.

Avaliar a resistência pessoal, significar um pertencimento social: tais são as duas funções evidentes da iniciação como inscrição de marcas sobre o corpo. Mas estará realmente aí tudo o que a memória adquirida na dor deve guardar? Será de fato preciso passar pela tortura para que haja sempre a lembrança do valor do eu e da consciência tribal, étnica, nacional? Onde está o segredo transmitido, onde se encontra o saber revelado?

### 6. A MEMÓRIA, A LEI

O ritual de iniciação é uma pedagogia que vai do grupo ao indivíduo, da tribo aos jovens. Pedagogia de afirmação, e não diálogo: é por isso que os iniciados devem permanecer silenciosos quando torturados. Quem cala consente. Em que consentem os jovens? Consentem em aceitar-se no papel que passaram a ter: o de membros integrais de comunidade. *Nada falta, nada sobra.* E estão irreversivelmente marcados como tais. Eis, portanto, o segredo que, na iniciação do grupo, é revelado aos jovens: "Sois um dos nossos. Cada um de vós é semelhante a nós, cada um de vós é semelhante aos outros. Tendes o mesmo nome e não o trocareis. Cada um de vós ocupa entre nós o mesmo espaço e o mesmo lugar: conservá-lo-eis. Nenhum de vós nos é inferior, nem superior. *E não vos podereis esquecer disso.* As mesmas marcas que deixamos sobre o vosso corpo vos servirão sempre como uma lembrança disso."

Ou, em outros termos, *a sociedade dita a sua lei* aos seus membros, inscreve o texto da lei sobre a superfície dos corpos. Supõe-se, pois, que ninguém se esquece da lei que serve de fundamento à vida social da tribo.

Os primeiros cronistas diziam, no século XVI, que os índios brasileiros eram pessoas sem fé, sem rei, sem lei. É certo que essas tribos ignoravam a dura lei separada, aquela que, numa sociedade dividida, impõe o poder de alguns sobre todos os demais. Tal lei, lei de rei, lei do Estado, os Mandan, os Guaykuru, os Guayaki e os Abipones a ignoram. A lei que eles aprendem a conhecer na dor é a lei da sociedade primitiva, que diz a cada um: *Tu não és menos importante nem mais importante do que ninguém.* A lei, inscrita sobre os corpos, afirma a recusa da sociedade primitiva em correr o risco da divisão, o risco de um poder separado dela mesma, *de um poder que lhe escaparia.* A lei primitiva, cruelmente ensinada, é uma proibição à desigualdade de que todos se lembrarão. Substância inerente ao grupo, a lei primitiva faz-se substância do indivíduo, vontade pessoal de cumprir a lei. Ouçamos mais uma vez George Catlin:

> Aquele dia, uma das danças em círculo parecia interminável. Um infeliz, que trazia um crânio de alce enganchado a uma das pernas, era indefinidamente arrastado em torno do círculo e fazia inúteis esforços para livrar-se da carga: nem esta se soltava nem a carne se rasgava. O pobre rapaz corria um perigo de tal monta que clamores de clemência elevaram-se da multidão. Mas a dança continuava, e prosseguiu até que o mestre de cerimônia, em pessoa, deu ordem para parar.
>
> Era um jovem particularmente belo. Logo recuperou os sentidos e, não sei como, as forças lhe voltaram. Examinou calmamente a perna dilacerada e sangrenta e a carga ainda enganchada à carne; depois, com um sorriso de desafio, arrastou-se através da multidão que se abria diante dele até a Campina (em nenhuma hipótese os iniciados têm o direito de andar enquanto os seus membros não se virem livres de todos os estiletes). Logrou percorrer mais de um quilômetro, até um sítio afastado onde permaneceria sozinho por três dias e três noites, sem socorro ou comida, implorando o Grande Espírito. Esgotado esse tempo, a supuração libertou-o do estilete e

> ele voltou à aldeia, andando sobre as mãos e os joelhos, pois se encontrava num tal estado de esgotamento que não podia levantar-se. Cuidaram-lhe as feridas, deram-lhe de comer, e ele em breve se restabeleceu.

Que força empurrava o jovem mandan? Não era, por certo, uma pulsão masoquista, mas o desejo de fidelidade à lei, a vontade de ser, sem tirar nem pôr, igual aos outros iniciados.

Toda lei, dizíamos, é escrita. Eis que se reconstitui, de certa maneira, a tríplice aliança já identificada: corpo, escrita, lei. As cicatrizes desenhadas sobre o corpo são o texto inscrito da lei primitiva, é nesse sentido, uma *escrita sobre o corpo*. As sociedades primitivas são, dizem-no com veemência os autores do *Anti-Édipo*, sociedades da *marcação*. E, nessa medida, as sociedades primitivas são, de fato, sociedades sem escrita, mas, na medida em que a escrita indica antes de tudo a lei separada, distante, despótica, a lei do Estado, que escrevem sobre os seus corpos, os codetentos de Martchenko. E, precisamente, nunca o afirmaremos com suficiente ênfase, é para conjurar essa lei, lei que institui e garante a desigualdade, é contra a lei do Estado que se coloca a lei primitiva. As sociedades arcaicas, sociedades da marca, são sociedades sem Estado, *sociedades contra o Estado*. A marca sobre o corpo, igual sobre todos os corpos, enuncia: "Tu não terás o desejo do poder, nem desejarás ser submisso". E essa lei não-separada só pode ser inscrita num espaço não-separado: o próprio corpo.

Admirável profundidade dos selvagens, que *de antemão* sabiam tudo isso, e procuravam, ao preço de uma terrível crueldade, impedir o surgimento de uma crueldade ainda mais terrível: *a lei escrita sobre o corpo é uma lembrança inesquecível.*

[Originalmente publicado em *L'Homme*, XIII, n. 3, 1973.]

# A SOCIEDADE CONTRA O ESTADO

As sociedades primitivas são sociedades sem Estado: esse julgamento de fato, em si mesmo correto, na verdade dissimula uma opinião, um juízo de valor, que prejudica então a possibilidade de constituir uma antropologia política como ciência rigorosa. O que de fato se enuncia é que as sociedades primitivas estão *privadas* de alguma coisa – o Estado – que lhes é, tal como a qualquer outra sociedade – a nossa, por exemplo – necessária. Essas sociedades são, portanto, *incompletas*. Não são exatamente verdadeiras sociedades – não são *policiadas* –, e subsistem na experiência talvez dolorosa de uma *falta* – falta do Estado – que elas tentariam, sempre em vão, suprir. De um modo mais ou menos confuso, é isso mesmo o que dizem as crônicas dos viajantes ou os trabalhos dos pesquisadores: não se pode imaginar a sociedade sem o Estado, o Estado é o destino de toda sociedade. Descobre-se nessa abordagem uma fixação etnocentrista tanto mais sólida quanto é ela, o mais das vezes, inconsciente. A referência imediata, espontânea, é, se não aquilo que melhor se conhece, pelo menos o mais familiar. Cada um de nós traz efetivamente em si, interiorizada como a fé do crente, essa certeza de que a sociedade existe para o Estado. Como conceber então a própria existência das sociedades primitivas, a não ser como espécies à margem da história universal, sobrevivências anacrônicas de uma fase distante e, em todos os lugares há muito ultrapassada? Reconhece-se aqui a outra face do etnocentrismo, a convicção complementar de que a história tem um sentido único, de que toda sociedade está condenada a inscrever-se nessa história e a percorrer as suas etapas que, a partir da selvageria, conduzem à civilização. "Todos os povos policiados foram selvagens", escreve Raynal. Mas o registro de uma evolução evidente de forma alguma fundamenta uma doutrina que, relacionando arbitrariamente o estado de civilização com a civilização do Estado, designa este último como termo necessário atribuído a toda sociedade. Pode-se então indagar o que manteve os últimos povos ainda selvagens.

Por trás das formulações modernas, o velho evolucionismo permanece, na verdade, intacto. Mais delicado para se dissimular na linguagem da antropologia, e não mais na da filosofia, ele aflora contudo ao nível das categorias que pretendem ser científicas. Já se percebeu que, quase sempre, as sociedades arcaicas são determinadas de maneira negativa, sob o critério da falta: sociedades sem Estado, sociedades sem escrita, sociedades sem história. Mostra-se como sendo da mesma ordem a determinação dessas sociedades no plano econômico: sociedades de economia de subsistência. Se, com isso, quisermos significar que as sociedades primitivas desconhecem a economia de mercado onde são escoados os excedentes da produção, nada afirmamos de modo estrito, e contentamo-nos em destacar mais uma falta, sempre com referência ao nosso próprio mundo: essas sociedades que não possuem Estado, escrita, história, também não dispõem de mercado. Todavia, pode objetar o bom senso, para que serve um mercado, se não há excedentes? Ora, a ideia de economia de subsistência contém em si mesma a afirmação implícita de que, se as sociedades primitivas não produzem excedentes, é porque são incapazes de fazê-lo, inteiramente ocupadas que estariam em produzir o mínimo necessário à sobrevivência, à subsistência. Imagem antiga, sempre eficaz, da miséria dos selvagens. E, a fim de explicar essa incapacidade das sociedades primitivas de sair da estagnação de viver o dia a dia, dessa alienação permanente na busca de alimentos, invocam-se o subequipamento técnico, a inferioridade tecnológica.

O que ocorre na realidade? Se entendermos por técnica o conjunto dos processos de que se munem os homens, não para assegurarem o domínio absoluto da natureza (isso só vale para o nosso mundo e seu insano projeto cartesiano cujas consequências ecológicas mal começamos a medir), mas para garantir um domínio do meio natural *adaptado e relativo às suas necessidades*, então não mais podemos falar em inferioridade técnica das sociedades primitivas: elas demonstram uma capacidade de satisfazer suas necessidades pelo menos igual àquela de que se orgulha a sociedade industrial e técnica. Isso equivale a dizer que todo grupo humano chega a exercer, pela força, o mínimo necessário de dominação sobre o meio que ocupa. Até agora não se tem conhecimento de nenhuma sociedade que se haja estabelecido, salvo por meio de coação e violência exterior, sobre um espaço natural impossível de dominar: ou ela desaparece ou muda de território. O que surpreende nos esquimós ou nos australianos é justamente a riqueza, a imaginação e o refinamento da atividade técnica, o poder de invenção e de eficácia demonstrado pelas ferramentas utilizadas por esses povos. Basta fazer uma visita aos museus etnográficos: o rigor de fabricação dos instrumentos da vida cotidiana faz praticamente de cada modesto utensílio uma obra de arte. Não existe portanto hierarquia no campo da técnica, nem tecnologia superior ou inferior; só se pode medir um equipamento tecnológico pela sua capacidade de satisfazer, num determinado meio, as necessidades da sociedade. E, sob esse ponto de vista, não parece de forma alguma que as sociedades primitivas se mostraram incapazes de se proporcionar os meios de realizar esse fim. Essa potência de inovação técnica testemunhada pelas sociedades primitivas desdobra-se sem dúvida no tempo. Nada é fornecido de uma só vez, há sempre o paciente trabalho de observação e de pesquisa, a longa sucessão de ensaios, erros, fracassos e êxitos. Os historiadores da pré-história nos dão notícia de quantos milênios foram necessários para que os homens do paleolítico substituíssem os grosseiros bifaces pelas admiráveis lâminas do solutreano. Segundo outro ponto de vista, observa-se que a descoberta da agricultura e a domesticação das plantas são quase contemporâneas na América e no Velho Mundo. E impõe-se constatar que os ameríndios em nada se mostram inferiores, muito pelo contrário, no que se refere à arte de selecionar e diferençar múltiplas variedades de plantas úteis.

Detenhamo-nos por um momento no funesto interesse que levou os índios a quererem instrumentos metálicos. Com efeito, ele está diretamente relacionado com a questão da economia nas sociedades primitivas, mas não da maneira que se poderia acreditar. Essas sociedades estariam, segundo se afirma, condenadas à economia de subsistência em razão da inferioridade tecnológica. Como acabamos de ver, esse argumento não tem fundamento em direito nem em fato. *Nem em direito*, porque não existe escala abstrata pela qual se possam medir as "intensidades" tecnológicas: o equipamento técnico de uma sociedade não é *diretamente* comparável àquele de uma sociedade diferente, e de nada serve opor o fuzil ao arco. *Nem em fato*, uma vez que a arqueologia, a etnografia, a botânica etc. nos demonstram precisamente a potência de rentabilidade e de eficácia das tecnologias selvagens. Por conseguinte, se as sociedades primitivas repousam numa economia de subsistência, não é por lhes faltar uma habilidade técnica. A verdadeira pergunta que se deve formular é a seguinte: a economia dessas sociedades é realmente uma economia de subsistência? Precisando o sentido das expressões: se por economia de subsistência não nos contentamos em entender economia sem mercado e sem excedentes – o que seria um simples truísmo, o puro registro da diferença –, então com efeito se afirma que esse tipo de economia permite à sociedade que ele funda tão-somente subsistir; afirma-se que essa sociedade mobiliza permanentemente a totalidade de suas forças produtivas para fornecer a seus membros o mínimo necessário à subsistência.

Existe aí um preconceito tenaz, curiosamente coextensivo à ideia contraditória e não menos corrente de que o selvagem é preguiçoso. Se em nossa linguagem popular diz-se "trabalhar como um negro", na América do Sul, por outro lado, diz-se "vagabundo como um índio". Então, das duas uma: ou o homem das sociedades primitivas, americanas e outras, vive em economia de subsistência e passa quase todo o seu tempo à procura de alimento, ou não vive em economia de subsistência e pode portanto se proporcionar lazeres prolongados fumando em sua rede. Isso chocou claramente os primeiros observadores europeus dos índios do Brasil. Grande era a sua reprovação ao constatarem que latagões cheios de saúde preferiam se empetecar, como mulheres, de pinturas e plumas em vez de regarem com suor as suas áreas cultivadas. Tratava-se portanto de povos que ignoravam deliberadamente que é preciso ganhar o pão com o suor do próprio rosto. Isso era demais, e não durou muito: rapidamente se puseram os índios para trabalhar, e eles começaram a morrer. Dois axiomas, com efeito, parecem guiar a marcha da civilização ocidental, desde a sua aurora: o primeiro estabelece que a verdadeira sociedade se desenvolve sob a sombra protetora do Estado; o segundo enuncia um imperativo categórico: é necessário trabalhar.

Os índios, efetivamente, só dedicavam pouco tempo àquilo a que damos o nome de trabalho. E apesar disso não morriam de fome. As crônicas da época são unânimes em descrever a bela aparência dos adultos, a boa saúde das numerosas crianças, a abundância e variedade dos recursos alimentares. Por conseguinte, a economia de subsistência das tribos indígenas não implicava de forma alguma a angustiosa busca, em tempo integral, de alimento. Uma economia de subsistência é, pois, compatível com uma considerável limitação do tempo dedicado às atividades produtivas. Era o que se verificava com as tribos sul-americanas de agricultores, como os Tupi-Guarani, cuja ociosidade irritava igualmente os franceses e os portugueses. A vida econômica desses índios baseava-se sobretudo na agricultura, e, acessoriamente, na caça, na pesca e na coleta. Uma mesma área de cultivo era utilizada por um período ininterrupto de quatro a seis anos. Em seguida, era abandonada, por esgotar-se o solo ou, mais provavelmente, em virtude da invasão do espaço destacado por uma vegetação parasitária de difícil eliminação. O grosso do trabalho, efetuado pelos homens, consistia em arrotear, por meio de um machado de pedra e com auxílio do fogo, a superfície necessária. Essa tarefa, realizada no fim da estação das chuvas, mobilizava os homens durante um ou dois meses. Quase todo o resto do processo agrícola – plantar, mondar, colher –, em conformidade com a divisão sexual do trabalho, era executado pelas mulheres. Donde a seguinte conclusão feliz: os homens, isto é, a metade da população, trabalhavam cerca de dois meses em cada quatro anos! O resto do tempo era passado em ocupações encaradas não como trabalho, mas como prazer: caça, pesca; festas e bebedeiras; a satisfazer, enfim, o seu gosto apaixonado pela guerra.

Ora, esses dados maciços, qualitativos, impressionistas, encontram uma brilhante confirmação em pesquisas recentes – algumas em curso – de caráter rigorosamente demonstrativo, já que medem o tempo de trabalho nas sociedades com economia de subsistência.

Quer se trate de caçadores-nômades do deserto do Kalahari ou de agricultores sedentários ameríndios, os números obtidos revelam uma divisão média do tempo diário de trabalho inferior a quatro horas por dia. Jacques Lizot, que vive há muitos anos entre os índios Yanomami da Amazônia venezuelana, estabeleceu cronometricamente que a duração média do tempo que os adultos dedicam todos os dias ao trabalho, *incluídas todas as atividades*, mal ultrapassa três horas. Não chegamos, pessoalmente, a realizar cálculos desse gênero entre os Guayaki, caçadores nômades da floresta paraguaia. Mas pode-se assegurar que os índios – homens e mulheres – passavam pelo menos a metade do dia em quase completa ociosidade, uma vez que a caça e a coleta se efetuavam, e não todos os dias, entre, mais ou menos, 6 e 11 horas da manhã. É provável que estudos desse gênero, levados a efeito entre as últimas populações primitivas, resultassem – consideradas as diferenças ecológicas – em resultados muito parecidos.

Estamos portanto bem longe da miserabilidade que envolve a ideia de economia de subsistência. Não só o homem das sociedades primitivas não está de forma alguma sujeito a essa existência animal que seria a busca permanente para assegurar a sobrevivência, como é ao preço de um tempo de atividade notavelmente curto que ele alcança – e até ultrapassa – esse resultado. Isso significa que as sociedades primitivas dispõem, se assim o desejarem, de todo o tempo necessário para aumentar a produção dos bens materiais. O bom senso questiona: por que razão os homens dessas sociedades quereriam trabalhar e produzir mais, quando três ou quatro horas diárias de atividade são suficientes para garantir as necessidades do grupo? De que lhes serviria isso? Qual seria a utilidade dos excedentes assim acumulados? Qual seria o destino desses excedentes? É sempre pela força que os homens trabalham além das suas necessidades. E exatamente essa força está ausente do mundo primitivo: a ausência dessa força externa define inclusive a natureza das sociedades primitivas. Podemos admitir a partir de agora, para qualificar a organização econômica dessas sociedades, a expressão economia de subsistência, desde que não a entendamos no sentido da necessidade de um *defeito*, de uma incapacidade, inerentes a esse tipo de sociedade e à sua tecnologia, mas, ao contrário, no sentido da recusa de um *excesso* inútil, da vontade de restringir a atividade produtiva à satisfação das necessidades. E nada mais. Tanto mais que, para examinar as coisas de mais perto, há efetivamente produção de excedentes nas sociedades primitivas: a quantidade de plantas cultivadas produzidas (mandioca, milho, fumo, algodão etc.) sempre ultrapassa o que é necessário ao consumo do grupo, estando essa produção suplementar, evidentemente, incluída no tempo normal de trabalho. Esse excesso, obtido sem sobretrabalho, é consumido, consumado, com finalidades propriamente políticas, por ocasião de festas, convites, visitas de estrangeiros etc. A vantagem de um machado de metal sobre um machado de pedra é evidente demais para que nela nos detenhamos: podemos, no mesmo tempo, realizar com o primeiro talvez dez vezes mais trabalho que com o segundo; ou então executar o mesmo trabalho num tempo dez vezes menor. E, ao descobrirem a superioridade produtiva dos machados dos homens brancos, os índios os desejaram, não para produzirem mais no mesmo tempo, mas para produzirem a mesma coisa num tempo dez vezes mais curto. Mas foi exatamente o contrário que se verificou, pois, com os machados metálicos, irromperam no mundo primitivo dos índios a violência, a força, o poder, impostos aos selvagens pelos civilizados recém-chegados.

As sociedades primitivas são, como escreve Lizot a propósito dos Yanomami, sociedades de recusa do trabalho: "O desprezo dos

Yanomami pelo trabalho e o seu desinteresse por um progresso tecnológico autônomo é certo".[1] Primeiras sociedades do lazer, primeiras sociedades da abundância, na justa e feliz expressão de Marshall Sahlins.

Se o projeto de constituir uma antropologia econômica das sociedades primitivas como disciplina autônoma tem um sentido, este não pode advir da simples consideração da vida econômica dessas sociedades: permanecemos numa etnologia da descrição, na descrição de uma dimensão *não-autônoma* da vida social primitiva. É muito antes, quando essa dimensão do "fato social total" se constitui como esfera autônoma, que a ideia de uma antropologia econômica parece fundamentada: quando desaparece a recusa ao trabalho, quando o sentido do lazer é substituído pelo gosto da acumulação, quando, em síntese, surge no corpo social essa força externa que evocamos antes, essa força sem a qual os selvagens não renunciariam ao lazer e que destrói a sociedade como sociedade primitiva; essa força é a potência de sujeitar, é a capacidade de coerção, é o poder político. Mas, em consequência disso, a antropologia deixa desde então de ser econômica, e perde de alguma forma o seu objeto no próprio instante em que crê agarrá-lo, e *a economia torna-se política.*

Para o homem das sociedades primitivas, a atividade de produção é exatamente medida, delimitada pelas necessidades que têm de ser satisfeitas, estando implícito que se trata essencialmente das necessidades energéticas: a produção é projetada sobre a reconstituição do estoque de energia gasto. Em outros termos, é a vida como natureza que – com exceção dos bens consumidos socialmente por ocasião das festas – fundamenta e determina a quantidade de tempo dedicado a

1. Jacques Lizot, "Economie ou sociéte? Quelques thèmes à propos de l'étude d'une communauté d'Amérindiens". *Journal de la Société des Américanistes*, n. 9, 1973, pp. 137-75.

reproduzi-la. Isso equivale a dizer que, uma vez assegurada a satisfação global das necessidades energéticas, nada poderia estimular a sociedade primitiva a desejar produzir mais, isto é, a alienar o seu tempo num trabalho sem finalidade, enquanto esse tempo é disponível para a ociosidade, o jogo, a guerra ou a festa. Quais as condições em que se podem transformar essa relação entre o homem primitivo e a atividade de produção? Sob que condições essa atividade se atribui uma finalidade diferente da satisfação das necessidades energéticas? Temos aí levantada a questão da origem do trabalho como trabalho alienado.

Na sociedade primitiva, sociedade essencialmente igualitária, os homens são senhores de sua atividade, senhores da circulação dos produtos dessa atividade: eles só agem para si próprios, mesmo se a lei de troca dos bens mediatiza a relação direta do homem com o seu produto. Tudo se desarruma, por conseguinte, quando a atividade de produção se afasta do seu objetivo inicial, quando, em vez de produzir apenas para si mesmo, o homem primitivo produz também para os outros, *sem troca e sem reciprocidade*. Só então é que podemos falar em trabalho: quando a regra igualitária de troca deixa de constituir o "código civil" da sociedade, quando a atividade de produção visa a satisfazer as necessidades dos outros, quando a regra de troca é substituída pelo terror da dívida. Na verdade, é exatamente ali que se inscreve a diferença entre o selvagem amazônico e o índio do império inca. O primeiro produz, em suma, para viver, enquanto o segundo trabalha, de mais a mais, para fazer com que os outros vivam – os que não trabalham, os senhores que lhe dizem: cumpre que tu pagues o que nos deves, impõe-se que tu eternamente saldes a dívida que conosco contraíste.

Quando, na sociedade primitiva, o econômico se deixa identificar como campo autônomo e definido, quando a atividade de produção se transforma em trabalho alienado, contabilizado e imposto por aqueles que vão tirar proveito dos frutos desse trabalho, é sinal de que a sociedade não é mais primitiva, tornou-se uma sociedade dividida em dominantes e dominados, em senhores e súditos, e de que parou de exorcizar aquilo que está destinado a matá-la: o poder e o respeito ao poder. A principal divisão da sociedade, aquela que serve de base a todas as outras, inclusive sem dúvida a divisão do trabalho, é a nova disposição vertical entre a base e o cume, é o grande corte político entre detentores da força, seja ela guerreira ou religiosa, e sujeitados a essa força. A relação política de poder precede e fundamenta a relação econômica de exploração. Antes de ser econômica, a alienação é política, o poder antecede o trabalho, o econômico é uma derivação do político, a emergência do Estado determina o aparecimento das classes.

Inacabamento, incompletude, falta: não é absolutamente desse lado que se revela a natureza das sociedades primitivas. Ela impõe-se bem mais como positividade, como domínio do meio ambiente natural e do projeto social, como vontade livre de não deixar escapar para fora de seu ser nada que possa alterá-lo, corrompê-lo e dissolvê-lo. É a isso que nos devemos prender com firmeza: as sociedades primitivas não são os embriões retardatários das sociedades ulteriores, dos corpos sociais de decolagem "normal" interrompida por alguma estranha doença; elas não se encontram no ponto de partida de uma lógica histórica que conduz diretamente ao termo inscrito de antemão, mas conhecido apenas a *posteriori*, o nosso próprio sistema social. (Se a história é essa lógica, como podem ainda existir sociedades primitivas?) Tudo isso se traduz, no plano da vida econômica, pela recusa das sociedades primitivas em se deixarem tragar pelo trabalho e pela produção, através da decisão de limitar os estoques às necessidades sociopolíticas, da impossibilidade intrínseca da concorrência – de que serviria, numa sociedade primitiva, ser um rico entre pobres? – em suma, pela proibição, não-formulada ainda que dita, da desigualdade.

O que é que determina que numa sociedade primitiva a economia não seja política? Isso se dá, como se vê, devido ao fato da economia nela não funcionar de maneira autônoma. Poder-se-ia dizer que, nesse sentido, as sociedades primitivas são sociedades sem economia *por recusarem a economia*. Mas deve-se então classificar também como ausência a existência do político nessas sociedades? É preciso admitir que, por se tratar de sociedades "sem lei e sem rei", o campo do político lhes falta? E não tornaríamos dessa forma a cair na rotina clássica de um etnocentrismo para o qual a falta assinala em todos os níveis as diferentes sociedades?

Abordemos pois a questão do político nas sociedades primitivas. Não se trata simplesmente de um problema "interessante", de um tema reservado apenas à reflexão dos especialistas, pois a etnologia ganha as dimensões de uma teoria geral (a construir) da sociedade e da história. A extrema diversidade dos tipos de organização social, a abundância, no tempo e no espaço, de sociedades dessemelhantes, não impedem entretanto a possibilidade de uma ordem na descontinuidade, a possibilidade de uma redução dessa multiplicidade infinita de diferenças. Redução maciça, uma vez que a história só nos oferece, de fato, *dois* tipos de sociedade absolutamente irredutíveis um ao outro, duas macroclasses, cada uma das quais reúne em si sociedades que, além de suas diferenças, têm em comum alguma coisa de fundamental. *Existem por um lado as sociedades primitivas, ou sociedades sem Estado; e, por outro lado, as sociedades com Estado.* É a presença ou a ausência da formação estatal (suscetível de assumir múltiplas formas) que fornece a toda sociedade o seu elo lógico, que traça uma linha de irreversível descontinuidade entre as sociedades. O aparecimento do Estado realizou a grande divisão tipológica entre selvagens e civilizados, e traçou uma indelével linha de separação além da qual tudo mudou, pois o Tempo se torna História. Tem-se frequentemente descoberto – e com razão – no movimento da história mundial duas acelerações decisivas do seu ritmo. O motor da primeira foi o que se denomina a revolução neolítica (domesticação dos animais, agricultura, descoberta das artes da tecelagem e da cerâmica, sedentarização consequente dos grupos humanos etc.). Estamos ainda vivendo, e cada vez mais (se nos é lícita a expressão) no prolongamento da segunda aceleração, a revolução industrial do século XIX.

Evidentemente não há dúvida de que a linha de separação neolítica alterou de modo considerável as condições de existência material dos povos outrora paleolíticos. Mas essa transformação teria sido tão radical a ponto de afetar em sua mais extrema profundidade a essência das sociedades? Pode-se falar em um funcionamento diferente dos sistemas sociais, conforme sejam eles pré-neolíticos ou pós-neolíticos? A experiência etnográfica indica antes o contrário. A passagem do nomadismo à sedentarização seria a consequência mais rica da revolução neolítica, no sentido de que permitiu, pela concentração de uma população estabilizada, a formação das cidades e, mais adiante, dos aparelhos de Estado. Mas determina-se que, ao fazer isso, todo "complexo" tecnocultural desprovido de agricultura está necessariamente fadado ao nomadismo. Eis o que é etnograficamente inexato: uma economia de caça, pesca e coleta não exige obrigatoriamente um modo de vida nômade. Vários exemplos, tanto na América como em outros lugares, o atestam: a ausência de agricultura é compatível com o sedentarismo. Isso permitiria supor, então, que, se certos povos não chegaram a possuir agricultura, no momento em que ela era ecologicamente possível, não foi por incapacidade, atraso tecnológico, inferioridade cultural, porém, mais simplesmente, porque dela não tinham necessidade.

A história pós-colombiana da América apresenta o caso de populações de agricultores sedentários que, sob o efeito de uma revolução técnica (conquista do cavalo e, acessoriamente, das armas de fogo), preferiram abandonar a agricultura para se dedicarem de maneira quase exclusiva à caça, cujo rendimento era multiplicado pela mobilidade dez vezes maior proporcionada pelo cavalo. A partir do momento em que se tornaram equestres, as tribos das Planícies da América do Norte ou as do Chaco, na América do Sul, intensificaram e estenderam os seus deslocamentos: contudo, estamos aí bem longe do nomadismo em que recaem geralmente os bandos de caçadores-coletores (como os Guayaki do Paraguai), e o abandono da agricultura não se traduziu, para os grupos em questão, pela dispersão demográfica, nem pela transformação da organização social anterior.

Que nos é ensinado por esse movimento de maioria de sociedades que passaram da caça à agricultura e pelo movimento inverso, de algumas outras, que, partindo da agricultura, chegaram à caça? É que isso parece efetivar-se sem que ocorra qualquer mudança na natureza da sociedade; que esta permanece idêntica a si mesma enquanto se transformam apenas as suas condições de existência material; que a revolução neolítica, se por um lado afetou consideravelmente, e sem dúvida facilitou, a vida material dos grupos humanos de então, por outro lado não acarreta de maneira automática uma perturbação da ordem social. Em outros termos, e no que tange às sociedades primitivas, a mudança no plano do que o marxismo chama a infraestrutura econômica não determina de modo algum o seu reflexo consequente, a superestrutura política, já que esta surge independente da sua base material. O continente americano ilustra claramente a autonomia respectiva da economia e da sociedade.

Grupos de caçadores-pescadores-coletores, nômades ou não, apresentam as mesmas propriedades sociopolíticas que os seus vizinhos agricultores sedentários: "infraestruturas" diferentes, "superestrutura" idêntica. Inversamente, as sociedades mesoamericanas – sociedades imperiais, sociedades com Estado – eram tributárias de uma agricultura que, mais intensiva que alhures, não ficava muito longe, do ponto de vista do seu nível técnico, da agricultura das tribos "selvagens" da Floresta Tropical: "infraestrutura" idêntica, "superestruturas" diferentes, uma vez que, num dos casos, se trata de sociedades sem Estado, e, no outro, de Estados acabados.

É então a ruptura política – e não a mudança econômica – que é decisiva. A verdadeira revolução, na proto-história da humanidade, não é a do neolítico, uma vez que ela pode muito bem deixar intacta a antiga organização social, mas a revolução política, é essa aparição misteriosa, irreversível, mortal para as sociedades primitivas, o que conhecemos sob o nome de Estado. E se se quiser conservar os conceitos marxistas de infraestrutura e de superestrutura, então talvez seja necessário reconhecer que a infraestrutura é o político e que a superestrutura é o econômico. Somente uma convulsão estrutural, abissal, pode transformar, destruindo-a como tal, a sociedade primitiva: aquilo que faz surgir em seu seio, ou do exterior, aquilo cuja ausência mesma define essa sociedade, a autoridade da hierarquia, a relação de poder, a dominação dos homens, o Estado. Seria vão procurar sua origem numa hipotética modificação das relações de produção na sociedade primitiva, modificação que, dividindo pouco a pouco a sociedade em ricos e pobres, exploradores e explorados, conduziria mecanicamente à instauração de um órgão de exercício do poder dos primeiros sobre os segundos, ao aparecimento do Estado.

Hipotética, essa modificação da base econômica é ainda mais impossível. Para que, numa dada sociedade, o regime de produção se transforme no sentido de uma maior intensidade de trabalho que visa a uma produção acrescida de bens, é necessário ou que os homens dessa sociedade desejem essa transformação de seu gênero de vida tradicional, ou que, mesmo não a desejando, eles se vejam obrigados por uma violência externa. No segundo caso, nada advém da própria sociedade, que sofre a agressão de uma força externa em benefício da qual o regime de produção vai modificar-se: trabalhar e produzir mais para satisfazer as necessidades dos novos senhores do poder. A opressão política determina, chama, permite a exploração. Mas a evocação de uma tal "encenação" não serve de nada, uma vez que ela coloca uma origem externa, contingente, imediata, da violência estatal, e não a lenta realização das condições internas, socioeconômicas, de seu aparecimento.

O Estado, dizem, é o instrumento que permite à classe dominante exercer sua dominação violenta sobre as classes dominadas. Que seja. Para que haja o aparecimento do Estado, é necessário pois, que exista antes divisão da sociedade em classes sociais antagônicas, ligadas entre si por relação de exploração. Por conseguinte, a *estrutura* da sociedade - a divisão em classes - deveria preceder a emergência da *máquina* estatal. Observemos de passagem a fragilidade dessa concepção puramente instrumental do Estado. Se a sociedade é organizada por opressores capazes de explorar os oprimidos, é que essa capacidade de impor a alienação repousa sobre o uso de uma força, isto é, sobre o que faz da própria substância do Estado "monopólio da violência física legítima". A que necessidade responderia desde então a existência de um Estado, uma vez que sua essência - a violência - é imanente à divisão da sociedade, já que é, nesse sentido, dada antecipadamente na opressão exercida por um grupo social sobre os outros? Ele não seria senão o inútil órgão de uma função preenchida antes e alhures.

Articular o aparecimento da máquina estatal com a transformação da estrutura social leva somente a recuar o problema desse aparecimento. É então necessário perguntar por que se produz, no seio de uma sociedade primitiva, isto é, de uma sociedade não-dividida, a nova divisão dos homens em dominantes e dominados. Qual é o motor dessa transformação maior que culminaria na instalação do Estado? Sua emergência sancionaria a legitimidade de uma propriedade privada previamente surgida, e o Estado seria o representante e o protetor dos proprietários. Muito bem. Mas por que se teria o surgimento da propriedade privada num tipo de sociedade que ignora, por recusá-la, a propriedade? Por que alguns desejaram proclamar um dia: *isto é meu*, e como os outros deixaram que se estabelecesse assim o germe daquilo que a sociedade primitiva ignora, a autoridade, a opressão, o Estado? O que hoje se sabe das sociedades primitivas não permite mais procurar no nível econômico a origem do político. Não é nesse solo que se enraíza a árvore genealógica do Estado. Nada existe, no funcionamento econômico de uma sociedade primitiva, de uma sociedade sem Estado, que permita a introdução da diferença entre mais ricos e mais pobres, pois aí ninguém tem o estranho desejo de fazer, possuir, parecer mais que seu vizinho. A capacidade, igual entre todos, de satisfazer as necessidades materiais, e a troca de bens e serviços, que impede constantemente o acúmulo privado dos bens, tornam simplesmente impossível a eclosão de um tal desejo, desejo de posse que é de fato desejo de poder. A sociedade primitiva, primeira sociedade de abundância, não deixa nenhum espaço para o desejo de superabundância.

As sociedades primitivas são sociedades sem Estado porque, nelas, o Estado é impossível. E entretanto todos os povos civilizados foram primeiramente selvagens: o que fez com que o Estado deixasse de ser impossível? Por que os povos cessaram de ser selvagens?

Que formidável acontecimento, que revolução permitiram o surgimento da figura do Déspota, daquele que comanda os que obedecem? *De onde provém o poder político?* Mistério, talvez provisório, da origem.

Se parece ainda impossível determinar as condições de aparecimento do Estado, podemos em troca precisar as condições de seu não-aparecimento, e os textos que foram aqui reunidos tentam cercar o espaço do político nas sociedades sem Estado. Sem fé, sem lei, sem rei: o que no século XVI o Ocidente dizia dos índios pode estender-se sem dificuldade a toda sociedade primitiva. Este pode ser mesmo o critério de distinção: uma sociedade é primitiva se nela falta o rei, como fonte legítima da lei, isto é, a máquina estatal. Inversamente, toda sociedade não-primitiva é uma sociedade de Estado: pouco importa o regime socioeconômico em vigor. É por isso que podemos reagrupar numa mesma classe os grandes despotismos arcaicos – reis, imperadores da China ou dos Andes, faraós –, as monarquias mais recentes – O Estado sou eu – ou os sistemas sociais contemporâneos, quer o capitalismo seja liberal como na Europa ocidental, ou de Estado como alhures...

Portanto, a tribo não possui um rei, mas um chefe que não é chefe de Estado. O que significa isso? Simplesmente que o chefe não dispõe de nenhuma autoridade, de nenhum poder de coerção, de nenhum meio de dar uma ordem. O chefe não é um comandante, as pessoas da tribo não têm nenhum dever de obediência. *O espaço da chefia não é o lugar do poder*, e a figura (mal denominada) do "chefe" selvagem não prefigura em nada aquela de um futuro déspota. Certamente não é da chefia primitiva que se pode deduzir o aparelho estatal em geral.

Em que o chefe da tribo não prefigura o chefe de Estado? Em que uma tal antecipação do Estado é impossível no mundo dos selvagens? Essa descontinuidade radical – que torna impensável uma passagem progressiva da chefia primitiva à máquina estatal – se funda naturalmente nessa relação de exclusão que coloca o poder político no exterior da chefia. O que se deve imaginar é um chefe sem poder, uma instituição, a chefia, estranha à sua essência, a autoridade. As funções do chefe, tal como foram analisadas acima, mostram perfeitamente que não se trata de funções de autoridade. Essencialmente encarregado de eliminar os conflitos que podem surgir entre indivíduos, famílias, linhagens etc., ele só dispõe, para restabelecer a ordem e a concórdia, do *prestígio* que lhe reconhece a sociedade. Mas evidentemente prestígio não significa poder, e os meios que o chefe detém para realizar sua tarefa de pacificador limitam-se ao uso exclusivo da palavra: não para arbitrar entre as partes opostas, pois o chefe não é um juiz e não pode se permitir tomar partido por um ou por outro; mas para, armado apenas de sua eloquência, tentar persuadir as pessoas da necessidade de se apaziguar, de renunciar às injúrias, de imitar os ancestrais que sempre viveram no bom entendimento. Empreendimento cuja vitória nunca é certa, aposta sempre incerta, pois *a palavra do chefe não tem força de lei*. Se o esforço de persuasão fracassa, então o conflito corre o risco de se resolver pela violência e o prestígio do chefe pode muito bem não sobreviver a isso, uma vez que ele deu provas de sua impotência em realizar o que se espera dele.

Em função de que a tribo estima que tal homem é digno de ser um chefe? No fim das contas, somente em função de sua competência "técnica": dons oratórios, habilidade como caçador, capacidade de coordenar as atividades guerreiras, ofensivas ou defensivas. E, de forma alguma, a sociedade deixa o chefe ir além desse limite técnico, ela jamais deixa uma superioridade técnica se transformar em autoridade política. O chefe está a serviço da sociedade, é a sociedade em si mesma – verdadeiro lugar do poder – que exerce como tal sua autoridade sobre o chefe. É por isso que é impossível para o chefe alterar essa relação em seu proveito, colocar a sociedade a seu próprio serviço, exercer sobre a tribo o que denominamos poder: a sociedade primitiva nunca tolerará que seu chefe se transforme em déspota.

Grande vigilância, de certo modo, a que a tribo submete o chefe, prisioneiro em um espaço do qual ela não o deixa sair. Mas tem ele desejo de sair? É possível que um chefe deseje ser chefe? Que ele queira substituir o serviço e o interesse do grupo pela realização do seu próprio desejo? Que a satisfação do seu interesse pessoal ultrapasse a submissão ao projeto coletivo? Em virtude do estreito controle a que a sociedade – por sua natureza de sociedade primitiva e não, é claro, por cuidado consciente e deliberado de vigilância – submete, *como todo o resto*, a prática do líder, raros são os casos de chefes colocados em situação de transgredir a lei primitiva: *tu não és mais que os outros*. Raros certamente, mas não inexistentes: acontece às vezes que um chefe queira *bancar o chefe*, e não por cálculo maquiavélico, mas antes porque definitivamente ele não tem escolha, não pode fazer de outro modo. Expliquemo-nos. Em regra geral, um chefe não tenta (ele nem mesmo sonha) subverter a relação normal (conforme às normas) que mantém com seu grupo, subversão que, de servidor da tribo, faria dele o senhor. Essa relação normal, o grande cacique Alaykin, chefe guerreiro de uma tribo abipone do Chaco argentino, a definiu perfeitamente na resposta que deu a um oficial espanhol que queria convencê-lo a levar sua tribo a uma guerra que ela não desejava: "Os Abipones, por um costume recebido de seus ancestrais, fazem tudo de acordo com sua vontade e não de acordo com a do seu cacique. Cabe a mim dirigi-los, mas eu não poderia prejudicar nenhum dos meus sem prejudicar a mim mesmo; se eu utilizasse as ordens ou a força com meus companheiros, logo eles me dariam as costas. Prefiro ser amado e não temido por eles". E, não duvidemos, a maior parte dos chefes indígenas teria sustentado o mesmo discurso.

Existem entretanto exceções, quase sempre ligadas à guerra. Sabemos com efeito que a preparação e a condução de uma expedição militar são as únicas circunstâncias em que o chefe pode exercer um mínimo de autoridade, fundada somente, repitamo-lo, em sua competência técnica de guerrear. Uma vez as coisas terminadas, e qualquer que seja o resultado do combate, o chefe guerreiro volta a ser um chefe sem poder, e em nenhuma hipótese o prestígio decorrente da vitória se transforma em autoridade. Tudo se passa precisamente sobre essa separação mantida pela sociedade entre poder e prestígio, entre a glória de um guerreiro vencedor e o comando que lhe é proibido exercer. A fonte mais apta para saciar a sede de prestígio de um guerreiro é a guerra. Ao mesmo tempo, um chefe cujo prestígio está ligado à guerra não pode conservá-lo e reforçá-lo senão na guerra: é uma espécie de fuga impulsiva para a frente que o faz querer organizar sem cessar expedições guerreiras das quais ele conta retirar os benefícios (simbólicos) aferentes à vitória. Enquanto seu desejo de guerra corresponder à vontade geral da tribo, em particular dos jovens para os quais a guerra é também o principal meio de adquirir prestígio, enquanto a vontade do chefe não ultrapassar a da sociedade, as relações habituais entre a segunda e o primeiro manter-se-ão inalteradas. Mas o risco de uma ultrapassagem do desejo da sociedade pelo desejo do seu chefe, o risco para ele de ir além do que deve, de sair do estreito limite determinado à sua função, esse risco é permanente. O chefe às vezes aceita corrê-lo, tenta impor à tribo seu projeto individual, tenta substituir o interesse coletivo por seu interesse pessoal. Alterando a relação normal que determina o líder como meio a serviço de um fim socialmente definido, ele tenta fazer da sociedade o meio de realizar um fim puramente privado: *a tribo a serviço do chefe, e não mais o chefe a serviço da tribo.* Se isso funcionasse, então teríamos aí a terra natal do poder político, como coerção e violência, teríamos a primeira encarnação, a figura mínima do Estado. Mas isso nunca funciona.

No belíssimo relato dos vinte anos que passou entre os Yanomami,[2] Helena Valero fala longamente de seu primeiro marido, o líder guerreiro Fousiwe. Sua história ilustra perfeitamente o destino da chefia selvagem quando ela é, por força das coisas, levada a transgredir a lei da sociedade primitiva que, verdadeiro lugar do poder, recusa cedê-lo, recusa delegá-lo. Fousiwe foi então reconhecido como "chefe" por sua tribo em virtude do prestígio que adquiriu como organizador e condutor de ataques vitoriosos contra os grupos inimigos. Ele dirige consequentemente guerras desejadas por sua tribo, coloca à disposição de seu grupo sua competência técnica de homem de guerra, sua coragem, seu dinamismo, e é o instrumento eficaz de sua sociedade. Mas a infelicidade do guerreiro selvagem é que o prestígio adquirido na guerra se perde rapidamente, se não se renovam constantemente as fontes. A tribo, para a qual o chefe é apenas um instrumento apto a realizar sua vontade, esquece facilmente as vitórias passadas do chefe. Para ele, nada é definitivamente adquirido e, se ele quer devolver às pessoas a memória tão facilmente perdida de seu prestígio e de sua glória, não é apenas exaltando suas antigas façanhas que o conseguirá, mas antes suscitando a ocasião de novos feitos bélicos. Um guerreiro não tem escolha: ele está condenado a desejar a guerra. É exatamente aí que se dá o limite do consenso que o reconhece como chefe. Se seu desejo de guerra coincide com o desejo de guerra da sociedade, esta

2. Ettore Biocca, *Yanoama*. Paris: Plon, 1969.

continua a segui-lo. Mas se o desejo de guerra do chefe tenta se estabelecer sobre uma sociedade animada pelo desejo de paz – com feito, nenhuma sociedade deseja *sempre* guerrear –, então a relação entre o chefe e a tribo se modifica, o líder tenta utilizar a sociedade como instrumento de seu objetivo individual, como meio de sua meta pessoal. Ora, não o esqueçamos, o chefe primitivo é um chefe sem poder: como poderia ele impor a lei de seu desejo a uma sociedade que o recusa? Ele é ao mesmo tempo prisioneiro de seu desejo de prestígio e de sua impotência em realizá-lo. O que pode então ocorrer? O guerreiro está destinado à solidão, a esse combate duvidoso que só o conduz à morte. Tal foi o destino do guerreiro sul-americano Fousiwe. Por ter querido impor aos seus uma guerra que eles não desejavam, foi abandonado por sua tribo. Só lhe restava lutar sozinho nessa guerra, e ele morreu crivado de flechas. A morte é o destino do guerreiro, pois a sociedade primitiva é tal que *não permite que a vontade de poder substitua o desejo de prestígio*. Ou, em outros termos, na sociedade primitiva, o chefe, como possibilidade de vontade de poder, está antecipadamente condenado à morte. O poder político isolado é impossível na sociedade primitiva; nela não há lugar, não há vazio que o Estado pudesse preencher.

Menos trágica em sua conclusão, mas muito semelhante no seu desenvolvimento é a história de um outro líder indígena, infinitamente mais célebre que o obscuro guerreiro amazônico, uma vez que se trata do famoso chefe apache Gerônimo. A leitura de suas *Memórias*,[3] se bem que bastante futilmente recolhidas, se revela muito instrutiva. Gerônimo não passava de um jovem guerreiro como os outros quando os soldados mexicanos atacaram o acampamento de sua tribo e massacraram mulheres e crianças. A família

3. *Mémoires de Géronimo*. Paris: Maspero, 1972.

de Gerônimo foi inteiramente exterminada. As diversas tribos apache se aliaram para se vingar dos assassinos e Gerônimo foi encarregado de conduzir o combate. Sucesso completo para os Apache, que eliminaram a guarnição mexicana. O prestígio guerreiro de Gerônimo, principal artífice da vitória, foi imenso. E, desde esse momento, as coisas mudam, alguma coisa se passa em Gerônimo, alguma coisa sucede. Pois se, para os Apache, satisfeitos com uma vitória que realiza perfeitamente seu desejo de vingança, o caso está de alguma forma acabado, para Gerônimo, os rumores são outros: ele quer continuar a se vingar dos mexicanos e considera insuficiente a sangrenta derrota imposta aos soldados. Mas ele não pode, é claro, atacar sozinho as aldeias mexicanas. Tenta pois, convencer os seus a fazer uma nova expedição. Inutilmente. A sociedade apache, uma vez realizado o objetivo coletivo – a vingança – aspira ao repouso. O objetivo de Gerônimo é, portanto, um objetivo individual para cuja realização ele pretende arrastar a tribo. Ele quer fazer da tribo o instrumento de seu desejo, ao passo que antes ele foi, em função de sua competência como guerreiro, o instrumento da tribo. Evidentemente, os Apache jamais quiseram seguir Gerônimo, da mesma forma que os Yanomami se recusaram a seguir Fousiwe. Quando muito o chefe apache conseguia (por vezes, ao preço de mentiras) convencer alguns jovens ávidos de glória e de saque. Para uma dessas expedições, o exército de Gerônimo, heroico e ridículo, compunha-se de dois homens! Os Apache, que, em função das circunstâncias, aceitavam a liderança de Gerônimo em virtude da sua habilidade de combatente, sistematicamente lhe davam as costas quando ele queria fazer sua guerra pessoal. Gerônimo, último grande chefe de guerra norte-americano, que passou trinta anos de sua vida querendo "bancar o chefe" e não conseguiu...

A propriedade essencial (quer dizer, que toca a essência) da sociedade primitiva é exercer um poder absoluto e completo sobre tudo que a compõe, é interditar a autonomia de qualquer um dos subconjuntos que a constituem, é manter todos os movimentos internos, conscientes e inconscientes, que alimentam a vida social, nos limites e na direção desejados pela sociedade. A tribo manifesta entre outras (e pela violência se for necessário) sua vontade de preservar essa ordem social primitiva, interditando a emergência de um poder político individual, central e separado. Sociedade à qual nada escapa, que nada deixa sair de si mesma, pois todas as saídas estão fechadas. Sociedade que, por conseguinte, deveria eternamente se reproduzir sem que nada de substancial a afete através do tempo.

Há contudo um campo que, parece, escapa, ao menos em parte, ao controle da sociedade; é um "fluxo" ao qual ela só parece poder impor uma "codificação" imperfeita: trata-se do domínio demográfico, domínio regido por regras culturais, mas também por leis naturais, espaço de desdobramento de uma vida enraizada tanto no social quanto no biológico, lugar de uma "máquina" que funciona talvez segundo uma mecânica própria e que estaria, em seguida, fora de alcance da empresa social.

Sem sonhar em substituir um determinismo econômico por um determinismo demográfico, em inscrever nas causas – o crescimento demográfico – a necessidade dos efeitos – transformação da organização social –, é entretanto necessário constatar, sobretudo na América, o peso sociológico do número da população, a capacidade que possui o aumento das densidades de abalar – não dissemos destruir – a sociedade primitiva. Com efeito é bastante provável que uma condição fundamental da existência da sociedade primitiva consista numa fraqueza relativa de seu porte demográfico. As coisas só podem funcionar segundo o modelo primitivo se a população é pouco numerosa. Ou, em outros termos, para que uma sociedade seja primitiva, é necessário que ela seja pequena em número. E, de fato, o que se constata no mundo dos selvagens é um extraordinário esfacelamento das "nações", tribos, sociedades em grupos locais que tratam cuidadosamente de conservar sua autonomia no seio do conjunto do qual fazem parte, com o risco de concluir alianças provisórias com seus vizinhos "compatriotas", se as circunstâncias – guerreiras em particular – o exigem. Essa atomização do universo tribal é certamente um meio eficaz de impedir a constituição de conjuntos sociopolíticos que integram os grupos locais, e, mais além um meio de proibir a emergência do Estado que, em sua essência, é unificador.

Ora, é perturbador constatar que os Tupi-Guarani parecem, na época que a Europa os descobre, afastar-se sensivelmente do modelo primitivo habitual, e em dois pontos essenciais: a *taxa de densidade demográfica* de suas tribos ou grupos locais ultrapassa claramente a das populações vizinhas; por outro lado, o *porte dos grupos locais* não tem medida comum com o das unidades sociopolíticas da Floresta Tropical. Evidentemente, as aldeias tupinambá, por exemplo, que reuniam vários milhares de habitantes, não eram cidades; mas deixavam igualmente de pertencer ao horizonte "clássico" da dimensão demográfica das sociedades vizinhas. Sobre essa base de expansão demográfica e de concentração da população se destaca – fato também inabitual na América dos selvagens, ao menos na dos impérios – a tendência evidente das chefias em obter um poder desconhecido alhures. Os chefes tupi-guarani não eram certamente déspotas, mas não eram mais de modo algum chefes sem poder. Não cabe aqui empreender a longa e complexa tarefa de analisar a chefia entre os Tupi-Guarani. Baste-nos simplesmente revelar, num extremo da sociedade, se se pode dizer, o crescimento demográfico, e, no outro, a lenta emergência do poder político. Sem dúvida não cabe à etnologia (ou ao menos a ela sozinha) responder às questões das causas da expansão demográfica numa sociedade primitiva. Em compensação, incumbe a essa disciplina a articulação do demográfico e do político, a análise da força que o primeiro exerce sobre o segundo através do sociológico.

Não cessamos, ao longo deste texto, de proclamar a impossibilidade interna do poder político separado numa sociedade primitiva, a impossibilidade de uma gênese do Estado a partir do interior da sociedade primitiva. E eis que, ao que parece, evocamos nós mesmos, contraditoriamente, os Tupi-Guarani como um caso de sociedade primitiva onde começava a surgir o que teria podido se tornar o Estado. Incontestavelmente se desenvolvia, nessas sociedades, um processo, sem dúvida em curso já há muito tempo, de constituição de uma chefia cujo poder político não era negligenciável. A ponto mesmo de os cronistas franceses e portugueses da época não hesitarem em atribuir aos grandes chefes de federações de tribos os títulos de "reis de província" ou "régulos". Esse processo de transformação profunda da sociedade tupi-guarani teve uma interrupção brutal com a chegada dos europeus. Quererá isso dizer que, se o descobrimento do Novo Mundo tivesse sido adiado de um século por exemplo, uma formação estatal seria imposta às tribos indígenas do litoral brasileiro? Sempre é fácil, e arriscado, reconstruir uma história hipotética que nada viria desmentir. Mas, no presente caso, pensamos poder responder com firmeza pela negativa: não foi a chegada dos ocidentais que cortou a emergência possível do Estado entre os Tupi-Guarani, e sim um sobressalto da própria sociedade enquanto sociedade primitiva, um sobressalto, uma sublevação de alguma forma dirigida, se não explicitamente contra as chefias, ao menos, por seus efeitos, destruidor do poder dos chefes. Queremos falar desse estranho fenômeno que, desde os últimos decênios do século XV, agitava as tribos tupi-guarani, a predicação inflamada de alguns homens que, de grupo em grupo, concitavam os índios a tudo abandonar para se lançarem na procura da Terra sem Mal, do paraíso terrestre.

Chefia e linguagem estão, na sociedade primitiva, intrinsecamente ligadas; a palavra é o único poder concedido ao chefe: mais do que isso, a palavra é para ele um dever. Mas há uma outra palavra, um outro discurso, articulado não pelos chefes, mas por esses homens que, nos séculos XV e XVI, arrastavam atrás de si milhares de índios em loucas migrações em busca da pátria dos deuses: é o discurso dos *karai*, é a palavra profética, palavra virulenta, eminentemente subversiva que chama os índios a empreender o que se deve reconhecer como a destruição da sociedade. O apelo dos profetas para o abandono da terra má, isto é, da sociedade tal como ela era, para alcançar a Terra sem Mal, a sociedade da felicidade divina, implicava a condenação à morte da estrutura da sociedade e do seu sistema de normas. Ora, a essa sociedade se impunha cada vez mais fortemente a marca da autoridade dos chefes, o peso de seu poder político nascente. Talvez então possamos dizer que, se os profetas, surgidos do coração da sociedade, proclamavam mau o mundo em que os homens viviam, é porque eles revelavam a infelicidade, o mal, nessa morte lenta à qual a emergência do poder condenava, num prazo mais ou menos longo, a sociedade tupi-guarani, como sociedade primitiva, como sociedade sem Estado. Habitados pelo sentimento de que o antigo mundo selvagem tremia em seu fundamento, perseguidos pelo pressentimento de uma catástrofe sociocósmica, os profetas decidiram que era preciso mudar o mundo, que era preciso mudar de mundo, abandonar o dos homens e ganhar o dos deuses.

Palavra profética ainda viva, como o testemunham os textos "Profetas na selva" e "Do Um sem o Múltiplo". Os 3 ou 4 mil índios Guarani que subsistem miseravelmente nas florestas do Paraguai gozam ainda da riqueza incomparável que os *karai* lhes oferecem. Estes não são mais – duvidamos – condutores de tribos, como seus ancestrais do século XVI, não é mais possível a procura da Terra sem Mal. Mas a falta de ação parece ter permitido uma embriaguez do pensamento, um aprofundamento sempre mais tenso da reflexão sobre a infelicidade da condição humana. E esse pensamento selvagem, que quase cega por tanta luz, nos diz que o lugar de nascimento do Mal, da fonte da infelicidade, é o Um.

Talvez seja preciso dizer um pouco mais e se perguntar o que o sábio guarani designa sob o nome de Um. Os temas favoritos do pensamento guarani contemporâneo são os mesmos que inquietavam, há mais de quatro séculos, aqueles a quem já se chamava *karai*, profetas. Por que o mundo é mau? O que podemos fazer para escapar ao mal? Questões que ao cabo de gerações esses índios não cessam de se colocar: os *karai* de agora se obstinam pateticamente em repetir o discurso dos profetas de outros tempos. Estes sabiam, pois, que o Um é o mal; eles o diziam de aldeia em aldeia, e as pessoas os seguiam na procura do Bem, na busca do não-Um. Temos, portanto, entre os Tupi-Guarani do tempo do Descobrimento, de um lado uma prática – a migração religiosa – inexplicável se não vemos nela a recusa da via em que a chefia engajava a sociedade, a recusa do poder político isolado, a recusa do Estado; do outro, um discurso profético que identifica o Um como a raiz do Mal e afirma a possibilidade de escapar-lhe. Em que condições é possível pensar o Um? É preciso que, de algum modo, sua presença, odiada ou desejada, seja visível. É por isso que acreditamos poder revelar, sob a equação metafísica que iguala o Mal ao Um, uma outra equação mais secreta, e de ordem política, que diz que o Um é o Estado. O profetismo tupi-guarani é a tentativa heroica de uma sociedade primitiva para abolir a infelicidade na recusa radical do Um como essência universal do Estado. Essa leitura "política" de uma constatação metafísica deveria então incitar a colocar uma questão, talvez sacrílega: não se poderia submeter a semelhante leitura toda a metafísica do Um? Que acontece ao Um como Bem, como objeto preferencial, que, desde sua aurora, a metafísica ocidental impõe ao desejo do homem? Detenhamo-nos nesta perturbadora evidência: o pensamento dos profetas selvagens e aquele dos gregos antigos pensam a mesma coisa, o Um; mas o índio guarani diz que o Um é o Mal, ao passo que Heráclito diz que ele é o Bem. *Em que condições é possível pensar o Um como Bem?*

Voltemos, para concluir, ao mundo exemplar dos Tupi-Guarani. Eis uma sociedade primitiva que, atravessada, ameaçada pela irresistível ascensão dos chefes, suscita em si mesma e libera forças capazes, mesmo ao preço de um quase-suicídio coletivo, de fazer fracassar a dinâmica da chefia, de impedir o movimento que poderia levar à transformação dos chefes em reis portadores de leis. De um lado os chefes; do outro, e contra eles, os profetas: tal é, traçado segundo suas linhas essenciais, o quadro da sociedade tupi-guarani no final do século XV. E a "máquina" profética funcionava perfeitamente bem, uma vez que os *karai* eram capazes de se fazer seguir por massas surpreendentes de índios fanatizados, diríamos hoje, pela palavra desses homens, a ponto de acompanhá-los até na morte.

O que quer isso dizer? Os profetas, armados apenas de seus *logos*, podiam determinar uma "mobilização" dos índios, podiam realizar esta coisa impossível na sociedade primitiva: unificar na migração religiosa a diversidade múltipla das tribos. Eles conseguiram realizar, de um só golpe, o "programa" dos chefes! Armadilha da história? Fatalidade que apesar de tudo consagra a própria sociedade primitiva à dependência? Não se sabe. Mas, em todo o caso, o ato insurrecional dos profetas contra os chefes conferia aos primeiros, por uma estranha reviravolta das coisas, infinitamente mais poder do que os segundos detinham. Então talvez seja preciso retificar a ideia da palavra como oposto da violência. Se o chefe selvagem é obrigado a um dever de palavra *inocente*, a sociedade primitiva pode também, evidentemente em condições determinadas, se voltar para a escuta de uma outra palavra, esquecendo que essa palavra é dita como um comando: é a palavra profética. No discurso dos profetas jaz talvez em germe o discurso do poder, e sob os traços exaltados do condutor de homens que diz o desejo dos homens se dissimula talvez a figura silenciosa do Déspota.

Palavra profética, poder dessa palavra: teríamos nela o lugar originário do poder, o começo do Estado no Verbo? Profetas conquistadores das almas antes de serem senhores dos homens? Talvez. Mas, mesmo na experiência extrema do profetismo (porque sem dúvida a sociedade tupi-guarani tinha atingido, por razões demográficas ou outras, os limites extremos que determinam uma sociedade como sociedade primitiva), o que os selvagens nos mostram é o esforço permanente para impedir os chefes de serem chefes, é a recusa da unificação, é o trabalho de conjuração do Um, do Estado. A história dos povos que têm uma história é, diz-se, a história da luta de classes. A história dos povos sem história é, dir-se-á com ao menos tanta verdade, a história da sua luta contra o Estado.

# ENTREVISTA COM PIERRE CLASTRES

Realizada em 1974 para a revista francesa *L'Anti-Mythes* n.9.[1]

**O que é, para você, "antropologia política"? Como se situa em seu procedimento etnológico atual (particularmente em relação ao estruturalismo)?**

A questão do estruturalismo, em primeiro lugar. Não sou estruturalista, mas não tenho nada contra o estruturalismo; é que me ocupo, como etnólogo, de campos que, em minha opinião, não são do domínio de uma análise estrutural; quando se trata de parentesco, de mitologia, o estruturalismo aparentemente funciona, e Lévi-Strauss demonstrou isso claramente quando analisou as estruturas elementares do parentesco, ou as mitológicas. Aqui me ocupo em linhas gerais, digamos, de antropologia política, da questão da chefia e do poder, e aí tenho a impressão de que a coisa não funciona, depende de um outro tipo de análise. No entanto, se trabalhasse com um *corpus* mitológico, é muito provável que seria necessaria-

1. *L'Anti-Mythes* foi uma publicação de estudantes franceses da Universidade de Caen, Baixa Normandia, ligados à Agence de Presse Libération [APL]. Em brochura, as tiragens mimeografadas de cerca de 400 exemplares eram vendidas em restaurantes universitários. Entre 1974 e 1975, quatorze números foram editados a partir de uma leitura aguda de autores certeiramente escolhidos – autores que apenas despontavam ou se firmavam naquela época –, deixando um conjunto de entrevistas memoráveis com personagens como Claude Lefort, Cornelius Castoriadis, Henri Simon e ainda esta com Pierre Clastres.

mente estruturalista, porque não vejo muito bem como analisar um *corpus* mitológico de uma maneira extraestruturalista... ou então faria tolices, tipo psicanálise ou marxização do mito – "O mito é o ópio do selvagem"; mas isso é uma piada.

**Não é somente à sociedade primitiva que você se refere. Quando se interroga sobre o poder, é uma interrogação sobre nossa sociedade. O que fundamenta essa atitude? O que justifica a passagem?**
A passagem está implicada por definição. Sou etnólogo, isto é, me dedico às sociedades primitivas, mais especialmente àquelas da América do Sul onde fiz todos os meus trabalhos de campo. Então, parte-se de uma distinção que é interna à etnologia, à antropologia: o que são as sociedades primitivas? São sociedades sem Estado. Falar de sociedades sem Estado é necessariamente nomear ao mesmo tempo as outras, isto é, as sociedades com Estado. Onde está o problema? De que maneira ele me interessa e por que busco refletir sobre isso? É que me pergunto por que as sociedades sem Estado são sociedades sem Estado, e então julgo perceber que, se as sociedades primitivas são sociedades sem Estado, é por serem sociedades de recusa do Estado, sociedades contra o Estado. A ausência do Estado nas sociedades primitivas não é uma falta, não é porque elas estão na infância da humanidade e porque são incompletas, ou porque não são suficientemente grandes, ou porque não são adultas, maiores, é simplesmente porque elas recusam o Estado em sentido amplo, o Estado definido em sua figura mínima, que é a relação de poder. Por isso mesmo, falar das sociedades sem Estado ou das sociedades contra o Estado é falar necessariamente das sociedades com Estado, a passagem, ou ela sequer existe ou é possível de antemão; e a questão que se fixa na passagem é: de onde provém o Estado, qual a origem do Estado? Mas trata-se, ainda assim, de duas questões separadas: Como

fazem as sociedades primitivas para não ter Estado? De onde provém o Estado? Então, voltando à "etnologia política": se perguntarem "será que a análise da questão do poder nas sociedades primitivas, nas sociedades sem Estado, pode alimentar uma reflexão política sobre nossas próprias sociedades?", certamente sim, mas não é necessário. Posso perfeitamente deter-me em questões, se não acadêmicas, ao menos de pura antropologia social: Como funciona a sociedade primitiva para impedir o Estado? De onde provém o Estado? Posso deter-me nisso e permanecer pura e simplesmente etnólogo. Aliás, de um modo geral, é o que faço. Mas não há dúvida de que uma reflexão ou uma pesquisa sobre, enfim, a origem da divisão da sociedade, ou sobre a origem da desigualdade, no sentido de que as sociedades primitivas são precisamente sociedades que impedem a diferença hierárquica, uma tal reflexão ou pesquisa pode alimentar uma reflexão sobre o que se passa em nossas sociedades. E aí nos deparamos muito depressa com a questão do marxismo.

**Você poderia explicar? Quais são suas relações com os etnólogos marxizantes?**

Minhas relações com aqueles meus colegas marxistas são marcadas por uma discordância no plano do que se faz, ao nível do que se escreve, não necessariamente no plano pessoal. A maioria dos marxistas são ortodoxos; digo a maioria porque alguns não o são, felizmente; mas os ortodoxos se apegam muito mais à letra que ao espírito. Então, o que vem a ser a teoria do Estado? É uma concepção instrumental do Estado, ou seja, o Estado é o instrumento da dominação da classe dominante sobre as outras; tanto na lógica quanto na cronologia, o Estado vem depois, tão logo a sociedade é dividida em classes e há ricos e pobres, exploradores e explorados; o Estado é o instrumento dos ricos para melhor explorar e mistificar os pobres e os explorados.

A partir de pesquisas e de reflexões que não abandonam o terreno da sociedade primitiva, da sociedade sem Estado, parece-me que é o contrário que acontece; não é a divisão em grupos sociais opostos, não é a divisão em ricos e pobres, exploradores e explorados, a primeira divisão, aquela que funda afinal todas as outras; é a divisão entre os que comandam e os que obedecem. Ou seja, o Estado. Porque fundamentalmente é assim, é a divisão da sociedade entre os que têm o poder e os que se submetem ao poder. No momento em que isso existe, isto é, a relação comando/ obediência, um sujeito ou um grupo de sujeitos comandando outros que obedecem, tudo é possível; porque quem comanda tem o poder de mandar os outros fazerem o que ele quer, já que ele se torna o poder, precisamente. Pode dizer-lhes: "Trabalhem para mim", e nesse momento o homem do poder pode se transformar facilmente em explorador, isto é, naquele que faz os outros trabalhar. Mas a questão – quando se reflete seriamente sobre a maneira como funcionam essas máquinas sociais que são as sociedades primitivas – é que não se percebe como essas sociedades podem se dividir, quero dizer, se dividir em ricos e pobres. Não se percebe, porque tudo funciona exatamente para impedir isso. Ao contrário, percebe-se muito melhor, compreende-se muito melhor, enfim, várias questões obscuras se esclarecem, se colocarmos primeiro a anterioridade da relação de poder. Por isso, penso que, para poder ver com mais clareza essas questões, convém inverter firmemente a teoria marxista da origem do Estado – é um ponto enorme e preciso ao mesmo tempo – e parece-me que, ao contrário de ser o Estado o instrumento de dominação de uma classe, portanto o que vem depois de uma divisão anterior da sociedade, é o Estado que engendra as classes. Isso pode ser demonstrado a partir de exemplos de sociedades com Estado não-ocidentais, penso particularmente no Estado inca, nos Andes. Mas também poderiam ser tomados outros exemplos perfeitamente ocidentais, e até mesmo um exemplo muito contemporâneo, a URSS. Naturalmente simplifico, não sou russólogo nem especialista em Kremlin... mas, enfim, se a considerarmos em conjunto, vista de uma certa distância, mas não de muito longe, o que fez a revolução de 1917? Ela suprimiu as relações de classe, suprimindo simplesmente uma classe, os exploradores, os burgueses, os grandes proprietários, a aristocracia e o aparelho de Estado que funcionava com tudo o que era a monarquia, e restou apenas uma sociedade da qual se poderia dizer que não era mais dividida, pois um dos termos da divisão fora eliminado; restou uma sociedade não dividida e acima dela uma máquina estatal (com o apoio do Partido) que detinha o poder em benefício do povo trabalhador, dos operários e dos camponeses. Muito bem. O que é a URSS atual? Com exceção dos militantes do partido comunista, que dirão que a "URSS é o socialismo, o Estado dos trabalhadores etc.", para quem não segue a teologia e o catecismo, para quem não é cego, o que é a urss? É uma sociedade de classes, não vejo por que hesitar em utilizar esse vocabulário. É uma sociedade de classes e uma sociedade de classes que se constituiu puramente a partir do aparelho de Estado. Parece-me que se vê claramente aí a genealogia das classes, dos ricos e dos pobres, dos exploradores e dos explorados, isto é, a divisão econômica da sociedade a partir da existência do aparelho de Estado. O Estado soviético, centrado no partido comunista, engendrou uma sociedade de classes, uma nova burguesia russa que certamente não é menos feroz que a mais feroz das burguesias europeias do século XIX, por exemplo. Vejo isso como certo, e quando digo tal coisa que parece surrealista, a saber, que é o Estado que engendra as classes, pode-se ilustrá-lo tomando exemplos em mundos completamente diferentes daquele no qual vivemos, como os Incas ou a URSS. É provável que especialistas, digamos, do Egito antigo ou de outras regiões, ou de outras culturas – das sociedades que Marx designava pelo nome de despotismo asiático e outros pelo nome de civilização hidráulica – chegassem, suponho, à mesma conclusão que eu. Eles mostrariam como, a partir da divisão política, se engendra, aliás muito facilmente, a divisão econômica, os que obedecem tornando-se ao mesmo tempo pobres e explorados, e os que comandam, ricos e exploradores. Isso é perfeitamente normal, porque se detém o poder para exercê-lo; um poder que não se exerce não é um poder. E o que implica o exercício do poder? A obrigação que alguém impõe aos outros de trabalhar para ele. Não é em absoluto a existência do trabalho alienado que engendra o Estado, penso que é exatamente o contrário: é a partir do poder, da detenção do poder, que se engendra o trabalho alienado. O que é o trabalho alienado? "Eu trabalho não para mim, mas para os outros", ou melhor, "trabalho um pouco para mim e muito para os outros". Quem tem o poder pode dizer aos outros: "Vocês vão trabalhar para mim". E então surge o trabalho alienado, sendo que sua primeira forma, e a mais universal, é a obrigação de pagar tributo. Pois, se digo "sou eu que tenho o poder e são vocês que se submetem", é preciso que eu o prove, e faço isso obrigando a pagar o tributo, isto é, a desviar uma parte da atividade dos outros em meu proveito exclusivo. Desse modo, não sou apenas aquele que tem o poder, mas aquele que explora os outros; e não há máquina estatal sem essa instituição que se chama tributo. O primeiro ato do homem de poder é exigir tributo, pagamento de tributo daqueles sobre os quais exerce o poder.

Então você me dirá: "por que eles obedecem? por que pagam o tributo?". É essa a questão da origem do Estado. Não sei exatamente, mas existe na relação de poder algo que não é apenas da ordem da violência. Seria fácil demais, pois resolveria o problema de imediato! Por que existe o Estado? É porque num dado momento, aqui ou ali, um sujeito ou um grupo de sujeitos dizem: "temos o poder e vocês vão obedecer". Mas então duas coisas podem acontecer: ou os que ouvem essas palavras dizem "sim, é verdade, vocês têm o poder e vamos obedecer", ou "não, vocês não têm o poder e a prova é que não vamos obedecer", e poderão tratar os outros de loucos ou matá-los. Ou há obediência, ou não há, e é preciso realmente que tenha havido esse reconhecimento do poder, pois o Estado apareceu aqui e ali em diversas sociedades. Em realidade, a questão da origem dessa relação de poder, da origem do Estado, em minha opinião, é dupla, no sentido de que há uma questão da parte de cima e uma questão da parte de baixo. A questão de cima é: o que faz que em algum lugar, num momento dado, um sujeito diga "sou eu o chefe e vocês vão me obedecer"? É a questão do topo da pirâmide. A questão de baixo, da base da pirâmide, é: por que as pessoas aceitam obedecer, quando um sujeito ou um grupo de sujeitos não detêm uma força, uma capacidade de violência suficientes para fazer reinar o terror sobre todos? Portanto, há uma outra coisa, essa aceitação da obediência remete a outra coisa. Não sei exatamente o que é; sou um pesquisador... portanto, investigo. Mas parece-me que tudo o que se pode dizer por ora é que, se a questão é pertinente, a resposta não é evidente. De todo modo, se queremos refletir a sério sobre a questão da origem da relação de poder, sobre a questão da origem do Estado, não podemos evitar a questão da base, isto é, por que as pessoas aceitam obedecer.

**Já eram essas as duas questões que Rousseau colocava no início do *Contrato social*, quando dizia: jamais um homem será suficientemente forte para ser sempre o mais forte, no entanto existe o Estado; sobre o quê fundar então o poder político? Tive a impressão, ao ler *A sociedade contra o Estado*, que havia uma analogia entre seu procedimento e o de Rousseau, com um ponto de fixação muito significativo: a referência a pequenas sociedades (penso nas referências**

**de Rousseau a Genebra, a Córsega, aos pequenos vales suíços), tal investigação desembocando na questão da origem do poder político.**

Não é uma investigação. É o que me ensinam as sociedades primitivas... Lá, nos deslocamos um pouco, mas em verdade estamos sempre no mesmo campo. Em que condição pode uma sociedade existir sem Estado? Uma das condições é que a sociedade seja pequena. Por aí chego ao que você disse a propósito de Rousseau. É verdade, as sociedades primitivas têm em comum o fato de serem pequenas, demográfica e territorialmente; e isso é uma condição fundamental para não haver o surgimento de um poder separado nessas sociedades. Sob esse ponto de vista, poderíamos opor termo a termo as sociedades primitivas sem Estado e as sociedades com Estado: as sociedades primitivas estão do lado do pequeno, do limitado, do reduzido, da cisão permanente, do lado do múltiplo, ao passo que as sociedades com Estado estão exatamente do lado contrário, do crescimento, da integração, da unificação, do lado do uno. As sociedades primitivas são sociedades do múltiplo; as não primitivas, com Estado, são sociedades do uno. O Estado é o triunfo do uno.

Você lembrou Rousseau; poderíamos evocar um outro que se colocou a questão fundamental, que há pouco chamei a questão da base: por que as pessoas obedecem, quando são infinitamente mais fortes e numerosas que aquele que comanda? É uma questão misteriosa, em todo caso pertinente, e quem há muito a colocou, e com perfeita clareza, foi La Boétie no *Discurso sobre a servidão voluntária*. É uma velha questão, mas não é porque é velha que é uma questão ultrapassada. Não penso em absoluto que esteja ultrapassada; ao contrário, é hora de voltar a ela, isto é, de sair um pouco do lodaçal marxista, que apoia o ser da sociedade sobre, digamos resumidamente, o econômico, quando talvez ele esteja antes no político.

**Você dizia que se deparava naturalmente com o problema do marxismo. Não ocorreria o mesmo com a grade de leitura psicanalítica, e por que não faz referência a ela?**
Trata-se aqui de outra coisa. Devo dizer que sou quase analfabeto em matéria de literatura psicanalítica. Logo, a ausência de referência vem da ausência de cultura. E, em segundo lugar, não tenho necessidade dela. Não tenho necessidade de fazer referência à leitura, à grade psicanalítica, para o que pesquiso. Talvez assim eu me limite ou perca tempo, mas até o presente não tive necessidade. Por outro lado, devo dizer que as poucas leituras que fiz de textos que estão na fronteira da etnologia e da psicanálise não me encorajaram a seguir nessa direção. Quando, ao falar da questão do poder, falo do desejo de poder, ou, na outra extremidade, isto é, na base, do desejo de submissão, sei bem que a palavra "desejo" faz parte do vocabulário e do arsenal de conceitos da psicanálise; mas, enfim, posso perfeitamente tê-la tomado em Hegel ou mesmo em Karl Marx, e de fato minhas referências estão sobretudo desse lado. É simples, não conheço grande coisa, não sei quase nada de psicanálise, e também não me faz falta. Naturalmente, se um dia eu achar que chego a um impasse e que a grade psicanalítica me ajudaria a sair, aí então farei um esforço... Mas, por ora, não tenho necessidade desse instrumento; penso, ao contrário, que ele me confundiria as ideias; e o grave não é confundir as ideias, mas a realidade.

**Você diz que o fundamento da distinção entre sociedade primitiva e sociedade não-primitiva é, num caso, a divisão, no outro, a não-divisão. Mas parece-me que, se a divisão rico/pobre, explorador/explorado não existe, por exemplo, entre os Guayaki, existe um outro tipo de divisão, nem que seja a de homem/mulher, obviamente, e normais/desviantes. Na *Chronique des Indiens Guayaki* [*Crônica dos***

**_índios Guayaki_], por exemplo, você falou do caso de dois pederastas, há um que se adapta às normas e o outro não. Que espécie de poder se exerce sobre ele para fazê-lo sentir que sua posição é anormal?**
Nesse caso há distância, afastamento. Que espécie de poder? Talvez se possa dizer... o ponto de vista do grupo, o ponto de vista da comunidade, a ética da sociedade. Aqui se trata de um caso preciso: os Guayaki formam, formavam, pois convém falar no passado, uma sociedade de caçadores. Lá, um cara que não é um caçador é pouco menos que nada. Portanto, ele não tem escolha: não sendo caçador, ele praticamente não é mais homem. Não há um caminho muito grande a percorrer para ir pro outro lado, isto é, o outro setor da sociedade, que é o mundo feminino. Mas não sei se é possível falar em termos de poder. Em todo caso, não é um poder no sentido do que se falou até agora, um poder de natureza política.

**Um poder não-coercitivo? Mas será que o fato de não identificar um poder cristalizado sobre alguém não te faz dizer que é uma sociedade sem poder, justamente porque não está cristalizada sobre alguns indivíduos? De todo modo existe claramente uma divisão, uma reprovação social que faz que os indivíduos não se comportem de uma maneira qualquer. Assim, nas relações matrimoniais, o sujeito que recusa que sua mulher tenha um segundo esposo (_Crônica dos índios Guayaki_), acaba por se submeter ao grupo depois de um certo tempo. Então, existe o poder apesar de tudo, já que há normas de comportamento?**
São normas sustentadas pela sociedade inteira, não são normas impostas por um grupo particular ao conjunto da sociedade. São as normas da própria sociedade, as normas através das quais ela se mantém; são normas que todo mundo respeita, não são impostas por ninguém. Nas sociedades primitivas, as normas, as interdições,

etc., são como as leis entre nós, sempre se pode transigir um pouco. Mas, enfim, não são as normas de um grupo especial da sociedade, que as impõe ao resto da sociedade; são as normas da própria sociedade. Essa não é uma questão de poder. Aliás, poder de quem, sobre quem? É o poder da sociedade tomada como um todo unitário, já que ela não é dividida, é o poder da sociedade como um todo sobre os indivíduos que a compõem. E essas normas, como são aprendidas, adquiridas, interiorizadas? Pela vida, pela educação dos filhos etc. Não estamos no campo do poder. Assim o "poder" de um pai sobre seus filhos, na sociedade primitiva, ou de um marido sobre sua mulher ou suas mulheres, se ele tiver várias, nada tem a ver com aquela relação de poder que digo ser a essência do Estado, da máquina estatal. O poder de um pai sobre seus filhos nada tem a ver com o poder de um chefe sobre as pessoas que lhe obedecem, não é a mesma coisa. Não devemos confundir os domínios.

**Há uma divisão do espaço que é geralmente tida como determinante por Henri Lefebvre e pelas análises de situação, é a divisão cidade/campo. Na *Crônica dos índios Guayaki* e principalmente no capítulo "O arco e o cesto" de *A sociedade contra o Estado*, você faz aparecer uma outra divisão entre espaço masculino e espaço feminino. A que remete essa divisão?**

É normal que haja tal divisão, nesse caso. Não esqueçamos que se trata de caçadores nômades; é normal que haja dois espaços bastante bem diferenciados, pois a caça é uma ocupação de homens e ocorre na floresta. É um domínio de florestas, todos estão na floresta; mas há uma distinção entre o acampamento, onde se faz uma parada, onde se dorme, onde se come etc., que é o espaço de todos (homens, mulheres, crianças, velhos...), e a floresta, claramente marcada pelos que nela passam seu tempo, que são os homens enquanto caçadores. Além disso, verifica-se que, em razão da composição demográfica dos Guayaki, as mulheres eram mais numerosas que os homens; logo, o acampamento era mais marcado do lado das mulheres que do lado dos homens, ainda mais que os homens partiam para a caça entre homens, enquanto as mulheres permaneciam com os filhos no acampamento. Portanto, sem levar muito longe essa oposição, pode-se distinguir dois espaços: a floresta, que é o espaço da caça, do animal caçado e dos homens enquanto caçadores; o acampamento, que é sobretudo o espaço feminino, com os filhos, a cozinha, a vida familiar, etc. Dito isto, não temos aqui nada que lembre alguma relação de poder de uns sobre os outros.

**O espaço dividido entre cidade e campo é um espaço hierarquizado, autoritário. Não haveria aqui uma relação idêntica de hierarquia entre os dois espaços?**

Não, de modo algum! Mesmo se tomarmos outros casos, porque esse é um caso especial, trata-se de caçadores nômades (afinal, é muito raro uma sociedade de caçadores nômades, ou melhor, era muito raro...), mesmo se tomarmos o caso mais corrente que é o das sociedades primitivas de agricultores sedentários (era o caso da quase totalidade dos índios da América do Sul, e não falo dos Andes, falo dos índios da Floresta, dos selvagens-com-plumas-e-totalmente-nus da Amazônia... quase todos são agricultores sedentários, mesmo se caçam, se pescam, se colhem... são agricultores sedentários), não há nenhuma distinção entre a aldeia, como primeira imagem da cidade, e o campo. Isso de nenhum modo se aplica aqui. A distinção cidade/campo aparece quando existe cidade, com pessoas que não são aldeões – porque aldeões têm a ver com aldeia – mas burgueses, pessoas que habitam o burgo, com chefes. É lá que habitam os chefes, em primeiro lugar. A cidade e a distinção cidade/campo aparecem com e depois do aparecimento do Estado, porque o Estado, ou a figura do déspota, fixa-se de imediato num centro, com suas fortalezas, seus templos, seus armazéns... Então aí, necessariamente, há uma distinção entre o centro e o resto; o centro passa a ser a cidade, e o resto vira campo. Mas essa distinção não funciona de modo nenhum numa sociedade primitiva, mesmo se há comunidades primitivas com um tamanho considerável. A dimensão não altera nada: quer se trate de um bando de caçadores guayaki de trinta pessoas, ou de uma aldeia guarani de 1500 pessoas, aqui não há em absoluto a distinção cidade/campo. Cidade/campo é quando o Estado está presente, quando existe o chefe, sua residência, sua capital, seus depósitos, suas casernas, seus templos etc. As cidades são criadas pelo Estado; é por isso que as cidades, sua parte central, são tão antigas quanto o Estado; onde há Estado, há cidade; onde há exercício da relação de poder, há distinção cidade/campo. Como há pessoas habitando a cidade em volta daquele que comanda, é preciso necessariamente que elas comam, é preciso que vivam, e então são os outros, os que estão fora da cidade, os que estão no campo, que trabalham para elas. Aliás, pode-se dizer que é para isso que a figura do camponês enquanto tal aparece no interior da máquina do Estado, o camponês sendo aquele que vive e trabalha no campo parcialmente em proveito dos que estão na cidade e comandam, isto é, que paga o tributo, tributo em forma de serviços pessoais, que são corveias, ou produtos de suas colheitas... Mas para que serve o tributo? Serve em primeiro lugar para marcar o poder, é o signo do poder! Não há outro meio de manifestar o fato do poder. Este não pode passar sem o tributo. De que maneira, se eu disser "sou o chefe, tenho o poder", irei manifestá-lo? Exigindo de alguém alguma coisa, e essa coisa chama-se tributo. O tributo é o signo do poder e ao mesmo tempo o meio de manter, de assegurar a permanência da esfera do poder, de todos os que cercam o chefe. E a burocracia incha muito depressa a partir do momento em que há um chefe, um déspota. Rapidamente ele é cercado de pessoas que asseguram seu poder, guardas do palácio, guerreiros. Elas podem transformar-se rapidamente em funcionários especializados para arrecadar ou contabilizar o tributo, estatísticos, sacerdotes, enfim, toda a constelação de soldados, funcionários, escribas, sacerdotes surge muito depressa em torno da figura do chefe.

Basta que o campo de aplicação da relação de poder seja um pouco vasto. A partir desse momento, há imediatamente tudo o que cerca a figura do chefe: os sacerdotes, os militares, os escribas, os funcionários, os inspetores etc., e uma vida de corte, uma aristocracia. Toda essa gente não irá trabalhar, em realidade eles têm outra coisa a fazer; não por preguiça, por desejo de gozo, como o mestre em Hegel, mas porque têm outra coisa a fazer, precisam ser sacerdotes, generais, funcionários etc. Não podem simultaneamente cultivar os campos, criar rebanhos, então é preciso que os outros trabalhem por eles.

**Há feiticeiros na sociedade primitiva, xamãs. Como explicar o papel deles?**
Aqui voltamos ao que falávamos há pouco, às ambiguidades do termo poder.

**Sim, creio que em realidade um certo número de nossas questões se deve a esse tipo de ambiguidade, a saber: coerção que assegura a coesão social e, de outro lado, poder político; e parece-me que você distingue muito claramente as duas, enquanto para nós isso era menos claro. Talvez seja esse ponto que mais nos "chocou" no conjunto das questões que chegamos a nos colocar.**
Em primeiro lugar, você diz coerção: não há coerção nas sociedades primitivas.

**O exemplo, a necessidade de retribuir, de dar e de retribuir, de receber e de retribuir.**

A troca e a reciprocidade! Seria absurdo negar, digamos, a obrigação de trocar, de trocar bens ou serviços, como a de trocar as mulheres para respeitar as regras matrimoniais, e em primeiro lugar a proibição do incesto, mas a troca dos bens que ocorre todo dia, que se vê, é principalmente a do alimento; aliás, não se percebe muito bem que outra coisa poderia circular. Isso se passa entre quem e quem? Quais são as pessoas englobadas nessa rede de circulação dos bens? São principalmente os parentes, o parentesco, o que implica não apenas os consanguíneos mas também os aliados, os cunhados... É uma obrigação, mais ou menos da mesma maneira que é uma obrigação, para nós, dar um presente a um sobrinho ou levar flores a uma avó. Ademais, essa é uma rede que define o que poderíamos chamar os seguros sociais. Com quem um indivíduo de uma sociedade primitiva pode em princípio contar? Com seus parentes. A maneira de mostrar que se conta eventualmente, em caso de necessidade, com a ajuda dos parentes e dos aliados, é oferecer-lhes alimentos, é um circuito permanente de pequenas oferendas. Isso não é complicado; quando as mulheres cozinham, quando a carne ou alguma outra coisa está pronta, vê-se imediatamente a própria mulher, ou um filho que ela envia, levar uma pequena quantidade, quase simbólica, de alimento – não se trata de uma refeição – a essa ou àquela pessoa. São quase sempre parentes ou aliados, e por que se faz isso? Porque se sabe que eles próprios farão o mesmo; pode-se contar com eles em caso de necessidade, de catástrofe... são os seguros, a previdência social. É uma previdência social que não é de Estado, é de parentesco. Mas um selvagem jamais pensaria em oferecer o que quer que seja a alguém de quem ele nada tem a esperar. Isso nem mesmo lhe passaria pela cabeça! É por isso que o campo das trocas é reduzido, não digo exclusivamente, mas principalmente, às redes de aliança e de parentesco. Mas pode haver, naturalmente, outros tipos de troca que tenham, elas sim, uma função diferente, que são mais ritualizadas e que dizem respeito, por exemplo, às relações de uma comunidade com outra comunidade. Nesse caso, estamos na ordem das "relações internacionais", de certo modo. As trocas entre parentes e entre aliados, de que eu falava, se passam no interior da comunidade.

Você falou há pouco do xamã. De fato, o xamã, não há dúvida, é provavelmente o homem que possui mais poder. Mas qual o seu poder? Não é em absoluto um poder de natureza política; quero dizer que o lugar no qual se inscreve na sociedade não é em absoluto um lugar a partir do qual ele possa dizer "sou o chefe, portanto vocês vão obedecer". De modo nenhum. Há xamãs, nos diferentes grupos, que têm uma maior ou menor reputação, conforme sejam melhores ou piores xamãs. Há xamãs que têm uma reputação formidável, isto é, cuja reputação se estende até a grupos distantes que nem sequer o conhecem. O xamã, enquanto médico, isto é, enquanto senhor das doenças, é senhor da vida e da morte: ele põe e tira a doença do corpo do paciente, é senhor da vida. Enquanto tal, ele trata e cura. Mas, ao mesmo tempo, ele é necessariamente senhor da *morte*, isto é, ele manipula as doenças, e, se é capaz de arrancar a doença, ou melhor, de arrancar uma pessoa à doença, inversamente é capaz de lançar a doença sobre alguém. O que faz que o ofício de xamã não seja um ofício garantido, porque, se algo de anormal acontece na sociedade (seja que o xamã fracasse várias vezes em suas curas, seja que algo diferente ocorra), o xamã funcionará, de preferência, como bode expiatório na sociedade. Ele será responsabilizado pelo que se passa, pelas coisas anormais que se passam na sociedade, pelas coisas que amedrontam e inquietam as pessoas, será visto como responsável porque, enquanto senhor da vida, é também senhor da morte. Dirão "é ele", é ele que lança malefícios, que faz as crianças adoecerem etc. O que se faz nesse caso? Bem, na maioria das vezes o xamã é morto!

É por isso que eu dizia há pouco que o ofício de xamã não é um ofício garantido. Mas, em todo caso, o prestígio e o respeito de que o xamã pode gozar numa tribo não lhe dá a menor possibilidade de fundar o Estado, de dizer: "sou eu que comando"; ele nem pensaria nisso.

**Seu prestígio não está sujeito a caução? Ele não é necessariamente um personagem, digamos, sagrado? Nas duas "histórias" que você relata sobre os xamãs, as pessoas zombam deles.**

Os xamãs não pertencem de modo nenhum ao sagrado. A relação dos índios com o xamã não é de modo nenhum como a do indígena dos Andes, outrora, com o Inca, ou como a do cristão com o Papa. Simplesmente sabe-se que, em caso de doença, pode-se contar com ele, e sabe-se também que é preciso ficar atento porque ele tem poderes – não o Poder, mas poderes, o que não é em absoluto a mesma coisa. Como ele é auxiliado por espíritos assistentes (como e por que ele é auxiliado por espíritos assistentes? Porque ele aprendeu, para ser xamã é preciso um longo tempo, anos e anos, digamos, de estudos), o xamã tem poderes, mas isso jamais lhe dará o poder, ele não o aceita! E para que lhe serviria? As pessoas ririam dele! Não, seguramente a origem do poder não deve ser buscada, em minha opinião, no prestígio do xamã. Não é certamente desse lado.

**Ele é um "inspirado"... Há relação entre o xamã e o profeta?**

Nenhuma. Os xamãs devem ser vistos exatamente como médicos. Eles medicam as pessoas de sua comunidade e, ao mesmo tempo, matam os inimigos. Um xamã medica as pessoas de sua comunidade e, se lhe pedirem, as pessoas das comunidades aliadas, e também mata os inimigos. Nesse sentido, é um puro instrumento da comunidade. Como ele mata?

Mata como um xamã, convoca todo o seu exército de espíritos-assistentes e manda matar os inimigos. De modo que, por exemplo, se numa comunidade *x* uma criança ou outra pessoa morre, e o xamã local não conseguiu medicá-la, as pessoas dirão: "Foi o xamã de tal grupo que matou essa pessoa", donde a necessidade de vingar-se, de fazer um reide.

O xamã é isso. Ele funciona como médico para a comunidade e como máquina de guerra a serviço da comunidade contra os inimigos. Um profeta jamais é um médico, ele não medica as pessoas. Aliás, para dar um exemplo da América do Sul, houve profetas entre os Tupi-Guarani, mas todos os cronistas distinguem perfeitamente entre os xamãs, de um lado, que são feiticeiros, médicos, e os profetas, de outro. Os profetas falam, fazem discursos de comunidade em comunidade, de aldeia em aldeia. Denominam-se com um nome particular, os *karai*, enquanto os xamãs denominam-se os *pajé*. A distinção é perfeitamente clara. Penso mesmo que se pode ir um pouco mais longe e dizer que o profeta não é um antigo xamã. É uma figura realmente diferente.

## A GUERRA

**Numa nota de rodapé das *Memórias de Gerônimo*, este é definido como xamã guerreiro. O que isso pode querer dizer?**

Não sei. Isso tem uma importância secundária. Gerônimo era um chefe guerreiro. É possível que ao mesmo tempo tivesse alguns talentos de xamã, conhecesse cantos especiais. Mas ele era sobretudo um chefe guerreiro.

**Poderíamos retomar essa questão da guerra, a saber: qual o estatuto da guerra nas sociedades primitivas? O que nos leva de volta ao problema de saber se devemos falar de sociedades isoladas ou**

**de conjuntos de sociedades, de relações entre grupos. É a guerra um fenômeno excepcional, ou ela faz parte do cotidiano, da vida da comunidade? Na medida em que se fala do papel do chefe no momento da guerra, o que isso pode querer dizer? É um fenômeno excepcional ou estaria no horizonte de toda a vida social?**

Isto é certo: a guerra está inscrita no ser mesmo das sociedades primitivas. Quero dizer que a sociedade primitiva não pode funcionar sem a guerra; portanto, a guerra é permanente. Dizer que na sociedade primitiva a guerra é permanente não quer dizer que os selvagens guerreiam da manhã à noite e o tempo todo. Quando digo que a guerra é permanente, quero dizer que, para uma comunidade dada, há sempre inimigos em alguma parte, portanto pessoas suscetíveis de vir nos atacar. O ataque em questão só se produz de tempo em tempo, mas as relações de hostilidade entre as comunidades são permanentes; por isso digo que a guerra é permanente, o estado de guerra é permanente.

Por quê? Aqui, voltamos àquilo de que falamos logo no início, a propósito do tamanho das sociedades. Eu dizia em que condição uma sociedade podia ser primitiva. Uma dessas condições, essencial, é o tamanho da sociedade, da comunidade; penso que não pode haver sociedade ao mesmo tempo grande e primitiva. Para que uma sociedade seja primitiva, ela deve ser pequena. Para que uma sociedade seja pequena, ela deve recusar ser grande, e, para recusar ser grande, há como técnica, universalmente utilizada nas sociedades primitivas e, em todo caso, nas sociedades americanas, a fissão, a cisão. Ela pode ser perfeitamente amistosa. Mas, quando a sociedade julga, calcula que seu crescimento demográfico ultrapassa um certo limiar ótimo, há sempre alguém que propõe a partida a um certo número de pessoas. Em geral, essas separações seguem linhas de parentesco; pode ser um grupo de irmãos que decidem fundar uma outra comunidade, que será naturalmente aliada da que eles abandonam, pois não apenas são aliados como também parentes. Mas eles fundam outra comunidade; logo, há um processo permanente de cisão.

Igualmente importante, porém, é o fato da guerra, pois a guerra primitiva, a guerra nas sociedades primitivas, aquele estado de guerra permanente de que eu falava, que se torna efetivo de tempo em tempo, isso depende realmente das sociedades. Todas ou quase todas as sociedades primitivas são guerreiras. Elas o são com mais ou menos intensidade; há povos muito guerreiros, há povos que o são menos, mas para todos, sempre, a guerra faz parte do horizonte. Quais são os efeitos da guerra? Os efeitos da guerra são manter constantemente a separação entre as comunidades. De fato, com inimigos pode-se ter apenas relações de hostilidade, isto é, de separação: essa relação de separação, de hostilidade culmina na guerra efetiva, mas o efeito da guerra, o estado de guerra é manter a separação entre as comunidades, isto é, a divisão. O efeito principal da guerra é criar o tempo todo o múltiplo; com isso, a possibilidade de haver o contrário do múltiplo não existe. Enquanto as comunidades estiverem, por meio da guerra, num estado de separação, de frieza ou de hostilidade entre si, enquanto cada comunidade assim se mantiver na autossuficiência – quase se poderia dizer, na autogestão –, não pode haver Estado. A guerra nas sociedades primitivas consiste antes de tudo em impedir o uno; o uno é primeiramente a unificação, ou seja, o Estado.

**Seria possível voltar aos fenômenos de cisão? Você disse que eram sociedades pequenas e, assim que cresciam, elas se cindiam. Como explica que as sociedades tupi-guarani tenham atingido dimensões bastante colossais? Por que esse mecanismo de cisão deixou de funcionar?**

Aqui não posso responder com muita precisão, exceto quanto aos números. A particularidade dos Tupi-Guarani na América do Sul é que as tribos ou comunidades que constituíam o que chamo a sociedade tupi-guarani eram de um tamanho muito considerável, a tal ponto que somos forçados a pensar numa espécie de explosão demográfica, mas guardadas as proporções: não é como a China ou a Índia. Explosão demográfica, aliás, que levou os Tupi-Guarani a uma espécie de expansão territorial; eles passaram a ocupar um espaço gigantesco. Muito provavelmente porque tinham necessidade de espaço vital; como eram ao mesmo tempo muito numerosos e muito guerreiros, eles expulsavam os ocupantes que encontravam e estabeleciam-se no lugar deles; expulsavam ou matavam, ou então os integravam... não sei. Mas, em todo caso, eles chegavam e estabeleciam-se no lugar dos outros depois de tê-los afastado.

Então, por que isso? Por que há entre eles esse notável crescimento demográfico? Quanto a mim, nada sei a respeito. E não é apenas um problema de etnólogo, é um problema que envolve muita gente, geneticistas, ecologistas... Não sei dizer mais que isso. Mas, em todo caso, o que posso dizer (e que se observa cada vez mais à medida que pesquisadores se interessam pelas questões de população nas sociedades primitivas) é que as sociedades primitivas são, digamos, "sociedades da codificação", para empregar o vocabulário de *O anti-Édipo* [de Guattari e Deleuze]. Digamos que a sociedade primitiva é toda uma multiplicidade de fluxos que circulam, ou então, outra metáfora, uma máquina com seus órgãos. A sociedade primitiva codifica, isto é, controla, tem em mãos todos os fluxos, todos os órgãos. Quero dizer com isso que ela controla o que se poderia chamar o fluxo do poder; ela o controla e o mantém dentro dela, não o deixa sair; pois, se o deixar sair, haverá conjunção entre chefe e poder, e aí caímos na figura mínima do Estado, isto é, na primeira divisão da sociedade (entre o que comanda e os que obedecem). Ela não deixa que isso ocorra; a sociedade primitiva controla esse órgão que se chama a chefia.

Mas parece haver um fluxo que na sociedade primitiva às vezes sai de controle, é o fluxo demográfico. Diz-se com frequência que as sociedades primitivas sabiam controlar sua demografia; às vezes isso é verdade, outras vezes não. É evidente que, no que se refere aos Tupi-Guarani, no momento em que os conhecemos, isto é, logo no início do século XVI, isso não os perturbava, porque estavam em expansão territorial. Não havia problema. Mas teria havido um problema se, por exemplo, sendo obrigados a ter uma expansão territorial, eles tivessem encontrado adversários decididos e determinados a proteger o território que eles queriam ocupar. O que teria acontecido? Quando há abertura demográfica e fechamento territorial, surgem problemas. Então, há talvez uma coisa que escape à sociedade primitiva, a demografia.

Há muitas técnicas para controlar a demografia: a prática constante do aborto, a prática muito corrente do infanticídio, a grande quantidade de proibições sexuais; por exemplo, enquanto uma mulher não desmamou uma criança (o desmame ocorre no final de dois ou três anos), quase de uma maneira universal, as relações sexuais são proibidas entre essa mulher e o marido. Se a mulher tem um filho (pois, como eu dizia há pouco, as proibições, os tabus são feitos para ser respeitados, mas também para ser violados), ou se engravida enquanto seu primeiro filho não desmamou, há muitas chances de que se pratique o aborto ou de que a criança seja morta ao nascer. Apesar disso, pode haver um crescimento considerável da população num horizonte, numa economia e numa ecologia selvagens...

## PODER E LINGUAGEM

**Toda uma série de questões que nos colocamos giravam em torno do problema da linguagem: de um lado, a linguagem é apresentada**

**como estando na origem do poder coercitivo (é a palavra do profeta), de outro, a linguagem se opõe à violência.**
Continuamos naquela questão da codificação. Sabe-se que na América (e não só na América, é algo aparentemente universal), o líder, o chefe da tribo, o chefe na sociedade primitiva, deve ter diversas qualidades que o qualifiquem, a fim de exercer essa função; e, entre outras, há a necessidade de saber falar, de ser um bom orador. Isso foi seguidamente constatado. Então é possível dizer que é porque os selvagens gostam dos belos discursos, sentem prazer em ouvir um bom orador; o que é verdade, eles adoram isso. Mas creio que é preciso ir mais longe, e que, nessa obrigação que impede alguém de ser reconhecido como chefe se não for um bom orador, há alguma coisa que leva a comunidade, a qual reconhece fulano como seu líder, a prendê-lo na armadilha da linguagem. Ela prende o líder na armadilha da linguagem, nos discursos e nas palavras que ele pronuncia. Não se trata simplesmente do prazer de ouvir um belo discurso. Num nível mais profundo e naturalmente não consciente, isso tem a ver com a filosofia política implicada no funcionamento mesmo da sociedade primitiva. O líder, o chefe, isto é, aquele que poderia ser o detentor do poder, o comandante, aquele que dá ordens, ele não pode sê-lo, porque está preso na armadilha da linguagem, preso no sentido de que sua obrigação é falar.

Enquanto estiver na linguagem, *nessa* linguagem (porque dar uma ordem é também falar...), nessa obrigação de ser bom orador, ele não pode livrar-se disso. Caso lhe ocorresse a ideia de passar a um outro tipo de linguagem, que é a linguagem do comando (ele dá uma ordem e a ordem é executada), ele não o conseguiria. De minha parte, não posso compreender essa obrigação de ser um bom orador senão como um dos múltiplos meios que a sociedade primitiva cria para manter na disjunção chefia e poder. Enquanto o chefe estiver no discurso e no que chamei o "discurso edificante", que é um discurso vazio, ele não tem poder.

**Ele conta a história da tribo, as razões que a fizeram...**
Sim, e é um discurso profundamente conservador. Mas conservador de quê? Da sociedade. É um discurso contra a mudança, entre outras, a mudança mais considerável que poderia ocorrer na sociedade primitiva: aquela que deixaria aparecer um sujeito que dissesse à sociedade "sou eu o chefe e agora vocês vão obedecer". Portanto, é para que o chefe não possa dizer isso que ele é um bom orador, ele está agora imobilizado, é prisioneiro no espaço da linguagem. Enquanto estiver no espaço da linguagem, ele está no interior de um círculo de giz e não pode sair. Ele é o homem que fala, nada mais.

**E que as pessoas não são sequer obrigadas a escutar, não é mesmo?**
Sim, não há nenhuma obrigação. Se elas fossem obrigadas a escutar, haveria lei, já se teria passado para o outro lado. Não há nenhuma obrigação nas sociedades primitivas, ao menos nas relações sociedade/chefia. O único que tem obrigações é o chefe. Ou seja, é rigorosamente o contrário, a inversão total do que se passa nas sociedades onde há Estado.

**O chefe é aquele que deve obedecer?**
Em nossos países, é o contrário; é a sociedade que tem obrigações em relação a quem comanda, enquanto o chefe não tem nenhuma. E por que o chefe que comanda, o déspota, não tem nenhuma obrigação? Porque ele tem o poder, obviamente! Então, o poder quer dizer precisamente: "As obrigações, agora, não mais são minhas, são de vocês". Na sociedade primitiva, é exatamente o contrário. Somente o chefe tem obrigações: obrigação de ser bom orador, e não

apenas de ter talento, mas de prová-lo constantemente, isto é, de presentear as pessoas com seus discursos, obrigação de ser generoso.

O que quer dizer a obrigação de ser generoso em sociedades nas quais, digamos, a atividade é autossuficiente ao nível das unidades de produção? As unidades de produção são as famílias elementares (um homem, uma mulher e os filhos). Elas são autossuficientes, ou seja, cada unidade, colocando entre parênteses os pequenos fluxos de bens que são trocados, não tem necessidade das outras (ou quase) para subsistir; por outro lado, sua produção não vai além de suas necessidades. Mas, para o chefe, é muito diferente, porque ele é obrigado a ser generoso, é obrigado (se quiser cumprir seu dever de generosidade) a fazer sua produção ir além de suas necessidades. É obrigado a fazer que sua produção inclua suas obrigações de líder, isto é, a ter sempre um pequeno estoque de diversas coisas a colocar em circulação eventualmente, se lhe pedirem. Portanto, ser chefe quer dizer fazer discursos para não dizer nada (se quisermos dizer a coisa de uma forma resumida) e trabalhar um pouco mais que os outros. Quando digo que na sociedade primitiva o chefe é o único a ter obrigações em relação à sociedade, pode-se tomar isso ao pé da letra, é verdade.

**Por que tornar-se chefe? Quem se torna chefe e por quê?**

Como alguém se torna chefe? Em primeiro lugar, é preciso haver um chefe. Mas veja bem, não estou dizendo: "É preciso haver o Estado. Se não houver chefe, estamos perdidos; é preciso haver alguém que comande". Não se trata disso, pois o chefe não comanda, precisamente. Mas a máquina social primitiva só funciona bem se ela tiver, não sei exatamente como dizer, um porta-voz. O chefe é em primeiro lugar um porta-voz, no sentido próprio. Nas relações intertribais ou intercomunitárias, é evidente que todos não vão falar ao mesmo tempo, caso contrário nada mais se entende. Ora, as relações intertribais são essenciais, em razão mesmo do estado permanente de guerra. Quando se tem inimigos, convém ter aliados; convém ter redes de alianças, e os negociadores, os porta-vozes das comunidades, são os líderes, em razão do fato, precisamente, de serem hábeis no falar. Mas penso que se poderia ir um pouco mais longe e dizer que sem líder a sociedade seria incompleta. Pareço contradizer-me completamente, mas explico-me em seguida, baseando-me, aliás, em dados etnológicos. Uma sociedade que não tivesse líder, um sujeito que fala, seria incompleta, no sentido de que é preciso que a figura do poder possível (isto é, o que a sociedade quer impedir), o lugar do poder, não sejam perdidos. É preciso que esse lugar seja definido. É preciso alguém do qual se possa dizer: "Aí está, o chefe é ele, e é precisamente ele que impediremos de ser o chefe". Se ninguém puder dirigir-se a ele para pedir-lhe coisas, se não houver essa figura que ocupa o lugar do poder possível, não se pode impedir que o poder se torne real. Para impedir que o poder se torne real, é preciso montar uma armadilha nesse lugar e ali pôr alguém, e esse alguém é o chefe. Quando ele é chefe, dizem-lhe: "A partir de agora, és aquele que vai ser o porta-voz, aquele que fará discursos, aquele que cumprirá corretamente sua obrigação de generosidade; vais trabalhar um pouco mais que os outros, vais ser aquele que está a serviço da comunidade". Se não houvesse esse lugar, o lugar da aparente negação da sociedade primitiva enquanto sociedade sem poder, ela seria incompleta.

Eu me lembro... estava há três anos, com meu colega Jacques Lizot, entre os índios Yanomami, na Amazônia venezuelana; é a região das nascentes do Orenoco, na divisão do extremo sul da Venezuela e do extremo norte do Brasil, isto é, o coração do sistema amazônico; digamos que é ainda um dos últimos espaços "em branco" da Amazônia. E lá vive a última grande sociedade primitiva do mundo, certamente, pois os Yanomami contam-se, embora seja bastante difícil avaliar, entre 12 e 15 mil, o que é enorme, quando comparado com os números atuais dos índios da América. Estávamos numa pequena comunidade de 50-60 pessoas. E, em consequência de não sei que conflito intracomunitário, não havia mais líder. Não sei o que eles haviam feito dele, se o haviam matado ou se ele se demitira, se é possível dizer, ou fora embora. Em suma, era uma comunidade sem líder, sem porta-voz. Não havia ninguém que pudesse desempenhar o papel de chefe do protocolo, porque é um pouco assim... Eles receberam a visita de um grupo aliado, o qual tinha um líder, isto é, o sujeito que falava; e esse sujeito fez um belo discurso ao grupo que não tinha líder. Disse-lhes: "Vocês são menos que nada, não têm sequer líder, não chegarão a nada". Ele não estava de modo nenhum querendo dizer: "Vocês precisam de alguém que comande, de um chefe (no sentido em que o entendemos atualmente)". Ele estava bem situado para saber isso; sabia muito bem que não comandava, mas quase se irritava de ver o que via, porque o espetáculo não era completo. Havia um lugar que, pode-se dizer, está estruturalmente inscrito na sociedade primitiva, que é o lugar da chefia, e esse lugar estava desocupado. "Se não tiverem líder, vocês estão perdidos", porque havia um vazio, uma ausência; faltava um órgão.

Penso que o órgão existe a fim de poder ser codificado. Se ele não existe, então não se sabe exatamente onde buscá-lo. É preciso que se possa vê-lo. Se esse lugar não é ocupado, a sociedade não é completa. Naturalmente não estou querendo dizer que, se não houver chefe, no sentido de chefe que comanda, nada funciona. É o contrário, precisamente. E, se o lugar do poder aparente está vazio, então chegará talvez um tipo qualquer, de um lugar qualquer, e lhes dirá: "Sou eu o chefe, eu comando". Eles se arriscam a ficar embaraçados, porque não há mais o chefe do protocolo, o porta-voz, o homem que faz os discursos, para dizer: "Nada disso, sou eu". E penso que é por essa razão que, no episódio que acabo de contar, o líder visitante dizia aos outros: "Vocês são nada, se arriscam a ser nada, porque estão à mercê de qualquer um, de qualquer coisa".

**Isso é um pouco como se a palavra fosse considerada como potencialmente perigosa, e que, ao localizá-la num lugar preciso, se evitasse fazê-la perigosa. E então o profeta seria aquele que a tomaria de outra parte, de uma outra parte incontrolada e incontrolável?**
Sim, claro. Poderíamos dizer, resumindo numa fórmula, que, quando o lugar do poder é ocupado, quando o espaço da chefia é preenchido, não há erro possível, a sociedade não se enganará sobre aquilo do qual deve desconfiar, pois está aí diante dela. O perigo visível, perceptível, é fácil de conjurar, pois o temos sob os olhos. Quando o lugar está vazio (e jamais fica vazio por muito tempo), qualquer coisa é possível. Se a sociedade primitiva funciona como máquina antipoder, ela funcionará tanto melhor se o lugar do poder possível estiver ocupado. Foi o que eu quis dizer. Portanto, para além das funções cotidianas que o chefe cumpre, que são funções quase profissionais (fazer discursos, servir de porta-voz nas relações com os outros grupos, organizar festas, dirigir convites), há uma função estrutural, no sentido de que faz parte da estrutura mesma da máquina social, e que é a necessidade de esse lugar existir e estar ocupado, para que a sociedade como máquina contra o Estado tenha constantemente sob os olhos o lugar a partir do qual sua destruição é possível: é o lugar da chefia, do poder que ela deve tornar inexistente (e ela consegue isso perfeitamente). É nesse sentido que eu dizia que, se não houvesse esse lugar, ela seria incompleta.

**A constância do discurso e também a constância do controle do grupo sobre o discurso do chefe seria talvez o meio de ver se ele não enlouquece? Enfim, o meio de ver se ele não quer monopolizar o poder?**

Com certeza. Enquanto ele faz discursos – e isso ocorre geralmente todos os dias ou quase – e enquanto faz o mesmo discurso, as pessoas estão tranquilas, porque o chefe enquanto orador também nunca diz coisas diferentes daquilo que a sociedade quer ouvir. Ele próprio funciona como órgão de manutenção da sociedade (enquanto sociedade sem poder), pois o que ele diz é um discurso que se refere constantemente às normas tradicionais da sociedade; é o discurso "edificante": "Vivemos perfeitamente assim até agora, respeitando as normas que nossos antepassados nos ensinaram, sobretudo sem nada alterá-las".

Em *Yanoama* (livro lançado na coleção [Terre Humaine/Plon] onde publiquei a *Crônica dos índios Guayaki*), fala-se dos índios que mencionei há pouco, os Yanomami. É absolutamente apaixonante. O autor é um italiano, Ettore Biocca, mas, em realidade, não é ele o autor; ele não passa de um escroque. O verdadeiro autor é uma mulher chamada Helena Valero, uma brasileira que foi raptada pelos índios Yanomami. Isso se passou em 1939. Ela desapareceu completamente e só reapareceu 21 ou 22 anos depois, com quatro filhos. Portanto, passou mais de vinte anos nessa sociedade incrível, da qual escapou. O livro em questão é o relato que ela faz a esse italiano, que não julgou indecente assinar ele próprio o livro, simples transcrição de cem horas de gravação. Enfim, é um episódio formidável. Ela narra vinte anos de sua vida lá. Nem sempre foi divertido, porque não se deve ter uma visão ingênua dos selvagens. Convém sobretudo não tomar ao pé da letra o que diz [Yannick] Jaulin, por exemplo, sobre os índios: as intenções são boas, talvez, mas é radicalmente falso.

Em suma, ela fala longamente de seu primeiro marido. Por ter se tornado índia, essa mulher teve dois maridos; em todo caso, ela fala de dois maridos em seu relato; e fala sobretudo do primeiro, por quem sentia o que se poderia chamar de amor. Faz dele um retrato comovente. Quem era esse cara? Era um líder, justamente. Ele a tomou como sua última mulher, já tinha quatro a seu lado. Era uma situação clássica: o líder sempre tem muitas mulheres. Ela foi sua mais recente esposa e, aliás, visivelmente a preferida, talvez porque viesse do mundo dos brancos: ela tinha mais prestígio. Por que esse cara era o líder? A maioria dos líderes yanomami são guerreiros, organizadores de incursões de ataque ao inimigo. E ele era um grande líder, um cara corajoso. Só que aos poucos foi ficando louco. Tornou-se paranoico e megalômano: é a dinâmica da guerra, o destino dos guerreiros. O que quer o guerreiro? Ele quer guerrear o tempo todo. Isso é normal, pois ele é guerreiro. E aos poucos, em vez de fazer guerras que correspondiam ao que queria a sociedade, a tribo da qual era o líder, ele quis fazer guerra por sua própria conta. Tinha uma desavença pessoal, que dizia respeito somente a ele, com um grupo. E quis arrastar sua tribo a essa guerra. Mas essa guerra não era a da sociedade.

Então, o que aconteceu? Poderíamos dizer que uma das diferenças entre os selvagens e os outros é que eles, os selvagens, quando não querem guerrear, não guerreiam; ao passo que para nós, até hoje, quando o Estado quer que façamos a guerra, queiramos ou não, temos sempre de aceitar! O que aconteceu no caso desse líder? As pessoas o abandonaram; abandonaram-no a tal ponto que ele, por um lado, não podendo perder seu prestígio (porque era um guerreiro), não ia dizer: "Está bem, já que vocês não vêm comigo, eu também não vou". Um guerreiro não pode dizer isso. Então, o que ele fez? Partiu ao ataque sozinho e, naturalmente, foi morto! Era um suicídio. Mas ele estava condenado à morte, porque quisera impor sua guerra à sociedade que não a queria. Eis como os chefes são impedidos de serem chefes. Aqui, há um exemplo magnífico. É o que acontece constantemente a Gerônimo, independentemente do fato de ser um herói.

**Há dois aspectos: de um lado o fato de Gerônimo ter um ódio absolutamente visceral aos mexicanos...**
Mas também a outros índios, a outros Apache...

**Mas ele era aparentemente mais motivado pelas guerras contra os mexicanos do que contra os americanos do Norte...**
Porque ele havia sofrido pessoalmente, já que os mexicanos haviam matado sua primeira família e sua mãe; mas a muitos outros Apache também...

**Por outro lado, mesmo quando ele partia com dois ou três sujeitos, se eles voltavam após terem sido batidos, voltavam envergonhados e fazia-se silêncio. Mas se obtivessem uma vitória (mesmo sendo dois ou três que partiram), havia uma festa. Era uma "retratação" nitidamente mais limitada do que no caso do líder yanomami...**
Sim, mas aí pode-se levar em conta o fato de que, provavelmente, os Apache sabiam muito bem que podiam ter necessidade dele a qualquer momento; afinal, era competente como guerreiro (como provou suficientemente).

**Certo, mas ao mesmo tempo, em suas Memórias e nas de seu sobrinho Cochise Jr. (as duas coincidem em muitos pontos), vê-se a imagem que Gerônimo podia ter na sociedade apache. O massacre de sua família foi em 1858. Em 1859 dá-se o grande ataque de todos os Apache, como vingança. No mesmo ano ele volta a atacar com dois**

**companheiros; há um fracasso; todos se calam, não se fala disso...**
Os dois companheiros foram mortos e só ele voltou. Havia muitas expedições com apenas dois ou três sujeitos...

**Em dez anos, até 1868, houve todo ano uma ou duas expedições; mas em 1863, por exemplo, ele partiu com três companheiros; foram vitoriosos; e, quando voltaram, houve uma grande festa. A retratação era limitada; Gerônimo era deixado em seu canto, fazia o que queria; consideravam-no um pouco como um marginal, mas não como um perigo potencial.**
O que é que ele, Gerônimo, gostaria que acontecesse? Exatamente como aquele chefe amazônico, de que eu falava há pouco. Ele gostaria que, toda vez que tivesse vontade, os outros tivessem vontade também. Gostaria de arrastar consigo dois ou três ou quatrocentos Apache, e eles não queriam.

**Mas ele não era chefe de tribo. Não estava no lugar de uma chefia.**
De fato, não era um chefe no sentido institucional; era um chefe guerreiro, conhecido como tal por causa de sua competência técnica. Era um técnico da guerra, um especialista. Então, quanto tinham necessidade dele, chamavam-no. Mas quando ele queria fazer sua guerra e tinha necessidade dos outros, se os outros não quisessem, eles não iam; só isso.

**Se Gerônimo era temido, era sobretudo de maneira indireta, naquele período de dez anos (de que fala especialmente Cochise Jr.), pois ele fazia incursões e havia represálias; mas, considerando o fato de que ele, pessoalmente, queria fazer sua guerra, não me parece que houvesse uma reprovação, as pessoas simplesmente não o acompanhavam.**

É isso. Mas, no caso do guerreiro yanomami, ele queria impor sua guerra à sociedade; os outros não quiseram; ele era o líder de um grupo bastante numeroso (entre 150 e 200 pessoas). Visitei esse grupo; ele já era bastante considerável. É a comunidade clássica amazônica. As pessoas não bateram nele nem o mataram, simplesmente viraram-lhe as costas.

Mas conheço um outro caso, num outro grupo, de um sujeito que também era líder guerreiro, e este foi muito mais longe. Em razão de seu prestígio e de sua violência (era um tipo violento), ele começou a dirigir sua violência contra as pessoas do grupo do qual era líder. Isso durou um momento; depois, um dia, ele foi morto. Não faz muito que isso aconteceu (uma dezena de anos), é relativamente recente. Foi morto no meio da praça em torno da qual está edificada a aldeia. Foi morto por todos. Contaram-me que umas trinta flechas o perfuraram! Eis o que acontece com os chefes que querem bancar os chefes. Em alguns casos, as pessoas viram-lhe as costas, é o suficiente. Se não, ele é simplesmente liquidado. É algo mais raro, mas está no campo de possibilidades da relação entre a sociedade e a chefia, se a chefia não permanece em seu lugar.

**É a diferença em relação a Gerônimo: não parece que ele quisesse se impor. Ele dizia: "Eu parto; há companheiros que vêm comigo?". Só isso.**

Provavelmente ele fazia um pouco de chantagem. Pode-se muito bem imaginar o que ele devia dizer-lhes: "Vocês são covardes; os mexicanos nos matam e vocês não querem sequer continuar a se vingar"; e depois: "Como? Vocês se recusam a me acompanhar, a mim que lhes proporcionei essa vitória total?". Porque a primeira vez, de fato, foi uma vitória total sobre os mexicanos... Mas pense agora em outros exemplos, sempre na América do Norte: os equivalentes de Gerônimo em outras sociedades, os "grandes chefes" do *Western*, Touro Sentado, Nuvem Vermelha e outros. Eram grandes líderes, mas que não tinham o menor poder. Nuvem Vermelha, que, por volta de 1865, era capaz de arrastar consigo uma "nuvem" de cavaleiros sioux (300 ou 400), não tinha o menor poder, no sentido de comando. Não comandava absolutamente nada. Era apenas um sujeito muito inteligente. É preciso ver também que os líderes são os sujeitos mais inteligentes da comunidade, os mais finos, os mais políticos para desenvolver, em relação às outras comunidades, não a estratégia deles, mas a da comunidade da qual são puramente os instrumentos. Nuvem Vermelha, Touro Sentado e outros, pode-se dizer que adquiriram um prestígio muito grande, mas não estavam de modo algum do lado do poder. É algo bem diferente.

**Uma questão mais geral a propósito do tipo de interrogação que você pode formular sobre nossa sociedade contemporânea, a partir do estudo das sociedades primitivas: não há uma espécie de "utilização" da sociedade primitiva? É um pouco a questão colocada no começo desta entrevista. Julguei perceber, à leitura dos textos de *A sociedade contra o Estado*, um certo número de referências mais ou menos implícitas a pessoas como Nietzsche (você fala do *gai savoir* dos índios...). Pergunto-me se a referência aos primitivos não funciona como pode funcionar no pensamento de Nietzsche ou de Heidegger a referência aos pré-socráticos, isto é, aos que estão antes e, ao mesmo tempo, aos que são exteriores, de modo que não se pode pensar a passagem dos pré-socráticos a Sócrates, dos primitivos aos "civilizados". Tenho a impressão de que não se trata apenas de analogia ou de conivência com o leitor, mas que isso recobre outra coisa em seu procedimento.**

De fato, ao menos nos textos mais antigos – porque ali, afinal, há um vocabulário filosófico; é o caso do mais antigo, que intitulei "Troca e poder: filosofia da chefia indígena" [cf. cap. 2 *supra*], escrito em 1962, faz um bom tempo; fora isso, não tenho grandes mudanças a fazer nele – podem me acusar de trocar de ideias como se trocam camisas! Mas, naquela época, eu não havia saído da filosofia, continuava sendo um estudante de filosofia; estava há muito preparando o concurso para o magistério. E devo dizer estava envolvido, de fato, com Heidegger. Então, são tiques que marcam o momento em que escrevi aquilo, embora nem sempre sejam somente tiques: quando Heidegger diz: "A linguagem *é* a morada do ser; em seu abrigo, habita o homem", "O homem *é* o pastor do Outro", isso poderia ser dito dos selvagens. Há nas sociedades primitivas um respeito à linguagem, que não existe noutra parte. Aqui seria preciso citar as falas produzidas pelos selvagens. Foi um pouco por isso que escrevi *Le Grand parler* [*A fala sagrada*, 1974].

As referências a Heidegger, Nietzsche, estavam presentes, mas não foram muito além daquele momento. Com exceção de Nietzsche... Posso reconhecer e afirmar claramente a influência de Nietzsche, sobretudo da *Genealogia da moral*. Porque, se não tivesse refletido um pouco sobre a *Genealogia da moral*, eu teria tido mais dificuldade de escrever algo como "Da tortura nas sociedades primitivas" [cf. cap. 10 *supra*]. Isso é certo. Mas aqui a referência não é mais literária e para fazer bonito; ela é séria. A gente percebe que alguém como Nietzsche, que provavelmente desconhecia e era indiferente (com razão) à etnologia de sua época, via com uma clareza infinitamente maior que todos em sua época a questão da memória, da marca...

**Haveria uma questão sobre a relação com a natureza. Você diz, por um lado, que isso não é determinante; por outro lado, após ter lido**

***Pés nus sobre a terra sagrada*, tive a impressão de que os índios tinham uma atitude radicalmente diferente da nossa em relação à natureza, uma atitude, digamos, de respeito, e um grande espanto diante do branco que profana alegremente. Será que isso corresponde a algo que você percebe? Há uma diferença de atitude ou seria apenas uma diferença aparente?**

*Pés nus sobre a terra sagrada* são textos recolhidos por McLuhan, com belas fotos. Li apenas dois ou três textos; há alguns magníficos. Para voltar àquilo de que falamos antes, eis aí um exemplo da linguagem, da maneira de falar dessa gente. É esplêndido. É profundamente emocionante. É preciso ser um "selvagem" para falar assim, mais ninguém o consegue. Impossível encontrar hoje algo semelhante. Sem reduzir a questão ao modo de produção, há uma ligação com ele, e mesmo uma ligação profunda. O selvagem é um sujeito que não saqueia. Ele tira da natureza aquilo de que necessita. Quando suas necessidades estão satisfeitas, ele se detém. Essa é precisamente toda a questão da economia primitiva. A economia primitiva, como toda economia, destina-se a satisfazer necessidades. Quando o selvagem julga que suas necessidades estão satisfeitas, ele interrompe uma atividade de produção. Portanto, não irá cortar inutilmente galhos de árvores, nem caçar por nada um animal. Nunca fará isso. Ele caça o animal para comer carne. Por isso, as sociedades primitivas seguramente não corriam o risco de destruir o ambiente. Por outro lado, pode-se dizer que as sociedades primitivas, com as diferenças ecológicas locais, haviam realizado perfeitamente o que Descartes queria: ser senhor e possuidor da natureza! Os índios da Amazônia são perfeitamente senhores de seu ambiente, que é a Floresta Tropical. Os esquimós são perfeitamente senhores de seu ambiente, que é a neve e o gelo: trata-se de uma economia sem agricultura, por definição! Os australianos, os homens do deserto, com pouquíssima água, em circunstâncias ecológicas que nos parecem não apenas duras, mas impossíveis, tornaram-se senhores de seu ambiente; não digo que não teriam sido mais noutra parte, é possível; em todo caso, lá onde estavam, eles eram senhores de seu ambiente; quando tinham sede, sabiam onde achar água... não ficavam na penúria. Aliás, isso não é complicado: uma sociedade, por definição, controla seu ambiente. Porque, se não o controlar, ou ela morre ou vai embora. A sociedade primitiva controla absolutamente seu ambiente, mas o controla em vista de quê? Não para construir o capitalismo, isto é, para acumular, para produzir além das necessidades; ela produz até as necessidades e não vai além, são sociedades sem excedente. Por quê? Não porque não se interessem em produzir, porque estejam no ponto zero da técnica. Os selvagens são técnicos perfeitos e, quando digo que cada sociedade é senhora de seu ambiente, não digo isso à toa: eles sabem perfeitamente utilizar todos os recursos do ambiente em relação a suas necessidades. Suas técnicas são muito finas.

Para tomar exemplos americanos, são homens que, em numerosas tribos sul-americanas, tinham uma tecnologia química extremamente refinada, para produzir curare, por exemplo. O curare encontrasse em vegetais, em cipós. O cipó é um cipó, e o curare é uma pequena porção de veneno que se passa nas pontas das flechas. Certamente, entre o cipó e a pequena porção de veneno, há um monte de operações que requerem conhecimentos químicos; primeiro, saber que é de tal cipó, que se deve misturar a outros elementos... Não vejo como se poderia dizer que os conhecimentos científicos dos índios da Amazônia eram inferiores aos dos europeus. Apenas estavam adaptados às suas necessidades.

Nos grandes Estados, nas chamadas altas civilizações (o que não quer dizer nada, não há alta e baixa civilização; simplesmente, com o olhar europeu, as boas civilizações, as altas civilizações são aquelas onde há Estado, como os Incas, os Astecas, o resto sendo as baixas civilizações, inferiores porque sem Estado), as pessoas se surpreendem que não tenha havido a roda. Não é de modo algum uma lacuna ou uma carência. Diz-se mesmo que os astecas, que as crianças astecas, tinham brinquedos que incluíam a roda; além disso, eles esculpiam pedras redondas, sabiam portanto perfeitamente o que era um círculo, e eram certamente capazes de fazer rolar um círculo da mesma maneira que faziam rolar bolas, pois eles tinham jogos de bola. Então, por que não tinham a roda? Porque não lhes servia para nada. Quando abordamos tais problemas, penso que não se deve partir da questão "por quê", mas da questão "para quê lhes teria servido". As pessoas se surpreendem, por exemplo, que no império inca tenha havido um sistema viário fabuloso, inacreditável; os espanhóis ficavam estupefatos, diziam "não há equivalente entre nós", os mais instruídos diziam que aquilo se assemelhava à rede viária dos romanos. Então, um magnífico sistema viário e ausência de roda! Parece contraditório, mas é normal. Para que a roda lhes teria servido? A roda funciona principalmente com a domesticação dos animais de tração, e não havia animal de tração domesticável nos Andes; o único animal domesticável, e ele já o fora efetivamente, era a lhama. Mas a lhama só pode transportar uma pequena carga, não mais que vinte quilos, e portanto prendê-la a uma carroça de nada teria adiantado. Assim, pode perfeitamente haver estrada sem haver roda. Inversamente, quando os selvagens veem algo que lhes é útil, eles o adotam. Aliás, isso é geralmente o sinal do fim; é a história do ferro na América: a chegada do ferro foi uma catástrofe. Em contrapartida, a integração do cavalo em certas sociedades da América do Sul e do Norte foi, por algum tempo, uma espécie de promoção para essas sociedades. O certo é que as sociedades primitivas resolvem os problemas que se colocam a elas. Resolvem-nos sempre. Caso contrário, é simples: se não consegue resolver seus problemas, a sociedade morre, desaparece.

Se eu tomar as principais características das sociedades primitivas, a primeira condição de uma sociedade primitiva, como foi dito no início, é ser pequena. Talvez eu esteja demasiado preso a essas referências demográficas, mas parece-me que o problema da população é sem solução. Na Europa ocidental rica e relativamente pouco povoada, em relação ao Terceiro Mundo, a coisa pode ainda durar algum tempo... Mas quanto ao resto? Tenho a impressão de que pela primeira vez na história da humanidade, que dura já um bom milhão de anos, o que o outro dizia não é mais verdadeiro; o outro é Marx, quando dizia "a humanidade só se coloca os problemas que ela pode resolver". Aqui há problemas insolúveis, entre outros o do crescimento demográfico. Não sei, talvez esteja enganado, mas penso que a questão do crescimento demográfico, que é sempre superior ao crescimento da alimentação, introduz uma defasagem que tende necessariamente a aumentar. É o que estamos assistindo atualmente, a fome no norte da África. Você me dirá, é a seca. Sim, é claro, não tem chovido há anos, mas há outros problemas; além disso, onde talvez seja ainda mais grave, porque lá não se vê solução, é no Bangladesh, na Índia, no Paquistão. Quando vemos os ecologistas, ou os tecnocratas da FAO [Food and Agriculture Organization of the United Nations] ou do Clube de Roma dizerem a mesma coisa, a saber, que dentro de vinte anos haverá 500 milhões de pessoas passando fome na Ásia, na Índia, isso é um desastre, e não tem volta.

É por isso que, em minha opinião, e foi o ponto de partida e será o ponto de chegada, não quero fazer da questão da demografia o *deus ex machina* que explica tudo, mas creio que é um fator fundamental. Pois, se levarmos isto a sério, a saber, que a condição para que uma sociedade primitiva seja primitiva, isto é, sem Estado, enfim, uma sociedade em que haja o mínimo de alienação e portanto o máximo de liberdade, se a condição para tudo isso é que ela seja pequena, o que é que faz, em primeiro lugar, que uma sociedade deixe de ser pequena? É seu crescimento demográfico.

Aliás, a propósito dessa questão, percebe-se que, quando há Estado, ocorre exatamente o contrário do que ocorre na sociedade primitiva. Há pouco falávamos da guerra, o Estado impede a guerra, o Estado impede o estado de guerra. A guerra pelo menos muda completamente de sentido quando se está na sociedade com Estado. O Estado impede a guerra na medida em que ele tem o poder, evidentemente. Ele não pode tolerar a guerra, a guerra civil; ele existe para manter unitárias as pessoas sobre as quais exerce o poder. Mas falávamos de demografia: todos os Estados, pode-se dizer que está inscrito na essência de todos os Estados, são natalistas, todos os Estados querem um aumento quase planejado da população. Enfim, todos os Estados são natalistas, todos querem uma população mais numerosa e alguns planejam a demografia; por um certo lado, os imperadores incas não estavam longe de uma planificação dos nascimentos, mas no sentido do aumento, contando com os casamentos e a quase interdição do estado solteiro. Quando há proibição de ser solteiro, é preciso casar, e então há muita chance de ter filhos...

Todos os Estados são natalistas, necessariamente, porque, quanto maior a população, tanto maior o número de contribuintes, de pessoas que pagam o tributo, os impostos, tanto mais haverá produtores; quanto mais numerosas as massas a manipular, maiores o poder, a riqueza e a força. Por isso pode-se dizer também que a vocação de um Estado, da máquina estatal, não somente do sujeito que a controla num momento dado (penso que está na essência mesma da máquina estatal), é condenar-se à fuga para a frente, à conquista.

A história dos grandes impérios, dos grandes déspotas, é uma conquista permanente, o limite sendo uma outra máquina estatal igualmente forte. É a única coisa capaz de detê-la. Ou então selvagens, selvagens verdadeiros que nada sabem e, sobretudo, não querem saber o que é o Estado. A expansão dos Incas é impressionante; ela se deteve na metade da encosta dos Andes em direção à Amazônia, porque ali começava o reinado dos selvagens, das comunidades e tribos que não queriam saber de pagar tributo a um chefe que eles não aceitavam. Mas, se isso não ocorrer, a vocação de toda máquina estatal é estender-se e, no limite, tornar-se planetária.

**Mas podem os "selvagens" aparecer na sociedade?**
Se você entende por "selvagens" as pessoas de que falamos até aqui, isto é, pessoas que dizem "abaixo os chefes!", essas sempre existiram! Só que está ficando cada vez menos fácil dizer isso. Ou melhor, o destino dos Estados atuais, sob os quais vivemos, é ser cada vez mais estatal, se posso dizer. E não devemos nos deixar levar pelas aparências, ou talvez mesmo pela vontade sincera de alguém como Giscard d´Estaing, isto é, a vontade de liberalismo. Pessoalmente, não considero Giscard mais simpático que Pompidou; talvez raciocino de maneira epidérmica, mas, enfim, fico muito contente de que ele expulse o trio sinistro Marcellin-Druon-Royer.[2] Mas não convém ter ilusões, independentemente da boa vontade ou não do sujeito que, provisoriamente, dirige a máquina estatal.

Em todas as sociedades ocidentais, a máquina de Estado torna-se cada vez mais estatal, ou seja, ela vai ser cada vez mais autoritária;

2. Raymond Marcellin, Maurice Druon e Jean Royer foram, respectivamente, Ministros do Interior, da Cultura e do Comércio e Artesanato, entre 1962 e 1974, quando Georges Pompidou era o Primeiro Ministro do general Charles de Gaulle.

e isso, durante um bom tempo pelo menos, com a concordância profunda da maioria, da geralmente chamada maioria silenciosa; esta última estando igualmente distribuída à esquerda e à direita. Fiquei impressionado com uma pesquisa, publicada no *Le Monde*, sobre as atitudes das pessoas em relação à propriedade privada, portanto em relação a uma futura sociedade socialista na qual o problema poderia se colocar. Dos mais aferrados à propriedade privada e que a defenderiam tenazmente, cerca de 47% eram eleitores comunistas. Então, em minha opinião, marcharemos cada vez mais para formas de Estado autoritárias, porque todos querem mais autoridade. Tão logo Giscard desaparece durante quatro horas, porque está com uma namoradinha em algum lugar, é uma loucura: onde está o chefe? Ele desapareceu, estamos sem comando!

A máquina estatal vai chegar a uma espécie de fascismo, não um fascismo de partido, mas um fascismo interior. Quando digo máquina estatal, não me refiro apenas ao aparelho de Estado (o governo, o aparelho central de Estado). Existem submáquinas que são verdadeiras máquinas de Estado, e que funcionam, às vezes a despeito das aparências, em harmonia com essa máquina central de Estado. Penso nos partidos e nos sindicatos, principalmente no PC [Partido Comunista] e na CGT [Confédération Générale du Travail]. Convém analisar o PC e a CGT (abandono um pouco meu terreno, pois não estamos mais entre os selvagens); convém analisá-los como órgãos muito importantes da megamáquina estatal. Quero dizer com isso que a sociedade, tal como é atualmente, teria a maior dificuldade de funcionar se não houvesse esse fantástico dispositivo intermediário de poder e de preenchimento, capaz de chegar mesmo até o abuso de poder, que constitui o aparelho do PC e da CGT; eles não devem ser separados; são formações produzidas pela mesma sociedade e, de fato, há uma profunda cumplicidade de estrutura; não quero dizer que eles se telefonam à noite para se perguntar: "Então, como foi hoje?". Há uma profunda cumplicidade de estrutura entre [Georges] Marchais e [Georges] Séguy[3] e os príncipes que nos governam. Isso é evidente. E, afinal, o partido, seja qual for, o que ele quer? Quer ocupar o poder; já está preparado para assumir o controle da máquina.

**Não me parece que a sociedade seja cada vez mais coerente e cada vez mais racional. Isso é a visão da ficção científica, no limite, que nos faz ver a evolução da sociedade para o "melhor dos mundos" ou para 1984. Mas pergunto-me em que medida não assistimos, ao contrário, a uma fragmentação, a uma justaposição de oposições que não levam a nada, e que não podemos explicar, digamos, referindo-se a um aparelho que funcionaria, que tampouco podemos explicar como o surgimento de uma nova estrutura no seio da sociedade. É realmente a fragmentação. Retomemos o exemplo da escola; há uma visão da escola como aparelho ideológico (Althusser), você viu o texto... Tenho a impressão de que o que dizemos não remete exatamente ao mesmo tipo de problemática que a sua.**

Penso que estamos próximos, e não para bancar o radical-socialista, aproximando os pontos de vista de maneira artificial. É por haver fragmentação que há mais centralismo; isso me parece completamente ligado. O capitalismo contemporâneo desarticula-se visivelmente, funciona no dia a dia, mas é porque se desarticula e falha aqui e ali, geralmente na periferia do sistema, que o sistema tende a se tornar cada vez mais sistemático ou autoritário. Eu não disse há pouco que o Estado era cada vez mais totalitário; eu disse:

3. Membros do Partido Comunista francês.

o Estado tende a se tornar cada vez mais estatal. Você dirá que, num momento dado, se o Estado torna-se o todo, caímos no totalitarismo. É evidente. Esse risco não deve em absoluto ser excluído. Mas penso que, por haver cada vez mais falhas, aqui e ali, é que há cada vez mais "anti-falha", isto é, Estado. O Estado pode muito bem assimilar as questões difíceis, por exemplo, o aborto. Antes, as mulheres não eram donas delas mesmas, de seu corpo, como se diz, por causa do Estado, porque o Estado não queria, porque havia leis. E não respeitar a lei é ser fora da lei; ser fora da lei é ser julgado e ser preso. Agora, as mulheres podem ser donas delas mesmas, mas não há capitulação do Estado. Elas conseguem isso graças ao Estado. Antes, ele dizia a elas "vocês não podem"; agora ele diz "vocês podem". Mas não é uma derrota da máquina estatal. Tanto melhor que a lei do aborto tenha sido votada; certamente ela é insuficiente... Mas não devemos ter ilusões; não é uma derrota da máquina estatal nem da moral burguesa; partiu do alto, mesmo se, graças a diversas organizações (como o MLAC [Mouvement pour la Liberté de l'Avortement et de la Contraception]), não foi apenas do alto.

**Basta ver as palavras de ordem; no começo era "aborto livre e gratuito", mas tornou-se "aborto livre e pago pela Previdência social".**
Sim, a Previdência social é o Estado!

[tradução de Paulo Neves, 2003]

# SOBRE O AUTOR

PIERRE CLASTRES nasceu em Paris, em 1934. Realizou seus estudos de filosofia na Sorbonne, formando-se em 1957. Durante os anos de licenciatura começou a se interessar pelos estudos etnológicos, seguindo os cursos de Claude Lévi-Strauss no Collège de France a partir de 1960. Em 1963, acompanhado de sua mulher Hélène Clastres, viveu sua primeira experiência de campo entre os Guayaki, onde permaneceu cerca de um ano. Em 1965, defendeu sua tese de doutorado sobre a vida social dos Guayaki, na Sorbonne, e lecionou no antigo Departamento de Ciências Sociais da USP, em São Paulo. Nos anos seguintes, voltou à América do Sul para pesquisas mais curtas: entre os Guarani, em 1965 e 1966, e entre os Chulupi, em 1966 e 1968, experiências no Chaco paraguaio que resultaram na maior parte dos escritos reunidos em *A sociedade contra o Estado* e nos livros *A fala sagrada* e *Mythologie des Indiens Chulupi*. Nos anos 70, Clastres voltou ao campo. Viajou à Amazônia venezuelana, de 1970 a 1971, entre os Yanomami, e visitou os Guarani do Estado de São Paulo, em 1974. Seus estudos nesse período foram postumamente publicados no volume *Arqueologia da violência – pesquisas em antropologia política*, publicado pela Cosac Naify em 2004.

Na França, paralelamente à investigação empírica, foi diretor de pesquisa no Centre National de la Recherche Scientifique (CNRS, Paris) e membro do Laboratoire d'Anthropologie Sociale do Collège de France. Clastres morreu em um acidente de carro em 1977.

**LIVROS**

*Chronique des Indiens Guayaki*. Paris: Plon, 1972.

*La Société contre l'Etat. Recherches d'anthropologie politique*. Paris: Minuit, 1974.

*Le Grand parler. Mythes et chants sacrès des Indiens Guarani*. Paris: Seuil, 1974.

*Recherches d'anthropologie politique*. Paris: Seuil, 1980.

*Mythologie des Indiens Chulupi*. Louvain/Paris: Peeters, v. 98, Bibliothèque de l'Ecole des Hautes Etudes, Sciences Religieuses (Edição preparada por Michel Cartry e Hélène Clastres), 1992.

**ARTIGOS E ENSAIOS**

"Echange et pouvoir: Philosophie de la chefferie indienne". *L'Homme*, II, n.1, 1962, pp. 51-65. [SCE]

"Indépendance et exogamie: structure et dynamique des sociétés indiennes de la Forêt Tropicale". *L'Homme*, III, n. 3, 1963, pp. 67-87. [SCE]

"Compte-rendu de mission chez les Indiens Guayaki". *L'Homme*, IV, n. 2, 1964, pp. 122-25.

*La Vie sociale d'une tribu nomade: les Indiens Guayaki du Paraguay*. Thèse de Doctorat d'Etat, 3eme Cycle. Paris: Sorbonne, 1965.

"L'Arc et le panier". *L'Homme*, VI, n. 2, 1966, pp. 13-31. [SCE]

"Ethnologie des Indiens Guayaki: La Vie sociale de la tribu". *L'Homme*, VII, n. 4, 1967, pp. 5-24.

"Mission au Paraguay et au Brésil". *L'Homme*, VII, n. 4, 1967, pp. 101-08.

"De quoi rient les Indiens?". *Les Temps Modernes*, n. 253, 1967, pp. 2179-98. [SCE]

"Ethnographie de Indiens Guayaki". *Journal de la Société des Américanistes*, t. LVII, 1968, pp. 9-61.

"Avant propos à L. Cadogan". *Diccionario Guayaki-Español*. Paris: Société des Américanistes, 1968.

"Entre silence et dialogue". *L'Arc*, numéro spécial consacré à Claude Lévi-Strauss, 1968, pp. 76-78. (publicado em R. Bellour & C. Clément. *Claude Lévi-Strauss*. Paris: Gallimard, 1979.)

"Copernic et les Sauvages". *Critique*, n. 270, 1969, pp. 1000-15. [SCE]
"Une Ethnographie sauvage". *L'Homme*, IX, n. 1, 1969, pp. 58-65.
"Prophètes dans la jungle", in J. Pouillon e P. Maranda (orgs.). *Echanges et communications*. Paris: Editions de Paris/La Haye, 1970. [SCE]
"Le Dernier cercle". *Les Temps Modernes*, n. 298, 1971, pp. 1917-40.
"Le Clou de la croisière". *Les Temps Modernes*, n. 299-300, 1971, pp. 299-300.
"De l'Un sans le Multiple". *L'Ephémère*, n. 19-20, 1972, pp. 308-14. [SCE]
"The Guayaki", in M. G. Bicchieri (ed.). *Hunters and Gatherers Today*. Nova York: Holt, Rinchart & Winston, 1972, pp. 138-74.
"Elements de démographie amérindienne". *L'Homme*, XIII, n. 1-2, 1973, pp. 23-26. [SCE]
"De la torture dans les sociétés primitives". *L'Homme*, XIII, n. 3, 1973, pp. 114-20. [SCE]
"Le Devoir de parole". *Nouvelle Revue de Psycanalyse*, n. 8, 1973, pp. 83-85. [SCE]
"Où va l'ethnologie? Claude Lévi-Strauss et Pierre Clastres, dialogues". Emission de Roger Pillaudin, France-Culture, 30, mars 1973.
"Léon Cadogan". *L'Homme*, XIV, n. 2, 1974, pp. 135-36.
"De l'ethnocide". *Encyclopaedia Universalis*. Paris: Ed. Universalia, 1974, pp. 282b-286a. [AV]
"Entretien avec Pierre Clastres (14 décembre 1974)". *L'Anti-Mythes*, n. 9, 1974.
"Marthenko". *Textures*, n. 10-11, 1975, p. 45-46.
"La Question du pouvoir dans les sociétés primitives". *Interrogations*, n. 7, 1976. [AV]
"Préface" à Marshall Sahlins, *Âge de pierre, âge d'abondance*. Paris: Gallimard, 1976. [AV – "L'Economie primitive"]
"Liberté, malencontre, innommable", in E. de La Boétie, *Discours de la servitude volontaire*. Paris: Payot, 1976, pp. 229-46. [AV/DSV]
"Mythes et rites des Indiens d'Amérique du Sud". *Dictionnaire des mythologies et des religions* [1976]. Paris: Flammarion, 1981. [AV]
"Le Retour des lumières". *Revue Française de Science Politique*, n. 1, 1977. [AV]
"Archéologie de la violence". *Libre*, n. 1, 1977, pp. 137-73. [AV/GRP]

"Malheur du guerrier sauvage". *Libre*, n. 2, 1977, pp. 69-110. [AV/GRP]
"Les Marxistes et leur anthropologie". *Libre*, n. 3, [1977] 1978. [AV]

[Muitos dos ensaios de Clastres foram reunidos em livro. A abreviatura entre colchetes indica em que obra o texto se encontra publicado em português.]

**EM PORTUGUÊS**

*Crônica dos índios Guayaki – o que sabem os Aché caçadores nômades do Paraguai*, trad. Tânia Stolze Lima e Janice Caiafa. São Paulo: Editora 34, 1995.
*A sociedade contra o Estado*, trad. Theo Santiago. São Paulo: Cosac Naify, 2003. [SCE]
*A fala sagrada – mitos e cantos sagrados dos índios Guarani*, trad. Nícia A. Bonatti. Campinas: Papirus, 1990.
*Arqueologia da violência – ensaios de antropologia política*, trad. Paulo Neves. São Paulo: Cosac Naify, 2004; 2ª edição com posfácio de Eduardo Viveiros de Castro, 2011. [AV]
CLASTRES, Pierre; Marcel GAUCHET; Alfred ADLER & Jacques LIZOT. *Guerra, religião e poder*. Lisboa: Edições 70, 1980. [GRP]
CLASTRES, Pierre; Claude LEFORT & Marilena CHAUÍ. Comentários a Etienne La Boétie, *Discurso da servidão voluntária*, trad. Laymert Garcia dos Santos. São Paulo: Brasiliense, 1982. [DSV]

**SOBRE A OBRA DE PIERRE CLASTRES**

ABENSOUR, Miguel. "Presentation", in *L'Esprit des lois sauvages – Pierre Clastres ou une nouvelle anthropologie politique*. Paris: Seuil, 1987.
___. "Le Contre Hobbes de Pierre Clastres", in M. Abensour, *L'Esprit des lois sauvages – Pierre Clastres ou une nouvelle anthropologie politique*. Paris: Seuil, 1987.

ADLER, Alfred. "La Guerre et l'état primitif", in M. Abensour, *L'Esprit des lois sauvages – Pierre Clastres ou une nouvelle anthropologie politique*. Paris: Seuil, 1987.

BARBOSA, Gustavo B. *A socialidade contra o Estado: a antropologia de Pierre Clastres*. Dissertação de Mestrado. Rio de Janeiro: PPGAS, Museu Nacional-UFRJ, 2002.

BERTHOUD, Gérard. "Une pensée contre l'Etat. Hommage à Pierre Clastres", in *Autogestion et socialisme*, n. 40, mar. 1978.

BIRNBAUM, Pierre. "Sur les origines de la domination politique. À propos d'Etienne de La Boétie et de Pierre Clastres". *Revue Française de Science Politique*, v. XXVII, n. 1, 1977.

BOURETZ, Pierre. "Pierre Clastres. La sociéte contre l'Etat", in F. Châtelet, O. Duhamet, et E. Pisier, *Dictionnaire des oeuvres politiques*. Paris: PUF, 1986.

CARDOSO, Sérgio. *Crítica da antropologia política na obra de Pierre Clastres*. Tese de doutorado [orientação de Marilena Chauí]. São Paulo: Departamento de Filosofia/ FFLCH-USP, 1989.

___. "Copérnico na orbe da antropologia política". *Novos Estudos Cebrap*, n. 41, 1995.

___. "Fundações de uma antropologia política (o caminho comparativo na obra de J. W. Lapierre)". *Revista de Antropologia*, v. 38, n. 1, 1995.

CARTRY, Michel. "Pierre Clastres". *Libre*, n. 4, 1978 (texto de homenagem inicialmente publicado em *Annuaire de la V section de l'Ecole de Hautes Etudes, Sciences Religieuses*, 1978, t. LXXXV).

CHAMBOREDON, Jean-Claude. "Pierre Clastres et le retour de la question politique en ethnologie". *Revue Française de Sociologie*, n. 3, 1983.

CHÂTELET, François & PISIER-KOUCHNER, Evelyne. *As concepções políticas do século XX – História do pensamento político*, trad. Carlos Nelson Coutinho e Leandro Konder. Rio de Janeiro: Zahar, 1983.

___. "Pierre Clastres: un penseur à contre-pente". *Magazine Littéraire*, n. 167, 1983.

DEGUY, Michel. "La Passion de Pierre Clastres", in M. Abensour, *L'Esprit des lois sauvages – Pierre Clastres ou une nouvelle anthropologie politique.* Paris: Seuil, 1987.

DELEUZE, Gilles et GUATARRI, Felix. *Milles Plateaux*. Paris: Minuit, 1980. [ed. bras.: *Mil platôs*, trad. Ana Lúcia de Oliveira e outros. São Paulo: Editora 34, 1997]

FEIGELSON, Kristian. "Le Gai savoir de Pierre Clastres". *L'Homme et la Société*, n. 65-66, 1982.

FOUCAULT, Michel."Les Mailles du pouvoir" [1981], in *Dits et Ecrits IV, 1980-1988*. Paris: Galimard, 1994.

GAUCHET, Marcel. "La Leçon des Sauvages". *Cahiers de l'ISEA, Etudes de Marxologie*, 1974.

___. "Politique et société: la leçon des sauvages" (I/ II). *Textures*, s/ d, n. 10-11; n. 12.

___. "La Dette du sens et les racines de l'Etat - Politique de la religion". *Libre*, n. 2, 1977.

___. "Pierre Clastres". *Libre*, n. 4, 1978.

___. "Sur la religion". *Le Débat*, n. 32, nov. 1984.

___. *Le Désenchantement du monde. Une histoire politique de la religion.* Paris: Gallimard, 1985.

HEUSCH, Luc de. "L'Invention de la dette (propos sur les Royautés Sacrées Africaines)", in M. Abensour, *L'Esprit des lois sauvages – Pierre Clastres ou une nouvelle anthropologie politique*. Paris: Seuil, 1987.

LANTERNARI, Vittorio. "Altérite extérieure et altérité intérieure", in *En marge l'Occident et ses "Autres"*. Paris: Aubier-Montaigne, 1978.

LAPIERRE, Jean-William. "Sociétés sauvages, sociétés contre l'Etat". *Esprit*, n. 457, maio 1976.

___. *Vivre sans Etat – Essai sur le pouvoir politique et l'innovation sociale*. Paris: Seuil, 1977.

LEFORT, Claude. "Pierre Clastres". *Libre*, n. 4, 1978.

___. "L'Oeuvre de Clastres", in M. Abensour, *L'Esprit des lois sauvages – Pierre*

*Clastres ou une nouvelle anthropologie politique*. Paris: Seuil, 1987.

LIMA, Tânia Stolze & Marcio GOLDMAN. "Pierre Clastres, etnólogo da América". *Sexta-Feira*, n. 6 [Utopia]. São Paulo: Editora 34, 2000.

___. "Prefácio", in P. Clastres, *A sociedade contra o Estado*, trad. Theo Santiago. São Paulo: Cosac Naify, 2003.

LIZOT, Jacques. "Economie ou société? Quelques thèmes à propos de l'Etude d'une communauté d'amérindiens". *Journal de la Société des Américanistes*, t. LX. Paris: 1971.

___. *Le Cercle de feux. Faits et dits des Indiens Yanomami*. Paris: Seuil, 1976.

LORAUX, Nicole. "Note sur l'Un, le Deux et le Multiple", in M. Abensour, *L'Esprit des lois sauvages – Pierre Clastres ou une nouvelle anthropologie politique*. Paris: Seuil, 1987.

LUQUE-BAENA, Enrique. "On Political Anthropology – A Polemical Dialogue with and Old Discourse". *Revista Española de Investigaciones Sociológicas*, n. 25, jan.-mar. 1984.

MALAMOUD, Charles. "Le Malencontre de La Boétie et les théories de l'Inde Ancienne sur la nature de la société", in M. Abensour, *L'Esprit des lois sauvages – Pierre Clastres ou une nouvelle anthropologie politique*. Paris: Seuil, 1987.

MONGIN, Olivier. "Sauvages, à jamais". *Esprit*, n. 457, maio 1976.

MOYN, Samuel. "On Savagery and Civil Society: Pierre Clastres and the Transformation of French Political Thought". *Modern Intellectual History*, N. 1, 2004.

NIOLA, Marino. "Natura, società, potere. Approposito di *La società contro lo Stato* di Pierre Clastres". *Rassegna Italiana di Sociologia*, v. XIX, n. 1, 1978.

PADOVANI, G. "Esistono società senza un potere politico autoritario?". *Studi di Sociologia*, v. 14, n. 4, 1976.

PERRONE-MOISÉS, Beatriz. "Extraits de philosophie politique amérindienne", in A. Kupiec & M. Abensour (org.), *Cahier Pierre Clastres*. Paris: Sens et Tonka, 2011, no prelo.

PESTIEAU, Joseph. "Commerce et diplomatie dans les sociétés sans Léviathan". *Dialogue (Revue Canadienne de Philosophie)*, vol. XX, n. 2, 1981.

___. "Peuples sans Etat et sans histoire – Réflexion sur le conservatisme et sur Rousseau". *Dialogue (Revue Canadienne de Philosophie)*, vol. XXI, n. 3, set. 1982.

PRADO Jr., Bento. "Pierre Clastres", in *Alguns ensaios*. São Paulo: Max Limonad, 1985. [Prefácio a esta edição]

RIBEIRO, Renato Janine. "A lição de (bela) fala". *Almanaque*, n. 5, 1977.

RICHIR, Marc. "Quelques réflexions épistémologiques préliminaires sur le concept de sociétes contre l'Etat ", in M. Abensour, *L'Esprit des lois sauvages – Pierre Clastres ou une nouvelle anthropologie politique*. Paris: Seuil, 1987.

ROVIELLO, Anne-Marie. "La Société contre l'Etat ou le simulacre du pouvoir". *Annales de l'Institut de Philosophie*, ULB, 1975.

SKRZYPCZAK, Jean-François. "Pierre Clastres", in *Penseurs pour aujourd'hui*. Lyon: Chronique Sociale, 1985.

SZTUTMAN, Renato. *O profeta e o principal – A ação política ameríndia e seus personagens*. São Paulo: Edusp, 2011, no prelo.

___. "Religião nômade ou vertigem do Estado? Pierre e Hélène Clastres e a vertigem tupi". *Novos Estudos Cebrap*, n. 83, 2009.

___. "De caraíbas a morubixabas: a ação política ameríndia e seus personagens". *Revista de Antropologia Social dos Alunos do PPGAS – UFSCar*, v. 1, 2009.

VALADIER, Paul. "Sur la religion". *Le Débat*, n. 32, nov. 1984.

VAUDEY, Gilbert. "Pierre Clastres". *Aléa*, n. 1, 1981.

___. "Du silence au dialogue: la fin des tribus", in M. Abensour, *L'Esprit des lois sauvages – Pierre Clastres ou une nouvelle anthropologie politique*. Paris: Seuil, 1987.

VERDIER, Yvonne. "Prestige de l'ethnographie", in M. Abensour, *L'Esprit des lois sauvages – Pierre Clastres ou une nouvelle anthropologie politique*. Paris: Seuil, 1987.

VIVEIROS DE CASTRO, Eduardo. "Posfácio" de Pierre Clastres, *Arqueologia da violência*. São Paulo: Cosac Naify, 2004.

# ÍNDICE ONOMÁSTICO

COORDENAÇÃO EDITORIAL Florencia Ferrari
ASSISTENTE EDITORIAL Luiza Mello Franco
REVISÃO Débora Donadel
PROJETO GRÁFICO Cosac Naify
PRODUÇÃO GRÁFICA Aline Valli

Edição Cosac Naify Portátil
1ª reimpressão, 2013

*Nesta edição, respeitou-se o novo Acordo Ortográfico da Língua Portuguesa.*

Dados Internacionais de Catalogação na Publicação (CIP)
(Câmara Brasileira do Livro, SP, Brasil)

Clastres, Pierre [1934-77]
A sociedade contra o Estado – pesquisas de antropologia política: Pierre Clastres
Título original: *La Société contre l'État: recherches d'anthropologie politique*
Tradução: Theo Santiago
Prefácio: Tânia Stolze Lima e Marcio Goldman
Edição Cosac Naify Portátil
São Paulo: Cosac Naify, 2013
288 pp.

ISBN 978-85-405-0187-4

1. Antropologia política 2. Índios da América do Sul – Política e governo I. Lima, Tânia Stolze II. Goldman, Marcio III. Título

12-04192 CDD 306.2

Índices para catálogo sistemático:
1. Antropologia política 306.2

COSAC NAIFY
rua General Jardim, 770, 2º andar
01223-010 São Paulo SP
cosacnaify.com.br [11] 3218 1444
atendimento ao professor [11] 3823 6560
professor@cosacnaify.com.br

## **COSACNAIFY** PORTÁTIL

1. *Lero-lero*, Cacaso
2. *Khadji-Murát*, Liev Tolstói
3. *A sociedade contra o Estado*, Pierre Clastres
4. *O amante*, Marguerite Duras
5. *O africano*, J. M. G. Le Clézio
6. *Como funciona a ficção*, James Wood
7. *Degas dança desenho*, Paul Valéry
8. *Leão-de-chácara*, João Antônio
9. *O fim da história da arte*, Hans Belting
10. *Antropologia estrutural*, Claude Lévi-Strauss
11. *Teoria da vanguarda*, Peter Bürger
12. *A prosa do mundo*, Maurice Merleau-Ponty
13. *Carta a D.*, André Gorz
14. *A festa de Babette*, Karen Blixen
15. *O som e a fúria*, William Faulkner
16. *A invenção da cultura*, Roy Wagner
17. *Esperando Foucault, ainda*, Marshall Sahlins
18. *Uma criatura dócil*, Fiódor Dostoiévski
19. *O pensamento alemão no século XX – vol. I*, Jorge de Almeida e Wolfgang Bader (orgs.)
20. *O pensamento alemão no século XX – vol. II*, Jorge de Almeida e Wolfgang Bader (orgs.)
21. *Estética doméstica*, Clement Greenberg
22. *Este lado do paraíso*, Scott Fitzgerald
23. *Sobre o sacrifício*, Marcel Mauss e Henri Hubert
24. *O olho e o espírito*, Maurice Merleau-Ponty
25. *Ensaio sobre a dádiva*, Marcel Mauss

FONTES Akzidenz-Grotesk Pro e More Pro
PAPEL Munken Pure Rough 100 g/m²
IMPRESSÃO Geográfica
TIRAGEM 3 000